CHINA HIGHER EDUCATION REVIEW

厦门大学高等教育发展研究中心资助

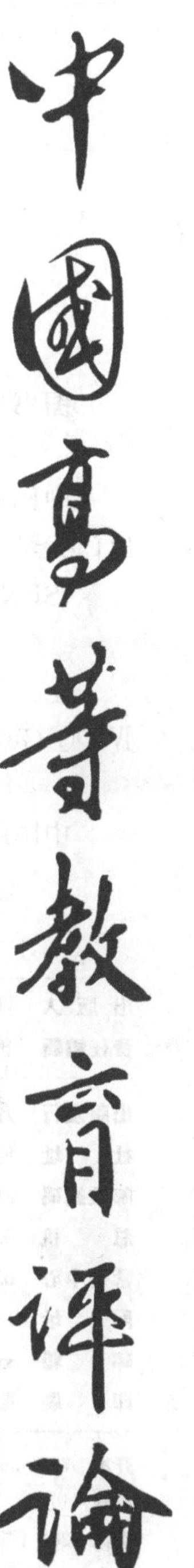

厦门大学出版社 XIAMEN UNIVERSITY PRESS | 国家一级出版社 全国百佳图书出版单位

图书在版编目（CIP）数据

中国高等教育评论. 第15卷 / 陈武元主编. -- 厦门：厦门大学出版社，2022.8
ISBN 978-7-5615-8616-7

Ⅰ. ①中… Ⅱ. ①陈… Ⅲ. ①高等教育－研究－中国 Ⅳ. ①G649.2

中国版本图书馆CIP数据核字(2022)第089351号

出版人　郑文礼
责任编辑　曾妍妍

出版发行　厦门大学出版社
社　　址　厦门市软件园二期望海路39号
邮政编码　361008
总　　机　0592-2181111　0592-2181406(传真)
营销中心　0592-2184458　0592-2181365
网　　址　http://www.xmupress.com
邮　　箱　xmup@xmupress.com
印　　刷　厦门市青友数字印刷科技有限公司

开本　720 mm×1 000 mm　1/16
印张　16.25
字数　281千字
版次　2022年8月第1版
印次　2022年8月第1次印刷
定价　69.00元

本书如有印装质量问题请直接寄承印厂调换

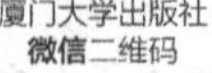
厦门大学出版社
微信二维码

厦门大学出版社
微博二维码

目录

CONTENTS

特稿

教育基本理论

教育治理与质量保障

课程与教学论

民办高等教育

国际与比较高等教育

教育史与考试研究

潘懋元高等教育思想研究

特稿

大学师生取向及其关系对人才培养质量的影响

——在2021年厦大高教论坛上的发言

阎凤桥*

（北京大学 教育学院，北京 100084）

我对于人才培养质量这个问题没有做过专门的研究，但是置身于和学生的密接互动之中，又无时无刻不被这方面的问题触动，包括录取学生、课堂教学、指导研究生、评奖评优、论文答辩、毕业就业和招聘等各个环节，因此自然有所感受和思考，且常能发现较大的反差，比如半个小时的招生面试环节，面对申请者“靓丽”的简历和夸夸其谈的陈述，不时有老师反映生源质量高，但是到毕业论文答辩时却反映质量平平，难道是学生退步了不成？在这种身临其境的情况下，看到一些文章对人才质量问题的探讨，对问卷调查进行统计显著性检验，与亲身感受相比，多少有隔靴搔痒、蜻蜓点水之感。我们处在一个急遽变化的时代，代沟变得越来越“宽”，更新换代变得越来越快。你们有没有因学生的报考简历和求职简历所修饰出接近“完美”的形象而产生“后生可畏”的感觉？相反，有没有因学生翘课和课堂上对教师的辛苦付出无动于衷以及完成论文的低投入和低水平而感到沮丧？这让我想起杨绛写过的一句话：“陶渊明好读书。如果他生于当今之世，要去考大学，或考研究院，或考什么托福，难免会有些困难吧？”①时代是在进步还是在退步，不得而知。

去年，北大召开过一个跨学科发展的研讨会，我在会上谈了一个观点，即我们当下面临的一个困境在于，专业化训练背景的教师遇到了应试选拔出来的学生，他们都有某种功利主义取向，形成了一种扭曲的师生关系，从而构成了对发展跨学科组织体系的羁绊，且引发出一系列的其他问题，其中包括人才培养质量问题。下面，我对这个观点做进一步的阐述。

---

* 作者简介：阎凤桥（1963— ），男，山西稷山人，北京大学教育学院院长，教授，博士生导师，研究方向为高等教育管理。

① 杨绛.“隐身”的串门儿：读书随笔[M].北京：生活·读书·新知三联书店，2015:1.

一、专业化背景的教师

就今天的大学教师群体而言，无论是“60后”、“70后”或“80后”，基本都是单一背景，从学校到学校，应试精英加上学术职业。李泽厚和王元化等学者敏锐地指出，从20世纪90年代出现知识人思想性淡出、学术性胜出状况后，专业性日益成为大学发展的主旋律，教师知识背景和偏好都具有明显的专业取向特征，唯世界一流马首是瞻，失去对现实的应有关怀，“追求对于细微的深度了解”(to know more and more about less and less)，知识人的广博含义式微。在专门化的知识格局下，学者居一隅而孤芳自赏、自以为是，难以形成学术共识，也难以进行有助于相互促进的沟通和交流，造成了“两种文化”甚至“三种文化”[①]之间的隔阂。在教育学科门类和高等教育二级学科内部，不同研究方向和范式(比如定量研究与质性研究)之间也出现隔阂甚至彼此不以为然的态势。

反倒是早期的学者没有这些羁绊，学术视野开阔一些，学术路径豁达一些，学养也丰富一些。北大原副校长吴志攀在回忆英语系李赋宁教授时写道：“他的学术时代，比我们今天要宁静，不像现在这样浮躁和急于求成，他做了十分，最多说一分，而我们，做得太少，说得太多。”[②]高山仰止，与老一辈学人相比，无疑，我们的学术境界稍逊，学术产出虽多但要廉价一些。

回顾自己学术成长之路，深以为是。在专业背景和学习惯习的影响下，既缺少对某一个知识领域的深钻，也缺少广阔的知识背景，带来很大的局限性。只是近些年，随着接触范围和知识涉猎面的拓宽，特别是受到一些榜样学人的影响，读他们的作品，与他们交谈，才意识到“井底之蛙”对于治学的危害，体会到天高与海阔的乐趣，有一种内在的动机去拓宽自己的知识结构，去调整思维方式和求知策略。虽然努力追赶，但是感到由于积欠多而力不从心，要想轻松驾驭学生和课堂都绝不是一件容易的事情。同时，从这个视角去审视大学教育，审视高等教育学科领域的发展态势，发现这同样是一个不容忽视的共性问题。教师视域的偏狭会不会把学生的创造性视为异常而扼杀？对于学生论文的评价能不能不以简单学科归属作为评判的依据？现在的教师职称晋升考评制度，在诱导或者强

---

① 杰罗姆·凯根.三种文化:21世纪的自然科学、社会科学和人文学科[M].上海:上海世纪出版集团,2014.

② 吴志攀.闻道与问道[M].北京:北京大学出版社,2008:51.

迫教师们"螺蛳壳里做道场",追求短平快,只问当下,不考虑长远,忽视知识的完整性和融通性,更加重了上述问题的严重程度。在北大召开的一次文科负责人会议上,人文学部主任申丹老师讲到,人文学教师以阅读为乐,无视发表和出版的外在需求。我想,这也许就是人文学者治学的一种自然状态,无目的的阅读最能使人精神愉悦,收获也最明显,厚积而薄发。反过来想,如果读书人失去了应有的从容与坦然,为写作而写作,那么到底可以写出怎样的作品呢?我们的"内卷"是否也与此有关?在一个狭窄的领域,容易达到发展的极限;反之,在多学科和跨学科的视域下,知识生产边际收益递减的趋势是否容易得到抑制?

再对现代大学教育方式做一些批判性反思。赫拉利在《人类简史》[①]中对现代农场生产方式予以谴责,他认为我们在用一种没有"兽道"的方式养殖牲畜(牛、鸡、猪等),让我联想到现代学校的教育方式,把知识划分为无数细微的分支,教师通过课程的形式在学校中传授这些知识,把学生成批地迎进学校,再送出学校,从而完成了教育过程,却顾及不到学生的认知需求,他们吃得消那么多对他们来说无甚意义的课程吗?他们喜欢目前这样的知识"喂养"方式吗?我们确实观察到学生的各种纠结,表现为各种拖延症、焦虑症甚至抑郁症。

我想,教师的知识背景和发展取向是影响人才培养问题的一个主要方面。另外一个方面,则是由于应试教育带来而出现在学生身上的问题。

二、应试背景的学生

比现任教师年轻一些,同样从应试系统下走出来的"90后"和"00后"的本科生和研究生,会把中学期间习得的应试习惯不自觉地带到大学,再加上进入大学后,在进一步升学压力下,被学业负担和绩点制所制约,因此无法从容地安排自己的学习。四年大学生活变成了被动竞技而非自由探索。在速成的氛围中,学生不愿付出"为伊消得人憔悴"之苦,只想着轻易地抵达"灯火阑珊处"。另外,今天的学生是在高等教育大众化和普及化阶段进入高校的,毕业时的就业压力比过去明显增强,使得这个群体出现了很大的分化,只有少数人是学术取向的,多数人则是实用倾向的。对他们不宜采取"均码式"(one size fits all)的培养方式。供需不匹配带来的结果,会在若干年后反映出来。

吴志攀是北大有人文关怀的一位校领导,胸中带着豪情,笔下总带着感情。

① 尤瓦尔·赫拉利.人类简史[M].北京:中信出版社,2012.

当英语系的陶洁老师退休前上最后一堂课时，他亲自坐到教室去听。当看着学生有的迟到、有的上课吃东西、有的接听手机甚至睡觉等情形，他气愤地写道："我看着她们，脸上发烧，她们难道不知道这一课是多么重要？难道陶老师这样的名师，讲课还不能吸引她们？难道她们没有发现，我这个不速之客正在听课？"[①]这是十几年前吴校长记录下的北大课堂情况，让校长感到气愤的是几个英语系的女学生。不知今天的课堂情形是改进了，还是更糟了？林建华校长前几年从思政课课堂观察回来说，"低头族"不少，很多学生上课在干自己的事情。

与上面形成鲜明对照的是，北大每年组织一次十佳歌手大奖赛，为了要获得一张位次比较好的票，学生往往会提前一天排队，在学生会门口形成一条长长的过夜帐篷队伍，颇为壮观。这就是今天北大学生的实况！

以我们学院为例，我们有三类学生：硕士生、学术博士生、专业博士生，对于他们而言，发展期待不同，培养目标也不同，因此"人才质量"就有三种不同的含义。针对学术型博士生而言，质量体现在学术性上；对专业博士生而言，质量体现在对工作的促进作用上；而对于尚未涉世和未来有多种可能的硕士生而言，质量体现在满意度上。从教育者的角度看，无论何类学生，无论未来走向何方，大学生活都意味着要充实自己，只有经过艰苦的读书或者实践才有收获，没有什么其他捷径。不幸的是，很多学生并不这么想，于是出现教育者与被教育者之间的认知偏差。

每到五六月份的论文答辩季，每位老师都要评阅大量的学位论文，这是检验人才培养质量的重要环节，如果论文质量高，那么这个过程就是一个紧张而愉悦的过程，反之则是一个令人不堪重负的过程。我想多数人都以为是后者。一些硕士生只用很短的时间，就对付完这篇对他们来说无关痛痒的论文。与硕士生相比，博士生对论文的重视度要高很多，论文的篇幅越来越长，却没有包含相应的高级智识内涵。从论文评审环节看，责任不全在学生，在大负荷的评审情况下，教师的时间和精力投入自然也不会很多，因此肯定存在着误读和误判的情况。

另外的问题在于，我们如何解决"以一(人)对三(类学生)"的格局？在一对多的情况下，会形成怎样的师生关系？学生规模肯定是一个重要因素。在小规模的情况下，师生关系可以比较密切；反之，在大规模情况下，师生关系势必会疏远，不得已要采取"散养"方式，质量控制问题变得明显。我们确实经历了一个规

---

① 吴志攀.闻道与问道[M].北京：北京大学出版社，2008：90.

模快速扩张过程,至今有增无减,师生关系问题不容小觑。

三、师生关系

学生与教师形成一定的关系,这种关系对于人才培养质量至关重要。教师与不同类型学生会形成不同的人际关系。在三类学生中,学术博士生在经过自我选择和一定的学术规训后,与教师是同道人,为教师所器重,而由于博士招生名额少、教师人数多,供需关系失调,学生变成了“香饽饽”。博士生面临着学术劳动力市场的竞争压力,教师面对着职称考评压力,所以师生可以抱团取暖。当然,要防止把师生关系异化为老板与打工者的雇佣关系。

对于硕士生而言,老师无法对他们的就业前途和命运负完全责任,因而丧失了威信,无人可以扮演人生导师的角色。学生只能自己对自己负责,于是学生各显其能,教师无法把自己的偏好强加给学生。在基本满足毕业要求的情况下,学生较早走向社会,花大量的时间进行各种有益或无益的实习,积累自己的就业资本,与教师要求的偏离程度较大。从能力看,这些高智商者稍做努力就可以令人刮目相看,但是道不同不相为谋。这种状况在我们学院早几年就出现了,我们一直想扭转这种格局,但是让学生按照老师的想法做很难,只能教师顺应学生,美其名曰“以学生为中心”。

专业博士生的问题最突出,在规范和行为之间拧巴得最厉害,培养的目标是专业型人才,但是教学设计、教师背景、论文要求都偏向学术型,使名实不符,师生双方都有很强的失落感。

应该建立一种怎样的师生关系呢?即使在收取学费的情况下,师生关系都不应该是一种简单的交换关系。他们应该是一种超越交易的文化关系和道德关系。社会学家马奇认为:“教学是一个职业,教育是一种信念。对于它们,我们既不应该有相关性要求,也不应该有效益要求。”[①]梅贻琦在《大学一解》中,把师生关系比喻为大鱼与小鱼的关系。[②]

① MARCH J. The pursuit of organizational intelligence[M]. Massachusetts: Blackwell Publishers, 1999.

② 梅贻琦.大学一解[M]//甘阳,李猛.中国大学改革之道.上海:上海人民出版社,2004:41-50.

四、结　语

借厦门大学学术论坛，从自己的切身感受，谈了对人才培养质量相关的一些看法。归纳起来就是，历史使然，教师的专业化与学生的应试背景历史性地结合在一起，在大规模的情形下，形成了一对多、旨趣不完全相同、若即若离的师生关系，往日视为家人的师生亲密关系不再，学术和知识已经无法承载师生的共同追求，师生之间演变成了一种正式的责权利益关系。回归对完整知识的追求，重构意义和价值体系，建立一种健康的学术新秩序，是我们提高人才培养质量需要正视的一个方面，任重而道远。

教育基本理论

大学基本职能的理论透视：界定、来源与演进

王李金[*]

（山西工商学院 高等教育研究所，山西 太原 030006）

摘　要：学界关于大学职能的认识有“三职能说”“四职能说”“多职能说”等，当大学的职能被表述得无限多样时，其最基本的职能则极易被淹没，特别是把培养人才这个中心任务与发展科学和服务社会并列为大学三大职能时，必然会动摇大学培养人才的中心地位。大学的基本职能是在漫长的历史进程中演化而来的，其形成有着不同的来源，遵循着不同的规律，具有不同地位。具体来说，就大学内部规律的角度来讲，培养人才是大学的中心任务，围绕人才培养形成了教育教学和科学研究两大基本职能，旨在回应培养什么样的人和如何培养人的问题，因而教育教学和科学研究可以被视为大学教育的基本职能或内生职能。大学的服务职能是在外部规律作用下形成的，体现的是高等教育与经济社会的关系，因而可以被视为大学的使命或外延职能。

关键词：大学职能；概念界定；理论来源；历史演化

大学的基本职能是什么，在大学整体工作当中的地位怎样、作用如何，既是基本的理论问题，又是重要的实践问题。如果在理论上搞不清楚，在实践当中也难以准确把握。

在汉语词汇当中，“职能”与“功能”是近义词，“职能”与“使命”的意思也很相近，经常出现三个词通用的情况。比如，“大学的职能”“大学的功能”“大学的使命”在不同的文章或著作当中，尽管用词不同，但往往讨论的是同样的内容。因此，为了论述的方便，首先在词义学上搞清楚三者的区别是非常必要的。

根据《现代汉语词典》的解释：“职能”是指主体自身具备的能力，如“履行职能”或“完善职能”就是这个意思；“功能”是指事物或方法所发挥的有利作用、效

* 作者简介：王李金（1960—　），男，山西平定人，山西工商学院高等教育研究所研究员，教授，博士生导师，研究方向为中国近现代高等教育史与高等教育管理。

能，如“显示功能”或“表现功能”就是这个意思；“使命”指的是主体接受外在的指令，如“牢记使命”或“不辱使命”都是这个意思。由此可见，从严格的意义上来讲，“职能”是指主体自身具备的能力，是内在的；“功能”是指主体发挥出来的作用，是外显的；而“使命”则是指主体作用于外部世界时形成的，或者应外部需求而担负的。在一般的语言环境下，出现混用词语的情况是难以避免的，也是可以理解的。但当我们进行严肃的学术讨论时，还是应该在严格的词汇学意义下进行。

一、大学基本职能的界定

现代大学在近千年的发展过程中，其自身职能不断得到拓展，特别是在当今人类社会进入知识经济时代的背景之下，大学已经步入社会发展舞台中心，更是被人们赋予了诸多社会职能。围绕大学职能出现了许多不同的观点，有人认为有三个职能，也有人认为有四个职能，还有的认为有五个职能，乃至更多。目前大家比较认可的是“三个职能”的观点：培养人才、发展科学和服务社会。这三个职能的理论概括最早是由潘懋元先生提出的[①]，之后得到学界多数人的认同。“百度百科”对大学职能的定义也基本采用了与潘先生同样的表述，并且做了进一步的解释：与三大职能相对应的工作是教学与教育、科学研究、多种形式的社会服务工作。

提出大学第四功能的是赵沁平院士，他在前三个职能的基础上，增加了引领社会创新文化的功能。他于2006年6月在《中国高等教育》发表《发挥大学第四功能作用　引领社会创新文化发展》[②]的文章，并在湖南大学岳麓书院组织了一次关于大学第四功能的研讨会。我当时是赞成大学具有引领社会创新文化功能的观点的，同年，我在《中国高等教育》2006年第18期发表《更好发挥大学的文化引领功能》[③]，表示呼应，但我并不赞成把它定义为大学第四职能（或功能），在这一点上，我同意潘懋元先生的意见，潘先生也认为大学具有引领社会创新文化的功能，但不赞成把它定义为大学的第四职能。

---

① 潘懋元.潘懋元文集：卷一：高等教育学讲座[M].广州：广东高等教育出版社，2010：57.

② 赵沁平.发挥大学第四功能作用　引领社会创新文化发展[J].中国高等教育，2006(3)：9-11.

③ 王李金.更好发挥大学的文化引领功能[J].中国高等教育，2006(18)：19-21.

还有一种意见认为大学有第五种职能,即在前述基础上增加了国际交流与合作的职能。此外,还有的提出社会批判职能、社会改造职能、创业职能、技术创新职能,等等。

我认为提出这些观点都有一定道理,因为,大学教育确实在以上诸方面都发挥着重要作用,但细加考究,就会发现,任何事物其基本职能都是有限的,其根本职能应该是唯一的,当一个事物的职能被表述得无限多样时,往往淡化了事物最本质和最基础的东西。大学教育也是如此,尽管其重要性越来越大,作用体现在方方面面,但大学的职能无论如何都不可能包罗万象,更不能够包打天下。对大学职能的多样表述,需要进行深入的科学研究和分析梳理,进一步透过现象,理清头绪,找到本真。

大家都清楚,大学的根本任务是培养人才,这也是大学与其他社会机构区别开来的最本质的标志。当有人问你大学是干什么的,你一定会不假思索地回答"是培养人才的",而不会回答"是发展科学的"。如果大学职能主要是发展科学的,那么,科研院所该如何定位?也不会有人回答"是服务社会的",因为如果大学的职能主要是服务社会,那么,与其他社会机构又有什么区别?

我是不太赞成目前流行的大学三职能的表述的,更不同意四职能、五职能的表述,道理很简单,因为严格来讲,这些职能并不是同一个层面的东西,所以不应该并列在大学职能的范围之内。单就潘懋元先生的概括来说,三个职能中培养人才与发展科学和服务社会在大学教育中并不处于同一层次,因此,也不宜罗列在"大学职能"的名号下成为并列关系。这三个职能当中,培养人才属于大学根本任务,属于上位概念,在大学教育中处于中心和统领地位,其他职能都应该是服从和服务于这个中心,发挥保障和促进作用的,是下位概念。发展科学和服务社会就是如此。

比较而言,《中华人民共和国高等教育法》(以下简称《高等教育法》)第三十一条的提法就比较严谨:"高等学校应当以培养人才为中心,开展教学、科学研究和社会服务,保证教育教学质量达到国家规定的标准。"在这里,《高等教育法》是把培养人才与教学、科学研究和社会服务分开来讲的,明显分开了层次,明确规定培养人才是大学教育的中心任务,是上位概念。而教学、科学研究和社会服务是要围绕培养人才这个任务开展的,自然是下位概念。如果离开了培养人才这个中心,教学、科学研究和社会服务就失去了方向,当然离开了教学、科学研究和社会服务,人才培养也就缺少了支撑,难以落实,大学的中心工作就会落空。如果把人才培养与发展科研和社会服务并列,就会动摇人才培养的中心地位,导致淡化或冲击人才培养中心地位的后果。目前，在许多大学出现的重科学研究轻人才培养，把科研作为硬指标、教学作为软任务，教授不给本科生上课，乃至为了各种名目的创收而忽视教学质量的做法，无不源于对大学职能的错误定位与理论偏差。针对如此情况，我们想强调：大学的中心任务是培养人才，大学当中的一切工作都应该围绕这个中心展开。教学、科研和服务社会是大学完成培养人才中心任务所采取的手段、途径和举措，从而可以概括为大学教育的职能，自然应该服从和服务于人才培养。需要进一步探究的是，教学、科研和服务也是不宜笼而统之、不加区别地对待的。因为，三者形成的渠道不同，分别是在大学教育内部和外部规律作用下形成的；形成的时序不同，是在大学教育发展的不同历史时期先后展现出来的；表现形式也不同，在当今不同的大学内部其地位和作用也是各不相同的，有的大学定位为研究型，有的大学定位为教学研究型，有的大学定位为教学型。因此，笼统地把大学三大职能并列在一起也是不妥当的，需要做深入的分析讨论。

二、大学职能的两个来源

从高等教育的外部和内部两大规律入手，可以比较好地讲清楚教学、科研和服务职能的不同来源。潘懋元先生在《高等教育学讲座》中对高等教育的外部和内部两大规律进行了详细论述。他认为，尽管教育规律是多层次的，但最基本的是两个：外部规律和内部规律。教育的外部规律指的是教育与社会的关系，也就是与经济、政治、科学文化等的关系，这条规律可以表述为“教育必须与社会发展相适应”。适应，包含两个方面的意义：一方面，教育受一定的社会经济、政治、科学文化所制约；另一方面，教育必须为一定的社会经济、政治、科学文化服务。“受之制约”和“为之服务”是矛盾统一的关系，既不能把二者混淆起来，更不能把二者对立起来，其中“受之制约”是前提，是基础；“为之服务”是方向，是使命。这个使命回答了教育为谁而办这个根本问题。从内部规律来看，教育内部是一个复杂的组合体，影响教育内部规律的因素众多，关系错综复杂，从不同的角度可以归纳和总结出不同的规律，但从中我们可以抽象出其基本的规律，那就是围绕人才培养这个根本任务所形成的规律，也就是揭示“培养什么样的人”和“如何培养人”这两个根本问题的规律。

很显然，就大学教育来讲，其服务的职能是在外部规律作用下形成的。外部规律体现的是高等教育与经济社会的关系，这种关系是相互促进和相互制约的关系,一方面经济社会发展制约和决定大学教育的发展,另一方面大学教育为经济社会发展提供知识和人才服务,促进经济社会的发展。从这个意义上讲,服务社会是大学教育与生俱来的使命。在这一点上高等教育与其他一切社会机构具有共同性,社会机构都具有服务社会的职能,只是自觉与不自觉罢了。任何一个社会机构如果不具备服务社会的职能,也就失去了存在的意义,大学也是如此。而教学和科研的职能则是在内部规律作用之下形成的,按照大学内部运行规律,大学的主要任务是人才培养,主要关注的问题是培养什么样的人和如何培养人,《高等教育法》第四条明确规定:高等教育必须贯彻国家的教育方针,为社会主义现代化建设服务、为人民服务,与生产劳动和社会实践相结合,使受教育者成为德、智、体、美等方面全面发展的社会主义建设者和接班人。而完成这样的人才培养任务的主要渠道是教学和科研。因此,本文更主张把教学和科研认定为大学教育的基本职能或内生职能,而把服务认定为大学的使命或外延职能。

三、大学职能的三次演进

当然,教学和科研在支撑人才培养这个中心任务方面也不是完全平等的。一般来讲,教学的职能是大学教育与生俱来的,贯彻始终,而且是须臾不可或缺的,从这个意义上讲,教学是大学教育的第一职能或原生职能,而科研则是大学教育发展到一定阶段的产物,是对教学手段的发展和丰富。因此,科研属于大学教育的第二职能或次生职能。

从发生学意义上来考察,可以加深我们对这个问题的理解。回顾现代大学的发展历史,真正具有现代大学意义的机构最早产生于中世纪的欧洲。根据学者研究,最早的大学是诞生于12世纪初的意大利波隆那(Bologna)大学和萨莱诺(Salerno)大学,稍后成立的巴黎大学则发展为当时大学的典范,再后的英国牛津大学和剑桥大学都是学习巴黎大学的模式而建立的。中世纪大学一般设置文、神、法、医四科,主要培养牧师、律师和医师等方面的专业人才。其中文科主要开设的课程是“七艺”,包括文法、修辞、逻辑、算术、几何、天文、音乐,属于大学普通教育或者用今天的话叫大学必修课或大学基础课。神、法、医则属于大学专业教育,学生必须在完成文科教育之后才能进入各专业领域进行专业学习。可见,大学从诞生之时起就是一种建立在普通教育基础之上的专业教育。当时大学的主要任务是培养专业人才,专业人才培养的主要途径是教学,教学的常用方法包括阅读、讲授、辩论等。教学自然成为大学完成人才培养任务的主要职能,从发生学的角度讲，也可以说是原生职能。这是现代大学教育发展的第一阶段的情况。

进入19世纪以后，随着西方工业化的发展，科学技术开始进入大学教育的视野，现代大学发展进入新阶段。引领这一发展潮流的是创建于1810年的德国洪堡大学。洪堡大学是按照德国思想家、教育家和国务活动家威廉·冯·洪堡(Wilhelm von Humboldt，1767—1835)“研究教学合一”的思想创立的新式大学。根据洪堡的理念，现代的大学应该是“知识的总合”，教学与研究同时在大学内进行，他主张大学的职能不仅仅是从事教育，它还必须同时从事研究，应该以教学和研究的结合，来给学生提供一种人本主义教育[①]。洪堡大学迅速取得巨大成功，其办学思想在世界上广受赞誉，被誉为“现代大学之母”。从此，大学科研的职能异军突起，用发生学的术语表述的话，就是科研成为大学的次生职能。半个多世纪后，洪堡大学重视科研职能的发展模式在美国得到发扬光大。1876年1月22日，约翰·霍普金斯大学正式创立。霍普金斯大学的首任校长吉尔曼(Daniel Gilman)提出“鼓励研究以及独立学者的进步，使得他们可以通过自己精湛的学识推动他们所追求的科学以及所生活的社会前进”。霍普金斯大学成为美国第一所以讨论班方式授课、第一所分专业录取本科生的大学，其理念和模式都对美国大学产生了巨大的影响，一批老牌学校如哈佛、耶鲁、哥伦比亚、普林斯顿等，纷纷借鉴而引入科研职能。霍普金斯大学的创立标志着美国第一所现代意义的研究型大学的产生。由此，美国高等教育进入“研究型大学时代”。至此，现代大学的模式趋于完善，基本职能得到确立，那就是教学和科研。

19世纪中后期，在美国大学发展历史上有一个值得大书特书的事件，那就是赠地学院的创建。为了克服经费等物质条件的困难，1862年美国国会通过了《莫雷尔法案》(亦称“赠地法案”)，规定各州凡有国会议员一名，拨联邦土地3万英亩，用这些土地的收益维持、资助至少一所学院，而这些学院主要开设有关农业和机械技艺方面的专业，培养工农业急需人才。1890年，美国国会又颁布第二次《赠地法案》，继续向各州赠地学院提供资助，到19世纪末，赠地学院发展到69所。这些学院后来多发展为州立大学，成为美国高等教育的一支重要力量，这批大学把大学教育与经济社会紧密地结合起来，发展了大学教育的服务职能。时任美国威斯康星大学校长的查尔斯·范海斯于20世纪初提出著名的“威斯康星思想”(Wisconsin Idea)，即在教学和科研的基础上，通过培养人才和输送知识两

① 方泽强.洪堡大学理念:阐释、发展与思考[J].煤炭高等教育，2011(2):14-18.

条渠道,打破大学的传统封闭状态,努力发挥大学为社会服务的职能,积极促进全州的社会和经济发展。

由此可见,大学的职能演化是对社会环境变化的反应。在漫长的发展过程中,大学的职能从教学、科研扩展到社会服务,形成了三大职能。不过,深入探讨,我们就会发现,这三个职能不是同一个层面的东西。教学和科研的职能是由内部规律决定的,其作用都是指向人才培养的,是受大学的内部规律制约的,可以认定为大学的基本职能;而服务则是由大学的外部规律所决定的,是指向社会,作用于外部的,可以调动和发挥大学教学和科研职能,形成人才和智力优势,为社会发展提供支持,使大学的作用发挥到极致,可以认定为大学的外部职能或外延职能。

四、大学职能与人才培养的关系

综合以上分析,我们认为,人才培养是大学的中心任务,教学和科研是大学的内生职能,当然,作为大学的职能,教学与科研也是有区别的。在回顾历史和分析办学实践的过程中,越来越多的人认识到,人才培养是大学的中心任务,教学是大学的原生职能,也是第一职能,必须切实加强,而不能削弱;科研作为大学第二职能或次生职能,则是大学适应时代需求,提高办学水平的标志,没有高水平的科研就办不出高水平的大学。只有教学和科研都能够得到重视,都发挥作用并很好地结合起来,共同服务于人才培养工作,才能提高人才培养质量,增强办学实力,从而为更好地履行服务社会的使命打下坚实基础。

至于社会服务职能,是在大学教育外部规律作用下形成的,它的效用取决于在大学内部规律作用下形成的教学和科研的水平,而教学和科研水平集中体现在人才培养和科技成果上。一般来讲,教学和科研能力强的大学服务能力也就强,服务水平也就高,离开了强大的教学科研做支撑,就谈不上高水平的人才培养和创新水平,服务就会成为一句空话。

目前通行的把人才培养、发展科学和服务社会作为大学三大职能的说法,最大的问题是把人才培养这个中心任务与发展科学和服务社会并列,很容易在理论上造成多中心论,从而动摇人才培养中心任务的地位。在这种理论框架下,潘懋元先生也担心,会出现“老二”“老三”变成“老大”,而“老大”反倒变成“老三”的问题,比如有的大学为了创收,不惜降低教学质量;有的教师热衷于从事科研和社会服务,不重视教学,不承担教学任务。我们注意到,目前几乎每所高校,不管是研究型大学，还是应用型大学，抑或是职业大学，都在笼统地讲要履行三大职能，人才培养的中心地位没有得到很好的体现。特别是在"双一流"大学建设启动以后，人才培养的中心地位如何落实，教学与科研在具体推进过程中如何做到统筹兼顾、整体提升，形势不容乐观。我们注意到教育部关于"双一流"大学建设的六点要求中，第一项要求就是培养高素质人才，但我们不无遗憾地注意到，在建设初期，更多的大学把建设的主要精力投放在了学科建设和科学研究上，关注的是学科排名和学校排行，各种硬指标成为学校工作的指挥棒。本来，关注各项重要的发展指标本身也没有什么错，但就指标论指标，或者形成唯指标论，就走向了一个反面，引导高校领导和教师把主要精力放在了出标志性成果上，导致人才培养工作受冲击的现象有进一步加重的倾向。由于决定指标的因素是人，于是，在院校间引发了激烈的"挖人大战"，有些大学开出高于平均薪资几倍、几十倍的价码，有些所谓的"名教授""名学者"更是待价而沽，心思飘摇，根本无心教学，遑论育人。针对这样的局面，教育部于 2018 年 6 月，召开新时代全国高等学校本科教育工作会议予以纠偏，提出"以本为本"，强调"四个回归"，即回归常识、回归本分、回归初心、回归梦想，归根到底就是要回归人才培养的中心地位，落实教学工作在人才培养中的主渠道作用。2020 年中共中央国务院印发《深化新时代教育评价改革总体方案》，在强调落实立德树人根本任务、全面加强教学工作的同时，提出要"改进学科评估，强化人才培养中心地位"。2021 年 4 月 19 日，在清华大学建校 110 周年校庆日即将来临之际，习近平总书记来到清华大学考察时指出："建设一流大学，关键是要不断提高人才培养质量。要想国家之所想、急国家之所急、应国家之所需，抓住全面提高人才培养能力这个重点，坚持把立德树人作为根本任务，着力培养担当民族复兴大任的时代新人。"要真正使这些要求落地见效，需要做的工作有很多，但最为重要的是要在理论上正本清源，做到思想上的清醒。

五、结　语

综上所述，我们认为，目前关于大学三大职能的概括是不科学、不严谨的。我们的主张是，明确把培养人才作为上位概念，定位为大学的中心任务，大学一切工作都应该围绕这个中心任务展开。教学和科学研究是大学完成人才培养中心任务的基本职能，是在大学内部规律作用下形成的职能，其中，教学是第一职能或原生职能，科研是第二职能或次生职能。服务社会则是在大学教育外部规律作用下形成的，属于不同层面的问题，我们认为称其为大学教育的使命更为恰当，如果要把服务社会也称为大学职能的话，也应清楚其属于外延职能。可以用一个比喻来总结：教学和科研好比是大学的“金刚钻”，服务社会就好比大学的“瓷器活”，只有高质量的“金刚钻”，才能揽下高水平的“瓷器活”。因此大学必须苦练内功，把教学和科研做好了，才能培养出高质量的人才，产出高水平的科研成果，从而为搞好社会服务打下基础。

Theoretical Perspective on the Basic Functions of Universities: Definition, Source and Evolution

Wang Lijin

(Higher Education Research Institute, Shanxi Technology and Business College, Taiyuan 030006, China)

Abstract: There are "three functions", "four functions" and "multiple functions" in the academic circles about the functions of universities. However, when the functions of universities are expressed in infinite variety, the most essential and basic function, individuals educating, is easily underestimated. Especially, when the central tasks of cultivating individuals and developing science and serving the society are listed as the three major functions of a university, it will inevitably shake the central position of cultivating individuals. The basic functions of universities evolved in the long historical process, coming from different theoretical background and following different laws. The functions of teaching and research are formed by internal laws, aiming at responding to the problems of what kind of people to educate and how to educate people, so they can be regarded as the basic or endogenous functions of universities. The service function of university is formed by external law, which reflects the relationship between higher education and economic society, so it can be regarded as the mission or extensive function of universities.

Key words: university functions, concept definition, theoretical source, historical evolution

大学新使命：推动构建人类命运共同体[*]

蒲智勇[a]　贺祖斌[b**]
（广西师范大学 a.发展规划处；b.教育学部，广西 桂林 541006）

摘　要： 构建人类命运共同体是对人类现实问题的积极回应，是对人类生态系统的科学调适，是深刻体现历史大趋势的时代先声。作为“时代的表征”，高等教育在构建人类命运共同体中具有基础性和先导性的作用，应该积极承担起新的使命，立足教育教学与人才培养，推进科研创新与社会服务，拓宽文化交流与文明互鉴。人类命运共同体呼唤全球高等教育新生态，这要求在价值理念、治理实践和发展目标等方面站在整个人类生态系统的广度和高度，重新审视高等教育内外部关系及其结构和功能，从人类命运共同体这一有机整体出发来理解和研究全球高等教育的系统性问题。人类命运共同体要求中国大学展现新作为，面向2035年，中国大学应该在推动“一带一路”深入发展的基础上，以国家“构建更加多元的高等教育体系”为战略背景，聚焦一流发展，加强科研创新推动人类进步；聚焦特色发展，培养专业人才促进共建共享；聚焦协调发展，建设学习大国提升全民素养，为凝聚人类智慧力量，促进人类健康福祉，共建人类美好世界贡献力量。

关键词： 人类；命运共同体；大学；使命

人类只有一个地球，各国共处一个世界。当今世界正面临百年未有之大变局，各种新问题、新挑战层出不穷，国际环境趋于复杂多变。2017年1月，习近平总书记在联合国日内瓦总部发表演讲，站在人类历史发展进程的高度，并从中国与世界的共同利益出发，提出了构建人类命运共同体的伟大倡议。① 构建人类命运

---

* 基金项目：国家社会科学基金（教育学）一般课题“区域中心城市高等教育聚集发展研究”（BIA180214）。

** 作者简介：蒲智勇（1988—　），男，陕西宝鸡人，广西师范大学发展规划处规划科科长，助理研究员，研究方向为高等教育、教师教育等；贺祖斌（1965—　），男，广西灌阳人，广西师范大学校长，教授，博士生导师，研究方向为高等教育。

① 习近平.共同构建人类命运共同体[N].人民日报，2017-01-20(002).

运共同体是对人类现实问题的积极回应，是对人类生态系统的科学调适，其思想顺应了历史潮流，回应了时代要求，是深刻体现历史大趋势的时代先声。①

一、人类命运共同体视域下的高等教育新使命

构建人类命运共同体，和谐发展是目的，理念共识是前提，文化教育是根基。高等教育作为一个国家、民族的知识中心、人才中心、创造中心和文化中心，在构建人类命运共同体中具有基础性和先导性的作用。正如美国著名教育家亚伯拉罕·弗莱克斯纳(Abraham Flexner)所言，"大学像其他人类组织一样，它是时代的表现，是对现在和未来都会产生影响的一种力量"。② 推动构建人类命运共同体，需要高等教育的贡献和力量。在 2017 年 1 月，联合国日内瓦总部的演讲中，习近平总书记提出推动构建人类命运共同体，国际社会要从"伙伴关系、安全格局、经济发展、文明交流、生态建设"等多方面做出努力。在此背景下，需要进一步深化对高等教育与世界政治、经济、文化、社会和生态等方面关系的认识，充分发挥其人才培养、科学研究、社会服务、文化传承创新以及国际交流合作等职能，促进人类命运共同体的构建。

(一)建设一个持续发展的世界，需要高等教育立足教育教学与人才培养

发展才是硬道理。时代发展越是向前，知识和人才的重要性就愈发突出，高等教育有责任通过知识的传授与创造，培养出具有全球视野和专业素养的时代新人。大学应该教育学生正确认识人类世界，科学理解自然社会，利用所学知识为人类的美好生活与可持续发展提供智力支持。构建人类命运共同体，建设一个持续发展的世界，需要以人为本、凝聚人心、完善人格、开发人力、培养人才进而造福人类，高等教育应该承担起这一时代使命。

(二)建设一个共同繁荣的世界，需要高等教育推进科研创新与社会服务

推动社会经济高质量发展，促进全球经济共同繁荣，造福全人类是世界各国的共同使命。当前，新一轮科技革命和产业革命正在孕育兴起，重大科技创新正在引领社会生产新变革。高等教育应该充分发挥学科人才优势和基础研究主力

① 杨洁篪.推动构建人类命运共同体[N].人民日报，2017-11-19(006).

② 亚伯拉罕·弗莱克斯纳.现代大学论：美英德大学研究[M].杭州：浙江教育出版社，2001:1.

军的作用,坚持创新驱动,瞄准世界科技前沿,全面提升原始创新能力,促进经济发展方式的转变,进一步发展社会生产力、释放社会创造力,为世界经济的繁荣发展贡献力量。

(三)建设一个开放包容的世界,需要高等教育拓宽文化交流与文明互鉴

构建人类命运共同体是一个理论体系,更是一个系统工程。不同国家都有自己的基本国情和社会制度,其历史文化和发展阶段也不尽相同,但不同文明凝聚着不同民族的智慧和贡献。高等教育应该充分发挥其文化功能,通过推动文化的传承创新和国际交流合作,促进人类不同文明之间取长补短、共同进步,为不同国家、文化之间加强沟通理解、开展合作、解决人类面临的共同问题与挑战提供思想智慧和精神动力。

二、人类命运共同体呼唤全球高等教育新生态

从人类生态学的角度来看,人类与其所生存的自然环境和社会环境相互作用又相互制约,共同组成了一个复杂的以人类为中心的全球生态系统。[①] 构建人类命运共同体的实质即保持人类生态系统的动态平衡不受破坏,使其朝着有利于人类命运和文明进化的方向发展。可见,人类命运共同体并非既存的自然状态,而是人类各种文明形态在互相理解和尊重的基础上,基于共同利益与价值认同,面向未来不断实践的一种建构过程。[②] 这一过程要求各国高等教育适应新的世界发展态势,转变发展理念,努力构建以人类命运共同体为精神原则的全球化高等教育新生态。

这里有两个问题需要阐释。一是高等教育"全球化"与"国际化"的问题。所谓的"全球化"是相对于"国际化"而言的,张应强教授在《高等教育全球化对国际化的超越——基于人类命运共同体意识的思考》一文中曾指出:"国际化是基于国家利益,以主权国家或不同文化的存在为前提,服务于民族国家的发展竞争和国际竞争;而全球化则是基于人类共同利益或者针对各国发展利益的全球性关

① 陈勇.人类生态学概论[M].北京:科学出版社,2019:28.

② 李立国.构建人类命运共同体视野下的高等教育新秩序[J].探索与争鸣,2019(9):18-21.

联,服务于全球性问题的解决,寻找人类共同的未来。"[①]全球化的本质在于合作共赢,体现的是一种"人类"意识。二是高等教育生态的问题。高等教育与其所依存的生态环境构成了一个复杂的高等教育生态系统,这一系统由不同的区域构成,与一定区域生态相联系的高等教育的基本布局即高等教育生态区域。在同一生态区域内部和不同生态区域之间,高等教育与其社会政治、经济、文化、科学等外部环境不断地进行着多方面的信息交流,这些交流直接影响着整个高等教育生态系统的构成状态与运动方式。[②] 综上,笔者认为构建全球化高等教育新生态,至少应该关注以下几个方面的问题。

(一)在价值理念方面

关注高等教育发展要站在整个人类生态系统的广度和高度,重新审视其内外部关系及其结构和功能。要从人类命运共同体这一有机整体出发来理解和研究全球高等教育的系统性问题。世界各国应携手构建起新的、有利于人类生态系统和谐稳定的全球化高等教育生态环境,从而促使全球高等教育发挥自身独有价值,为构建人类命运共同体做出独特的贡献。

(二)在治理实践方面

世界各国都有其独特的政治经济制度和社会文化背景,世界各国的高等教育也有其独特的运行模式和治理实践。全球化高等教育要超越以往由个别发达国家及其高等教育机构主导的模式,以更加平等、多元、包容的原则,支持各个国家作为全球高等教育生态系统的一个生态区域自主、协调发展,进而促进全球高等教育治理形成一种相对健康稳定的关系形态。

(三)在发展目标方面

基于人类命运共同体"权利平等、机会平等、规则平等"的价值导向,全球化高等教育新生态一方面将促进高等教育与世界经济、政治、科技、文化等生态因素协调发展,另一方面将推动不同国家、区域的高等教育探索和构建更加平等、互惠、合作的新模式,保持全球高等教育生态系统的动态平衡,更好地适应和促

① 张应强.高等教育全球化对国际化的超越:基于人类命运共同体意识的思考[J].探索与争鸣,2019(9):15-17.

② 贺祖斌.高等教育生态论[M].桂林:广西师范大学出版社,2005:93.

进各个国家、区域及全球经济社会良性发展。

三、人类命运共同体要求中国大学展现新作为

如果说"构建人类命运共同体"是中国对人类历史发展所贡献的思想智慧，那么"一带一路建设"则是中国推动构建人类命运共同体的伟大实践。从"一带一路"倡议提出以来，中国陆续出台了多项政策与行动计划，推进各类项目扎实落地，目前已与多个沿线地区和国家形成了比较丰富的合作成果。在当前新的形势下，中国大学应该更加积极地承担起这一时代使命，通过推动"一带一路"深入发展，促进人类命运共同体的构建。笔者认为，可以从以下三个方面持续推进。

首先，要坚持服务国家最新发展战略。中国在《中华人民共和国国民经济和社会发展第十四个五年规划和 2035 年远景目标纲要》中明确提出，要推动共建"一带一路"高质量发展。通过实施共建科技创新行动计划，建设"数字丝绸之路"和"创新丝绸之路"；通过加强应对气候变化、海洋合作、野生动物保护、荒漠化防治等交流合作建设"绿色丝绸之路"；通过与共建国家开展医疗卫生和传染病防控合作建设"健康丝绸之路"；通过推进共建空间信息走廊建设"空中丝绸之路"。这一系列新的发展战略的提出，旨在进一步推进基础设施互联互通，架设文明互学互鉴桥梁。中国大学应该主动对接国家战略，在以上关键领域助力其高质量发展。

其次，要深化与周边国家的合作交流。未来中国将致力于实行高水平对外开放，优化区域开放布局。鼓励各地立足比较优势扩大开放，强化区域间开放联动，构建陆海内外联动、东西双向互济的开放格局。特别是支持广西建设面向东盟开放的合作高地、云南建设面向南亚东南亚和环印度洋地区开放的辐射中心。推进福建、新疆建设"一带一路"核心区。[①] 中国大学应该主动适应国家高水平对外开放发展需要，优化区域开放布局。尤其是广西、云南、福建、新疆等地的高校要抓住战略机遇，利用地缘优势，加强战略规划，不断深化与周边国家和地区的合作交流。

再次，要加强"一带一路"实践问题研究。近年来，沿线各国在推动"一带一路"实践中取得了喜人的成果，也不可避免地遇到了一些现实的问题。尤其是在

---

① 中华人民共和国国民经济和社会发展第十四个五年规划和 2035 年远景目标纲要[EB/OL].(2021-03-13)[2021-04-05].http://www.gov.cn/xinwen/2021-03/13/content_5592681.htm.

相关政策、规则、标准的互联互通,在经贸投资的风险防控和安全保障等多方面,高等教育应该发挥科研和学术优势,开展深入研究,强化服务保障,及时解决问题,促进高质量合作。

在推动"一带一路"深入发展的基础上,中国高等教育更要主动把握时代发展之大势,展现新作为,努力为全球高等教育贡献中国智慧和中国方案。2021 年中国高等教育毛入学率达 57.8%,各种形式的高等教育在学总规模达 4430 万人,中国高等教育已进入普及化阶段。[①]《中华人民共和国国民经济和社会发展第十四个五年规划和 2035 年远景目标纲要》围绕"建设高质量教育体系",以"提高高等教育质量"为核心,从推动国家现代化建设的高度提出了"构建更加多元的高等教育体系"的战略部署,推进高等教育分类管理。在此背景下,推动中国高等教育促进人类命运共同体的构建,笔者认为要以"多元化"发展为统领,一方面抓住历史机遇,研究和推动国家发展战略落实落地,另一方面关注和深化大学内部的发展改革,在实现一流发展、特色发展和协调发展等方面做出努力。

(一)聚焦一流发展,加强科研创新推动人类进步

当前全球所面临的重大传染性疾病、生态环境恶化、能源危机等各种问题制约着人类发展。构建一个安全、可持续发展的世界需要创新与变革。一流高水平研究型大学应该承担起这一使命,从人类共同面临的世界性难题出发,直面共同命运、勇担共同责任、谋求共同利益、培养一流人才、创造一流成果,以重大科技创新引领人类生产变革,为人类美好生活做出不懈努力。

推动一流发展,创新是第一要义,提升大学的科研创新能力和水平,要着眼以下两个方面。一是要加强大学创新体系建设。通过区域中心城市高等教育集聚发展,构建"大学命运共同体",发挥一流大学学科集群优势,推动创新要素集聚,实现产业链、创新链相融合。依托一流大学、科研院所和高新技术企业,探索构建产学研用深度融合的全链条、网络化、开放式协同创新联盟,实现更多的科研成果转化。构建更加完善的大学哲学社会科学研究创新平台体系,加强中国特色新型智库建设,形成一批专业化的高端智库。二是要积极推动教育评价改革。当前中国大学的创新发展仍然受到一定的人才和科研评价制度的制约,尤其是大学教师的职称和晋升评价等机制很大程度上阻碍了大学的人才培养和科

---

① 教育部新闻办公室.2021 年全国教育事业统计主要结果发布[EB/OL].(2022-03-01)[2022-03-06]. https://baijiahao.baidu.com/s? id=1726080416407710528&wfr=spider&for=pc.

研创新能力发展。国家目前已出台了《深化新时代教育评价改革总体方案》等系列指导性文件，扭转不科学的教育评价导向。大学应该积极推动落实，加强校内外调研，结合自身的发展定位和办学实际，进行系统性、整体性和协同性的评价制度改革，引导教师潜心育人，促进学生全面发展，激发大学创新活力。

(二)聚焦特色发展，培养专业人才促进共建共享

构建人类命运共同体，需要世界各国在政策、设施、贸易、资金等多方面融通发展，需要世界各国携起手来，增进理解、扩大开放、加强合作、互学互鉴。不同类型的大学应该聚焦学科与行业特点，找准自身定位，走特色发展之路。通过在语言、交通运输、建筑、医学、能源、环境工程、水利工程、生物科学、海洋科学、生态保护、文化遗产保护等领域的专业人才培养，推动世界各国形成互动发展和共建共享的局面，促进人类命运共同体的构建。

推动特色发展，人才是第一要义，提升大学的人才培养能力，要着眼以下两个方面。一是要适应时代变革。要主动适应信息化不断发展带来的知识获取方式和传授方式、教和学关系的革命性变化，加大现代信息技术在推动专业人才培养改革方面的投入，综合运用互联网、物联网、大数据和人工智能等技术，统筹建设一体化、智能化教学。二是要推动教学改革。要积极推行启发式、探究式、参与式、合作式等教学方式，促进学生主动把学习、观察、实践同思考紧密结合起来，注重对学生进行人类生态价值观念、创新精神与实践能力的培养。要探索新的机制，发现与培养具有特殊才能和潜质的学生，为创新人才培养和成长提供更加有利的环境。

(三)聚焦协调发展，建设学习大国提升全民素养

“人类命运共同体”并非一个抽象的概念，它正是由各民族、国家的“人”所组成的“共同体”。人类命运共同体的构建也必然受到“人”的文化素养的影响和制约。正如纽曼(John Henry Newman)所言，大学的真正功能就是要“培养良好的社会公民”，大学的存在就是要“塑造公民并随之带来社会的和谐”。[①] 作为全球人口第一大国，在构建人类命运共同体的时代背景下，中国大学更应该肩负起提升全民素养、促进人类和谐的责任。未来五年，中国将更加重视教育公平，优化高等教育布局，促进高等教育协调发展。

---

① 约翰·亨利·纽曼.大学的理想：节本[M].杭州：浙江教育出版社，2001:97.

对于我国大学发展来说应该重点着眼以下两个方面:一是推动区域高等教育的协调发展。教育部已明确将实施新时代振兴中西部高等教育攻坚行动,全面提升中西部高等教育发展水平,为中西部人民群众提供更多优质高等教育资源,有力支撑中西部经济振兴、文化振兴、教育振兴、人才振兴。① 尤其是中西部地区高校应该抢抓机遇,主动谋划,积极作为,改善办学条件,努力为西部贫困地区的学生创造更多接受优质高等教育的机会。通过协调发展促进高等教育更加公平进而推动社会和谐。二是服务全民的终身教育协调发展。要推动各类大学之间以课程为基础相互承认学分。强化大学的继续教育与社会培训服务功能,面向行业、企业开展多种类型、多种形式的职工继续教育。要以学习者为中心,探索建立渠道更加畅通、方式更加灵活、资源更加丰富、学习更加便利的终身学习服务平台。推进全民终身学习,建设学习大国,提升全民素养。

推动构建人类命运共同体,既是适应人类发展所需的现实之举,又是促进人类生态和谐的应然之义。大学作为"时代的表征",应该主动承担起这一时代使命,为凝聚人类智慧力量,促进人类健康福祉,共建人类美好世界贡献力量。

The University's New Mission: To Promote the Building of a Community with a Shared Future for Mankind

Pu Zhiyong[a], He Zubin[b]
(a. Department of Development planning; b. Faculty of Education, Guangxi Normal University, Guilin 541006, China)

Abstract: Building a community with a shared future for mankind is a positive response to the realistic problems of mankind, a scientific adjustment to the human ecosystem, and a harbinger of the times that profoundly embodies the historical trend. As a "symbol of the times", higher education plays a fundamental and pioneering role in building a community with a shared future for mankind. It should actively undertake its new mission, focus on teaching and talent training, promote scientific research innovation and social service, and expand cultural exchanges

① 潘虹旭,邱新鲁.教育部:实施新时代振兴中西部高等教育攻坚行动[EB/OL].(2021-12-27)[2022-03-06].http://www.moe.gov.cn/fbh/live/2021/53921/mtbd/202112/t20211228590944.html.

and mutual learning among civilizations. A community with a shared future for mankind calls for the new ecology of global higher education, which requires standing in the width and height of the human ecological system in value concept, governance practices and development, reviewing the internal and external relationships between higher education and its structure and function, starting from the organic whole human destiny community to understand and study the global systemic problems of higher education. A community with a shared future for mankind requires Chinese universities to show new achievements. Towards 2035, Chinese universities should focus on first-class development, strengthen scientific research and innovation to promote human progress, based on the in-depth development of the Belt and Road initiative and the strategic background of the country's "building a more diversified higher education system"; focus on characteristic development, cultivate professional talents to promote joint construction and sharing; focus on coordinated development and build China into a learning country to improve the quality of our people. Chinese universities should contribute to pooling human wisdom, promoting human health and well-being, and building a better world for mankind.

Key words: human; a community with a shared future; university; mission

学科生态系统：理论框架、运行机理与建构路径*

向亚雯[1,2**]
（1.厦门大学 教育研究院，福建 厦门 361005；2.湖北民族大学 教师教育学院，湖北 恩施 445000）

摘　要： 学科建设的最终旨归是建立与学科可持续发展相适应的学科生态系统。基于组织生态学视角，结合学科的三重内涵建构出“知识-组织-社会”学科生态系统理论框架，用以阐释学科知识生产、组织运行和社会协同系统的运行机理。在该框架指导下建设学科生态系统，应促进学科建设范式由“建学科”向“建学科群”转型，从国家战略层面协同各方力量合作，不断优化学科组织，为跨学科合作提供和谐的外部环境和适宜的组织基础，最终促进学科知识生产，实现学科生态系统良性循环和可持续发展。

关键词： 学科；学科群；学科生态系统；学科建设；跨学科

一、引　言

作为高校的重要组成部分，学科不仅是进行人才培养、科学研究和社会服务的基本单位，也是回应国家战略需求、推动科技创新的重要抓手。我国学科发展与自上而下的建设逻辑密不可分，对于学科建设建什么的问题，学者们的理解见仁见智，大致有知识生产说①、组织建设说②、制度建设说③、要素建设说④等。学

* 基金项目：教育部人文社会科学研究规划基金项目“我国超大规模大学组织绩效研究”（20XJA880004）。

** 作者简介：向亚雯（1985—　），女，湖北恩施人，厦门大学教育研究院博士生，湖北民族大学教师教育学院讲师，研究方向为高等教育基本理论。

① 瞿振元.知识生产视角下的学科建设[J].中国高教研究，2019(9)：7-11.

② 宣勇.大学学科建设应该建什么[J].探索与争鸣，2016(7)：30-31.

③ 方文.学科制度建设笔谈：后学的养成、评价与资助[J].中国社会科学，2002(3)：74-76.

④ 刘献君.论高校学科建设[J].高等教育研究，2000(5)：16-20.

科建设既是一个理论问题，也是一个实践问题。在具体实践中，学科建设往往因为建设对象的模糊和不确定性而变得无的放矢。

学科建设到底是建知识体系还是建组织与制度，可以看成是终极目标和阶段目标、永恒和历史的关系问题。知识体系是学科建设的终极目标，是永恒不变的建设对象，也是学科建设的出发点；学科组织与制度是学科建设在一定历史阶段的目标和任务，是特定时期的建设手段，同时也是学科建设的着力点。因此，学科建设可以理解为国家或集体（高校、院系等）为实现一定历史时期的国家利益和满足社会需求，运用权力、资源配置等制度手段，通过作用于学科组织，以促进学科知识生产，引导学科与社会经济发展相适应。由此可见，学科建设的核心旨向是建学科组织，学科发展仰赖于学科组织的成长。

学科建设不仅要建学科组织，还需要建与学科组织发展相适应的生态系统，学科生态系统可以认为是学科建设的最终旨归。2017 年我国出台的《统筹推进世界一流大学和一流学科建设实施办法（暂行）》明确提出要"促进学科生态体系建设"，首次明确提出要将学科生态理论应用到"双一流"建设实践中，为学科建设带来了新的发展理念。事实上，学界关于学科生态系统的理论探讨早已出现。20 世纪 60 年代以后，生态学原理被广泛应用于人类社会问题研究，高等教育领域也不例外。埃里克·阿什比（Eric Ashby）、劳伦斯·克雷明（Lawrence Arthur Cremin）等学者从生态学视角讨论了高等教育与环境之间的关系。随着组织生态学理论的发展，学者开始运用生态学原理研究高等教育组织之间以及与各种环境要素之间的关系，但国外学者更多是将院校作为一个生态系统进行研究，很少单独讨论学科生态系统，甚至关于学科的单独研究都不多见，而是将学科研究融入高校教学、学校教育体系等研究之中。

我国关于学科生态系统的研究可以追溯到陈燮君于 1988 年提出的"学科生态系统"概念。[①] 2015 年国家提出"双一流"建设重大战略部署后，学科生态系统受到更多学者关注，其研究内容逐渐从认识论层面扩展到方法论层面，主要围绕以下两方面展开。

第一，运用隐喻的方式，通过类比自然生态系统，建构学科生态系统的概念和理论体系。虽然学者们给出了不同的"学科生态系统"定义，但也形成了三点共识：一是学科生态系统是一个开放的、交互的复杂系统，与周围环境存在物质、信息和能量的交换；二是学科生态系统构成要素包括单个学科、学科群和学科群

---

① 陈燮君.新学科发展的环境机制论[J].上海社会科学院学术季刊，1988(1)：82-95.

落三种形态的学科组织;[①]三是学科生态系统动力既来自知识生产,也来自社会需求。在此基础上形成了学科生态系统的理论体系,如学科生态位理论[②]。

第二,运用学科生态系统理论指导学科建设。一是阐释学科生态系统对于学科建设认识论层面的重要意义,"一流学科的形成以和谐的学科生态系统为前提",重点是"建系统"而不止针对学科本身,通过学科系统整合复杂关系,为学科发展奠定良好的组织基础[③]。二是建立各类学科生态系统模型和分析框架,为学科建设提供方法论指导,比如有学者提出了社会生态系统、学校内部生态系统和学科群生态系统组成的学科生态系统理论框架[④]。三是指导学科建设具体实践活动,比如建立学科生态系统评价体系,为一流学科体系建设提供依据[⑤]、制定学科发展战略[⑥]等。

综上所述,目前关于学科生态系统的研究,学者们主要用自然生态系统隐喻学科生态系统,考察学科生态系统各主体之间的关系,虽然这样有利于从整体上、宏观上把握学科建设中的关键问题,但如此的生态系统思维难免带有"静态"特征,忽略了学科组织不仅与其他组织、周围环境相互作用,其自身也在不断进行知识生产演进的特性。换言之,学科在横向和纵向上都处于一个动态发展过程。因此,学科生态系统不仅需要考察学科组织之间、组织与环境之间的横向关联,同时需要关注学科内部知识生产演进,构建起纵横交错的动态平衡系统。

本研究运用组织生态学视角围绕学科知识生产构建出"知识-组织-社会"学科生态系统理论框架,揭示学科之间、学科与环境之间如何发生互动,以实现知识高度整合、学科组织变革,并促进知识、技术和社会的融合,最终解决社会面临的复杂性问题,为建构学科生态系统提供了一种新的分析思路,对我国学科建设具有启发意义。

---

① 郑石明,要蓉蓉.系统思维观照下的高等学校学科生态论[J].教育研究,2021(3):113-125.

② 苏林琴.综合性大学教育学科发展的生态学考察[J].教育研究,2020(3):101-110.

③ 武建鑫.学科生态系统:核心主张、演化路径与制度保障:兼论世界一流学科的生成机理[J].高校教育管理,2017(5):22-29.

④ 郑石明,要蓉蓉.系统思维观照下的高等学校学科生态论[J].教育研究,2021(3):113-125.

⑤ 徐贤春,朱嘉赞,吴伟.一流学科生态系统的概念框架与评价模型:基于浙江大学的实证研究[J].江苏高教,2018(9):16-20.

⑥ 周统建.价值生态视角下一流学科建设高校弱势学科发展战略思考[J].江苏高教,2019(3):44-49.

二、学科生态系统理论框架

现代意义上的学科衍生出了知识形态、组织形式和社会属性三重内涵。从本质上来说，学科是基于知识分类体系而建立的组织形式，与外界社会环境各要素存在互动交流，具有社会属性。在此基础上，本研究运用组织生态学视角考察学科之间、学科与外界环境之间的互动关系，并以学科群为研究基点建构出“知识-组织-社会”学科生态系统理论框架。

(一)学科生态系统

研究学科生态系统，必须对学科内涵有清晰的认识。学科是一个历史的范畴，是一个伴随高等教育实践活动不断丰富和发展的概念。首先，知识是学科的逻辑起点，学科是知识演进过程中形成的系统化和专门化的知识分类体系，这是学科的知识形态。其次，中世纪大学的诞生，意味着大学开始成为知识生产的主要场域，学科逐渐具有了组织形式，完成了由知识形态向知识与组织形式综合体的过渡。最后，随着学科组织日益分化，大学职能也愈加复杂和多元化，发展成为克拉克·科尔所说的庞大的、依赖资源的“多元化巨型大学”，大学与外界社会环境各要素进行互动以获取必要的资源，学科也具有了社会属性。

学科生态系统是借鉴组织生态学理论而建立起来的概念，组织生态学是一门建立在组织种群生态理论基础上，研究组织个体发展以及组织之间、组织与环境之间相互关系的交叉学科。学科作为一种基于知识分类体系而建立的组织形式，引入组织生态学理论对其进行研究，具有一定的适切性。组织生态学研究组织个体、组织种群和组织群落等组织的不同层次，可以依次对应单个学科—学科群—学科群落的学科组织架构。具体而言，组织种群可通过组织成员所表现的相似环境依赖行为来识别。学科群可以视为由若干相近学科、相关学科围绕某一共同领域或研究目标，以一定形式结合而成的组织种群，可以是以学院、研究所、跨学科研究机构等实体组织形式存在，也见于非实体的研究团队、科研项目等合作形式。组成学科群的学科在知识体系、研究范式或目标价值等方面相同或相似，所依赖的环境也高度相似。组织群落由一系列具有交互作用的组织种群所组成[①]，学科群之间以一种经典的松散耦合方式互相关联，并相互影响、相互

① 迈克尔·汉南，约翰·弗里曼.组织生态学[M].北京：科学出版社，2014：25.

作用，形成一个学科群落，通常表现为大学这一实体组织形式。

伴随着生态系统相关理论与实践的发展，组织间关系研究逐渐由过去的二元共生关系向生态系统共生关系转化，组织生态系统强调多样化的组织有机联系在一起，形成错综复杂的网络体系，并广泛应用到各个领域，如经济生态系统、社会生态系统等，学科生态系统正是组织生态系统概念在学科领域的应用。这种组织生态系统是由多个异质性的组织及其所处的环境通过交互作用形成的有机整体，具有多样性、开放性、网络性和自我维持性等特征。[①] 鉴于此，本研究认为学科生态系统是由多个学科组织与其所处的政治、经济、文化等环境通过交互作用形成的有机整体，它们基于某个共同目标和愿景相互依赖与共存，围绕知识生产活动不断互动交流，并通过知识、信息和资源流动形成一种相对稳定的、开放的复杂网络体系。

(二)“知识-组织-社会”理论框架

组织种群是组织生态学研究的重点和基本单元，同样的，学科群也是研究学科生态系统恰适的切入点。从学科群这一层面考察学科组织，一是学科群内部各组织成员之间需要不断进行知识交叉融合，通过整合不同学科知识以解决复杂的社会问题；二是学科群之间基于资源争夺存在竞争，为了获得竞争优势，需要在学科群、学科群落层面进行学科组织变革，以适应知识融合需要；三是学科群不仅强调组织成员之间的紧密联系，同时需要在政府、学术界、企业界等建立全面的合作关系和相互连通的网络体系，促进各合作伙伴之间的动态互动，实现知识、思想、技术向社会转化，加速创新研究，以实现目标。

以学科群为研究基点，可以解释不同学科如何实现知识整合，学科组织如何变革以适应知识生产需求，以及学科如何与外界环境发生协同互动形成一个生态系统。在此基础上，本研究建构“知识-组织-社会”学科生态系统理论框架，将学科生态系统划分为知识生产系统、组织运行系统以及社会协同系统三个子系统。

首先，学科是一种知识分类体系，这是学科的知识形态，其知识生产活动为学科发展提供了源源不断的内在核心动力，生成学科知识生产系统。当今社会，知识呈现出高度分化与融合的发展趋势。当现有的学科知识分类不能满足知识

---

① 卢珊，蔡莉，詹天悦，等.组织间共生关系：研究述评与展望[J].外国经济与管理，2021(10)：68-84.

生产的实际需要时，学科群的不同学科组织成员便会在知识碰撞、交叉和融合过程中形成新的知识生产方式，继而改变现有学科知识内容、组织方式，甚至产生新的学科。

其次，学科是一种组织形式，是学科知识形态得以存在的载体，知识生产活动蕴藏于组织载体中，组织个体内部、不同组织之间相互作用构成学科组织运行系统。知识生产方式的改变也会带来学科组织的变革，通过机构重组、人员调整、资源重置等手段使得学科组织重新适应知识生产需要，这些变革往往发生在学科组织的学科群、学科群落层面。

最后，学科受到意识形态、国家利益和社会经济等外界要素的影响，是权力和资源渗透到知识领域发生作用的产物，是一种学科知识内在逻辑与外在需求之间的“耦合”，具有明显的社会属性。为了满足知识生产活动需要，学科组织不得不与外界社会环境各要素进行互动以获取必要的资源，知识生产场域也早已突破了大学的边界。学科组织通过与外界环境互动交流，建立起多方合作伙伴关系网络，形成社会协同系统。

三、学科生态系统的运行机理

学科生态系统是知识生产、组织运行与社会协同系统共同作用的结果，其中知识生产系统和组织运行系统是学科赖以生存的内部环境，社会协同系统为学科发展提供必不可少的外部环境，三者相互依赖、相互作用。知识生产系统在学科生态系统中起基础性作用，充当着“生产者”角色，它将输入学科生态系统的资源转化成“产品”输出，“产品”包括知识增长、技术创新、各项应用和人力资本等，从而维系着整个系统的稳定。组织运行系统是连接知识生产与社会协同系统的“桥梁”，充当着“分解者”的角色，当资源进入生产系统时，组织运行系统通过人员调整、组织架构、组织文化与制度等要素将资源进行分配，以供知识生产系统使用。社会协同系统可以认为是学科存在和发展的外界环境，在社会需求和人类发展的共同愿景驱动下，它加速学科生态系统中的知识、信息和资源流动，可以看作是一种“催化剂”。

(一)知识生产系统

在知识分化与融合趋势的共同作用下，学科产生了以跨学科、超学科为代表的新的知识生产方式，经历了单学科—多学科—跨学科—超学科的演进历程。

会聚观将学科知识融合过程描述为"会聚—解聚"的过程，包括四个阶段：创造性阶段、整合阶段、创新阶段和成果产出阶段。其中前两个阶段为会聚过程，后两个阶段为解聚过程。这一过程中不同学科、技术和组织团体之间不断升级、变革与互动，以实现协同整合，从而创造附加价值、实现共同目标。① 在此基础上，本研究认为学科知识生产经历从多学科到跨学科，再到超学科的生产方式演变(如图1所示)，在此过程中不同学科、技术和社会之间协同互动，呈现出螺旋循环的特点。

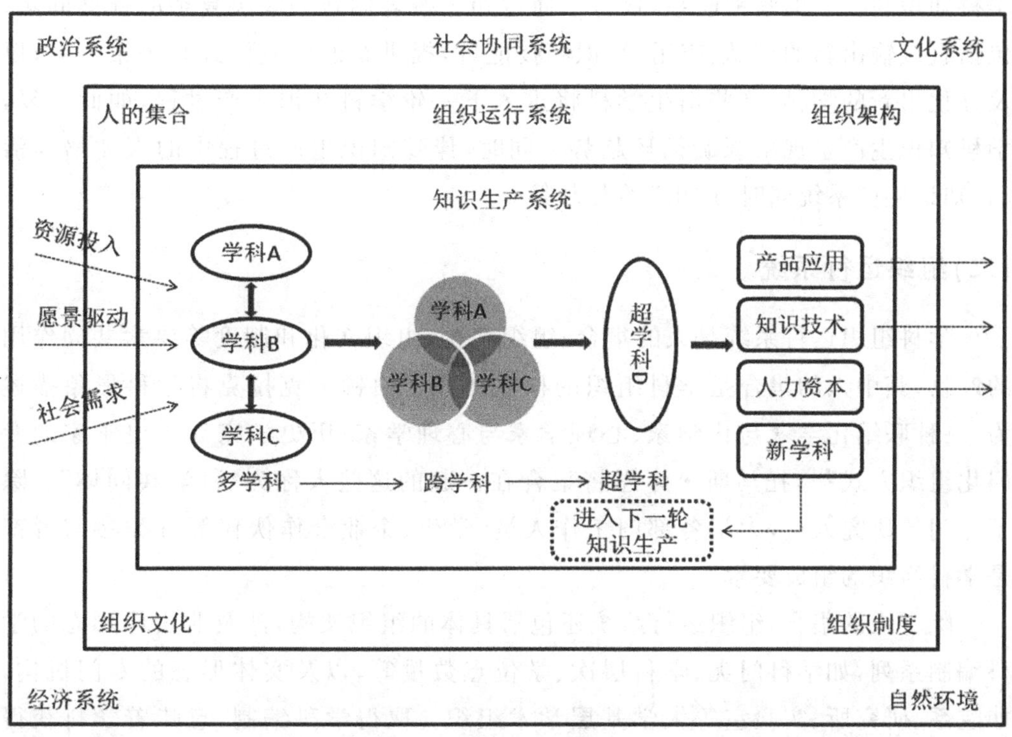

图1 学科生态系统运行图

具体而言，首先，在社会需求和共同愿景驱动下，相关学科为实现某一共同目标开展多学科研究，在此过程中，各学科保持一定程度的独立性，没有跨越学

① ROCO M C, BAINBRIDGE W S. The new world of discovery, invention, and innovation: convergence of knowledge, technology, and society[J]. Journal of nanoparticle research, 2013, 15(9): 1946-1963.

科边界，也没有整合概念、认识论或方法论等，主要以协同合作为主。[①] 然后，各学科逐渐跨越知识边界进行跨学科合作，通过整合两个或多个学科的信息、技术、工具、观点、概念和理论等，融合形成一个新的知识系统，以解决超出单个学科或研究领域的问题。[②] 最后，学科进入超学科知识生产阶段，超学科超越了现有学科的研究范式和知识边界。在这一阶段整合知识形成更为全面的分析框架，可以解决现实世界中的复杂问题，并联合政府、高校、企业等各方共同参与，从而生成新的研究范式和世界观。[③] 超学科将知识生产置于社会大背景下，强调学科知识与社会的紧密联系，致力于通过知识融合创新来解决复杂的社会问题，包括直接输出新的产品、应用、知识和技能等，提供新的商业模式和决策方案，以及分化出新的学科，这些新生学科将进入下一轮学科知识生产过程，如此反复，学科知识生产呈现出螺旋循环趋势。同时，伴随知识生产过程中的人才培养活动，知识生产系统同时"产出"了人力资本。

(二)组织运行系统

学科组织运行系统是人的集合、组织架构、组织文化和制度等要素共同作用的产物，其中人的集合是学科组织的核心要素。伯顿·克拉克将学科形象描述为"一种联结化学家与化学家、心理学家与心理学家、历史学家与历史学家的专门化组织方式"[④]，托马斯·库恩将集合在一起的这些人称为"科学共同体"。除了专门的研究人员，大学各部门工作人员、学生、企业合作伙伴等各类参与者都是学科组织的组成要素。

除了人的集合，组织运行系统还包括具体的组织架构，涉及非实体形态的学科编制系列，如学科门类、学科层次、学位点数量等，以及实体形态的专门机构，如院系、研究所、实验室等大学基层学术组织。取得学科编制，意味着学科获得

---

① CHOI B C K, PAK A W P. Multidisciplinarity, interdisciplinarity and transdisciplinarity in health research, services, education and policy: definitions, objectives, and evidence of effectiveness[J]. Clinical and investigative medicine, 2006, 29(6): 351-364.

② POST G, KEESTRA M, RUTTING L, et al. An introduction to interdisciplinary research: theory and practice[M]. Amsterdam: Amsterdam University Press, 2016: 31.

③ 黄瑶，马永红，王铭.知识生产模式Ⅲ促进超学科快速发展的特征研究[J].清华大学教育研究，2016(11):37-45.

④ 伯顿·R.克拉克.高等教育系统:学术组织的跨国研究[M].杭州:杭州大学出版社，1994:34.

合法性地位和制度保障。我国依据政府颁发的学科目录来进行资源配置,学科目录规定了学科所处门类和层次等,如果没有进入目录名单,学科不能获得所需资源从而无法存在。高校新增或撤销学位点会对学科资源配置产生直接影响,从而影响到学科知识生产,进而影响整个学科生态系统。院系、研究所等专门机构不仅为学科发展提供了平台基础和物质资源,也为"科学共同体"提供了安身立命之所,可以说,现代学科发展突飞猛进某种程度上正是得益于专门机构的不断完善。传统的专门组织机构主要以学科为特征开展科学研究,形成了学科和院校纵横交错的"矩阵结构"。随着学科知识生产方式由多学科向跨学科、超学科演变,传统的专门机构也需要不断调整以适应学科知识生产需要,否则可能成为学科交叉融合的阻碍因素。

学科组织运行系统通过制度对学科进行有效治理与规范,并引导形成有利于学科发展的组织文化。组织制度可以理解为规范学科知识生产活动的行为准则体系,它既表现为"科学共同体"所独具的精神气质,或者所遵循的普遍原则,默顿将其解释为四种制度化的道德律令,即普遍主义、共有主义、无私利性和组织化的怀疑精神;①又表现为具体的操作细则,指导着学科知识生产活动的方方面面,比如学位制度规定了学科类别、学科层次、学制和学位授予标准等内容,是一种制度化的身份象征,充当着学科"守门员"的角色,人事制度规定员工招聘、任职、培训和晋升等各项事宜,科研制度影响科研评价标准、成果认定等。此外,学科组织运行还离不开多元、包容的组织文化支撑。来自不同学科领域、不同地区的人因为某一共同目标汇聚在一起,为解决复杂性问题提供了多样化视角,因此建立跨学科文化十分必要。这种文化必须兼容并包,能够尊重和理解不同学科之间的差异,鼓励学科知识共享,并营造融洽合作氛围,促进学者之间互动交流,以提升他们熟悉不同学科的能力。

(三)社会协同系统

随着知识生产方式向跨学科、超学科演进,知识生产场域也早已突破了大学的边界,形成了由政治、经济、文化系统和自然环境等要素构成的社会协同系统,各要素之间以知识、信息和资源流动为载体开展合作、协同互动,为学科发展提供了必不可少的外界环境,共同驱动学科可持续发展。

当一定资源通过学科组织运行系统投入知识生产系统后,生成了丰富的"产

① 方文.社会心理学的演化:一种学科制度视角[J].中国社会科学,2001(6):126-136.

品”输出，这些“产品”输入社会协同系统的各要素中。人力资本、知识和技术创新等“产品”进入到经济系统后，不仅为知识经济体带来了新的知识附加值，而且创造了更多新兴产业的创业、就业机会，为经济可持续增长提供了新的动力。经济系统生成的“产品”输出后，成为新的知识技术进入自然环境中，这些技术在与自然环境的互动过程中，能够以更加环保的方式保护自然环境。比如以生物学、化学和材料学等学科交叉为基础发展起来的环境友好技术群，被广泛应用于各种现实场景中，它们以环境可接受的方式处置残余的废弃物，从而减少污染排放量，更充分、合理利用自然资源。如此一来，自然环境能够最大限度免受破坏，反过来为人类社会提供更好的自然资源和生活环境，也为新知识生产提供了更多的知识资源。

知识生产系统输出的知识、技术和解决方案等“产品”经过经济系统的应用转换以及与自然环境的互动后进入文化系统，不仅改变了民众的生活方式和环境，同时影响其文化观念和意识，并带来新的需求和问题等。被视为21世纪三大尖端技术之一的人工智能，涉及计算机科学、心理学、哲学、语言学和数学等多学科的交叉融合，被广泛应用于指纹识别、人脸识别、遗传编程、智能控制等多个领域，在改变人们生活方式和文化观念的同时也引发了人们对于人工智能伦理和安全问题的担忧，这种担忧经过一些电影、电视剧等媒体的渲染进一步强化。当这些信息经过媒体的传播后进入政治系统，向政府传递出民众的愿景和需求等，便成为政府出台相关政策措施、配置有限资源时的重要依据。最后，政府协同企业将资源再次投入高等教育领域，并使其通过学科组织运行系统进入知识生产系统，开始新的循环。

社会协同系统的各要素具有相对独立性，并围绕知识生产通过知识、信息和资源流动实现互动协作，最终以学科组织运行系统为媒介，将资源投入知识生产系统，实现知识生产系统、组织运行系统和社会协同系统的动态平衡和良性循环。

四、学科生态系统的建构路径

一流学科的成长是一个漫长而复杂的过程，需要与之相适应的、和谐的学科生态系统支撑。我国学科建设当务之急是结合建设的实际情况，探索学科生态系统恰当的建构路径以及相应的制度保障机制。从学科生态系统的组织层次来看，学科群是整个学科生态系统的基点，也是建设学科生态系统的基本单元，因此，我国学科建设必须从建设学科群入手建立和谐的学科生态系统。

学科生态系统的运行机理表明，学科生态系统内在动力源于学科知识生产系统，一定程度上离不开学科之间的深度交叉与融合，而进行跨学科合作正是促进学科融合、形成交叉学科的首要步骤，也是提升知识生产系统活力，为整个学科生态系统提供更多动力支持的必经之路。其次，作为社会协同系统的组成要素，政治系统既是学科生态系统运行的起点，通过向知识生产系统投入资源、传递社会需求，促进知识、资源和信息在子系统之间流动，同时又是协调经济系统、文化系统以及自然环境各方利益的主体。因此，国家在建构学科生态系统中应发挥引导和协调的重要作用。从本质上说学科发展已经跨越不同行业、部门以及多个利益相关者，甚至已经超越了国家边界，需要团结各国力量，共同攻克人类发展的重大问题。最后，学科组织是知识生产与社会协同系统的中介和桥梁，也是学科建设的作用对象和抓手，必须建构适应知识生产的学科组织。这些对于我国开展学科建设、促进学科生态系统良性循环具有重要的指导价值。具体来说，可以从以下路径建构学科生态系统。

（一）学科建设范式由建“学科”向建“学科群”转变

我国真正意义上的学科建设是随着学科体系的完善而发展起来的。改革开放之后，我国先后出台《中华人民共和国学位条例》《中华人民共和国学位条例暂行实施办法》《授予博士、硕士学位和培养研究生的学科、专业目录》等，从而确定了我国学科分级分类的基本格局，对学科建设起到了指导和规范作用。之后无论是“双一流”建设还是学科评估都是以学科为中心展开的。以学科为中心进行学科建设，并按照学科类别进行资源配置，某种程度上会强化学科之间的边界，让“科学共同体”更加固化自己的学科身份，维护本学科的利益。此外，以学科为中心还会使学科组织之间出现藩篱，使得它们各自为政，成为学科知识交叉融合的桎梏，进而影响学科知识生产效率。作为学科生态系统的核心动力，学科知识生产一旦受到影响，势必会影响整个系统的有效运转，最终制约学科的可持续发展。

学科群是建设学科生态系统的基本单元，涉及学科间知识整合、学科组织变革以及与外界环境的互动协作，关乎着学科生态系统是否能为学科发展提供适宜的内外部环境。因此，学科建设应从过去建设“学科”转向建设“学科群”，促进学科建设范式转型。学科群不仅仅是不同学科基于某一共同问题的合作形式，从本质上来说它是一场学科组织变革，涉及学科组织各要素的重组，包括人员和组织机构调整、学科文化与制度重塑等。因此,建学科群就是建与学科知识整合相适应的学科组织与环境。以问题为导向是建学科群的重要抓手,可以发扬个体优势、互相取长补短,在协同合作中追求学科整体卓越。① 不仅是在学科组织之间,以问题为导向还会驱动学科组织与外界环境之间进行互动交流,激发学科生态系统内在动力,加速系统的循环流动,实现学科良性发展。

(二)发挥国家主导作用,建立多方协同机制

一方面,强化国家顶层设计,优化学科整体布局。资源的稀缺性、环境的复杂性和院校竞争的激烈性使得学科间的竞争日益激烈,高校不得不有所取舍,有针对性地建设自己的特色学科和优势学科,以便在与其他学科竞争中取得比较优势。对于高校而言这样的做法无可厚非,是一种利弊权衡后的理性选择,但与此同时也会带来不可避免的负面影响,出现学科重复建设、资源投入扎堆等情况,尤其容易出现对于见效快、收益明显的学科就加大投入,而对于投入周期长、见效不明显的学科就刻意回避的情况。长此以往,国家学科布局必然失衡,进而严重破坏学科生态。因此,国家必须做好顶层设计,尊重学科发展规律,通过动态调整学位点、学科门类等手段优化学科整体布局。

另一方面,协同各方力量,服务国家战略发展。学科尤其是生命科学、人工智能等新兴学科的发展离不开社会协同系统的支持,需要政府、企业、公众以及其他利益相关者的多方协作。美国国家纳米技术计划(National Nanotechnology Initiative,NNI)被认为是从国家层面协调各方协作、促进学科发展的成功典型。2003 年美国国会通过《21 世纪纳米技术研究与发展法案》(21st Century Nanotechnology Research and Development Act),使得纳米技术研究获得法律授权,具体由内阁级的国家科学技术委员会负责管理和协调,超过 20 个联邦政府部门和机构参与,且与私营企业和非营利机构有密切合作,同时广泛吸纳公众参与。该计划实施以来,在促进纳米技术研究跨学科、跨部门合作方面取得了突出成绩。② 因此,运用立法、出台政策、调配资源等手段,从国家战略层面推进学科发展,对于形成整体有序的社会协同机制是十分必要的。

---

① 王义道."漏网之鱼"或许是"卓越"之源:从《"双一流"建设,学科真的那么重要吗》一文说开来[N].中国科学报,2019-12-18(001).

② 樊春良,李东阳.新兴科学技术发展的国家治理机制:对美国国家纳米技术倡议(NNI)20年发展的分析[J].中国软科学,2020(8):55-68.

(三)开展跨学科合作,促进知识生产

其一,必须肯定单个学科的价值,这是开展跨学科合作的前提。正如生物多样性对自然生态系统具有重要意义,学科多样性对学科生态系统同样具有重要价值。纽厄尔(William H. Newell)曾一针见血地指出:承认(单个)学科在跨学科研究中的重要作用,对于全面理解跨学科是至关重要的。[①] 试图统合所有科学分支的"还原统一论"已遭到科学哲学界的批评和否定,承认各个科学分支的多样性和自主性成为一种新的意识形态。[②] 换言之,没有学科,跨学科也就成了无源之水、无本之木。在学科建设实践中一些高校盲目"瘦身"、裁撤学科点,从短期来看确实起到立竿见影的效果,可以集中优势资源冲击一流学科建设。但从长远来看,这一举措有可能破坏学科生态系统平衡,造成学科多样性受到破坏、学科集群发展受到限制等问题,因此需要权衡利弊,慎重决策。

其二,建立有利于跨学科合作的学科组织。发展跨学科合作,必须突破传统的以学科界限为基础的学科组织机构,建立适合学科交叉融合的组织形式。有大学彻底重构了原有的以学科为基础的院系组织,如美国亚利桑那州立大学几乎解散了原有的所有院系,重新创建了基于知识发现和应用转化的 23 个新学院及相关研究中心。[③] 但更多大学仍然保留以院系为基础的组织机构,并在此基础上建立灵活的跨学科研究机构,这不仅是一种更加高效的折中策略,同时也是对"学科是跨学科合作前提"的实践回应。当下,以学科为基础的院系组织和以知识融合为目的的跨学科研究机构相结合的混合组织形式是绝大多数大学的现实选择。值得注意的是,院系组织应尽可能包含更多相近学科,下设科系如果过于单一、细化则会进一步加深学科交叉融合的壁垒。

其三,加强跨学科教育,培养具有多学科背景的人才。加强跨学科教育是实现跨学科合作的重要基础。开展跨学科合作的障碍很大程度上源自学科之间所设的边界,以及由此带来的学科文化冲突和组织壁垒,这是知识高度分化和专门化的必然结果,也是学科建设中难以摆脱的困境。通过开展跨学科教育,可以强化研究者对不同学科文化、话语体系的理解,有利于彼此达成文化共识,形成共

① AUGSBURG T. Becoming interdisciplinary[M]. 3rd ed. Winston Salem: Kendall Hunt Publishing, 2015: 14.

② 刘闯,朱科夫.哲学与科学交叉学科研究进展评述[J].中国科学院院刊,2021,36(1):17-27.

③ 美国科学院研究理事会.会聚观:推动跨学科融合[M].北京:科学出版社,2015:47.

同认知框架。因此，跨学科教育一定程度上可以缓解学科规训带来的文化矛盾和冲突，获取研究者的彼此理解，从而更好地开展跨学科合作。此外，学科的高度交叉与融合对研究人员掌握知识的深度和广度也有了更高的要求，要求他们既精通单一学科知识，又熟悉多个学科领域，并知道如何将他们的知识与其他学科相联系，具备在广泛领域开展协作沟通的能力，即所谓的“T字形”人，后来扩展到“梳形”人。① 加强跨学科教育正是培养这类人才的有效途径。

其四，完善学科组织制度，建立跨学科研究评价机制。经研究发现，“跨学科研究评价机制极显著地正向影响研究型大学跨学科科研生产力提升”②。目前我国学科评价机制主要是基于传统的学科分类，而跨学科研究成果往往涉及多个学科，在成果评价以及教师职称评聘时，面临成果只能归属某一学科的尴尬处境，直接影响到研究者尤其是青年学者从事跨学科研究的积极性。然而事实上，评价跨学科队伍工作的质量，应看其对交叉学科领域的贡献，而不是看其对母学科的贡献。③ 2020年12月，国务院学位委员会、教育部印发了《关于设置“交叉学科”门类、“集成电路科学与工程”和“国家安全学”一级学科的通知》，交叉学科正式成为我国第14个学科门类。④ 这为今后跨学科研究评价提供了平台基础。

五、结 语

一流学科是实现国家科学技术重点突破与跨越式发展的重要基础，也是实施科技强国战略、促进技术创新与经济增长的重要保障。建设一流学科，其核心是建立和谐的学科生态系统，促进学科可持续发展。本研究从组织生态学视角尝试建构“知识-组织-社会”学科生态系统理论框架，用以解释学科知识生产、组织运行和社会协同系统的作用机理，对学科建设具有指导价值。其中，学科知识生产是学科发展的动力系统，通过跨学科、超学科等知识生产方式，学科之间实

① 美国科学院研究理事会.会聚观：推动跨学科融合[M].北京：科学出版社，2015：42.

② 陈艾华，吕旭峰，王晓婷.研究型大学跨学科科研生产力提升机制实证研究[J].科研管理，2017(11)：82-87.

③ 赫伯特·A.西蒙.科学中的交叉学科研究[M]//刘仲林.中国交叉科学：第三卷.北京：科学出版社，2010：1.

④ 中华人民共和国教育部.与哲学、经济学、理学、工学等传统学科并肩：我国新设置“交叉学科”门类[EB/OL].(2021-01-15)[2021-06-25].http://www.moe.gov.cn/jyb_xwfb/s5147/202101/t20210115_509892.html.

现知识深度交叉融合,带来了知识技术突破、新产品和新学科等,为学科生态系统提供源源不断的动力输出;社会协同系统为学科发展提供稳定和谐的外部环境,通过资源投入、愿景输入促进知识生产;学科组织是知识生产与社会协同系统的中介和桥梁,也是学科建设的作用对象和抓手。在该理论框架指导下建构学科生态系统,学科建设范式应由建"学科"向建"学科群"转变,从国家战略层面协同各方力量合作,不断优化调整学科组织,为跨学科合作提供和谐的外部环境和适宜的组织基础,最终促进学科知识生产,实现学科生态系统良性循环。

Discipline Ecosystem: Theoretical Framework, Operating Mechanism and Generating Approach

Xiang Yawen[1,2]

(1.Institute of Education, Xiamen University, Xiamen 361005, China;

2.School of Education, Hubei Minzu University, Enshi 445000, China)

Abstract: The final objective of the discipline construction is to establish the discipline ecosystem suitable for the sustainable development of the discipline. Starting from the discipline connotation and combining with the theory of organizational ecology, this paper established theoretical framework of discipline ecosystem of "knowledge-organization-society", describing how the integration among various disciplinary knowledge is achieved, how the reform of the discipline organization is conducted for the adaption of the production needs of the knowledge and how the discipline collaboratively interacts with the external environment to form an ecosystem. Constructing the discipline ecosystem under the guidance of the framework, the discipline construction should base on the "discipline group". The discipline organization should be optimized continuously through the cooperation of various parties from the national strategy level, providing harmonious external environment and appropriate organizational basis for interdisciplinary collaboration. Finally, the production of the disciplinary knowledge will be facilitated to achieve the virtuous cycle and sustainable development of the discipline ecosystem.

Key words: discipline; discipline group; discipline ecosystem; discipline construction; interdisciplinary

教育治理与质量保障

中外合作办学政策变迁：机理分析和现实进路*

黄丽蓉[1,2**]
（1.厦门理工学院 马克思主义学院，福建厦门，361024；
2.厦门大学 教育研究院，福建厦门，361005）

摘　要： 本文基于DIIS智库研究理论，采用政策文本内容分析方法，对54份政策文本进行量化研究，考察1986年以来的中外合作办学政策变迁机理，提出现实进路和未来发展趋势，为实现中外合作办学提质增效目标提供决策参考。研究显示，政策变迁中“教育合作”“办学管理”“质量建设”“评估监管”等高频词形成核心小团体，文本分析结果具有良好的网络集中度。为此从坚持教育对外开放高质量发展政策范式的价值旨归、聚集提质增效政策问题的关注焦点、完善治理体系政策工具的关键设置和优化评估监管政策方案的机制保障等方面，提出我国中外合作办学的主要政策建议。

关键词： 中外合作办学；文本挖掘；高质量发展；决策

一、引　言

本文运用内容挖掘技术，选取1986年至今35年来中外合作办学的政策文本作为原始数据和分析对象，进行追根溯源、挖掘规律和预判趋势的机理分析，在政策的量化评估基础上提出现实进路。主要包括：一是对中外合作办学的演进与发展进行历史回溯，查找问题产生的根本原因；二是对问题所关联的各类资料和实践经验进行交叉融合研究，挖掘中外合作办学的本质；三是对发展方向和趋

* 基金项目：2021年度教育部人文社会科学研究规划基金项目“香港、澳门高校赴内地合作办学的问题与制度创新研究”（21YJA880030）。

** 作者简介：黄丽蓉（1977—　），女，福建惠安人，厦门理工学院副研究员，厦门大学教育研究院博士研究生，研究方向为中外合作办学、教育国际化。

势作出研判。通过精准客观地剖析合作办学的政策范式、政策问题、政策目标、政策工具和政策主题等文本要素，为新时代“全面发挥中外合作办学辐射作用，深化对国内教育教学改革推动作用”[①]提供政策建议和决策参考。

二、我国中外合作办学的基本情况

我国的中外合作办学于清末萌芽，受限于中华人民共和国成立前的时代发展，合作办学的中外双方局限在浅层次的合作。1949 年到 1977 年约 30 年时间，中外合作办学发展停滞。改革开放后，合作办学渐渐复苏，1986 年国家教委发布的《关于加强合作项目学校建设的意见》被视为国家层面首次规范教育合作项目管理工作的中外合作办学政策文件。2003 年国务院颁布的《中华人民共和国中外合作办学条例》明确中外合作办学作为中国教育事业的组成部分及其公益属性。2020 年教育部等八部门出台了《关于加快和扩大新时代教育对外开放的意见》，中外合作办学作为教育对外开放的重要载体发挥越来越重要的作用。截至 2021 年 10 月底全国共有 2447 个中外合作办学机构和项目，其中经过教育部备案或批准的高等教育中外合作办学机构和项目，涉及 200 多个专业，合作的对象涉及 39 个国家和地区，约 700 多所中方高校和 800 多所外方高校[②]。从时代依据、理论依据和事实依据可以判断中外合作办学正处于大有可为的重要战略机遇期[③]，《加快推进教育现代化实施方案(2018—2022 年)》和《中国教育现代化 2035》都明确提出，要加快培养高层次国际化人才，提高中外合作办学质量。

三、研究方法

本文以“教育国际化”“涉外办学”“合作办学机构”“合作办学项目”等为关键词，通过线上网络检索中外合作办学相关政策文本，同时结合线下材料搜集等方

---

① 中华人民共和国教育部.坚定不移办好中国特色社会主义教育 以优异成绩迎接党的十九大胜利召开:2017 年全国教育工作会议召开[EB/OL].(2017-01-14)[2021-12-25].http://www.moe.edu.cn/jyb_xwfb/gzdt_gzdt/moe_1485/201701/t20170114_294864.html.

② 第十二届全国中外合作办学年会在贵阳召开[EB/OL].(2021-12-04)[2021-12-25].http://gz.people.com.cn/BIG5/n2/2021/1204/c358160-35035503.html.

③ 林金辉.新时代中外合作办学的新特点、新问题、新趋势[J].中国高教研究,2017(12):35-37,55.

式获取政策文本。坚持研究文本的主题与中外合作办学高度适切；坚持以国务院、国家教育体制改革领导小组办公室、教育部、国家外国专家局、中组部等国家层面机构官方出台或发布的政策文本为主；坚持以战略规划、法律法规、部门规章以及重要教育计划、通知为主要的文本类型等三个原则进行文本检索和遴选，以提高所选取政策文本的权威性、可信性以及代表性。

研究基于 DIIS 智库研究理论[①]，采用政策文本分析方法，通过以下四个环节分析中外合作办学政策文本所隐藏的语义信息，深入挖掘其政策要素从而提出对策建议：第一步是处理文本数据(Data)。原始的文本一般呈现出非结构化或半结构化形式，要通过整理将其转化为定量数据加以比对，形成数据库。第二步是文本资讯分析(Information)。运用软件工具 ROST CM6 降噪处理和分析政策文本的主题词和高频词等资讯。第三步是挖掘文本情报 (Intelligence)。采用内容分析法等手段，全面梳理和归类文本情报，解析中外合作办学阶段特征以及未来发展趋势。第四步是提出对策建议(Solution)。

四、政策预处理与量化分析

通过对 35 年间中外合作办学政策发布时间和数量的分析，试图厘清政策历程阶段的思路。如图 1 所示，以 2000 年为分界线，中外合作办学政策数量呈现“前平稳、后波浪式上升”的特征。其中，2000 年至 2020 年间中外合作办学政策存在着明显的周期性分布特征，即以 2004、2009、2013、2017 年为波峰的四次“倒U”形波浪式分布。中外合作办学政策数量的四轮“上升—达峰—下降”的发展过程，与五年一届的中国共产党全国代表大会的政治周期阶段性特征较为吻合，即与每届党代会后至下一届党代会前的政治周期波浪起伏同步。“中外合作办学是党领导下的合作办学。加强党的建设，是做好中外合作办学的根本保证。”[②]此外，倡导联盟理论和间断均衡理论揭示，重大外部事件暗合政策的大幅变迁。中外合作办学政策出台数量的四轮达峰，均由具有标志意义的政策出台引发：一是 2003 年《中华人民共和国中外合作办学条例》的颁布，这是我国中外合作办学史上第一部法律，是中外合作办学政策逐步完善的重要标志[③]。二是 2008 年教育

① 潘教峰.智库研究的双螺旋结构[J].中国科学院院刊，2020，35(7)：907-916.

② 林金辉.中外合作办学的政策趋势[N].人民政协报，2017-01-04(010).

③ 薛二勇.中外合作办学改革和发展的政策分析[J].中国高教研究，2017(2)：24-28.

部开展中外合作办学颁发境外学历学位证书的认证注册工作，强调严格审批办学资格等。三是2012年教育部办公厅关于加强涉外办学规范管理的通知出台，保障质量依法规范办学的意味逐渐浓郁。四是2016年中办、国办印发的《关于做好新时期教育对外开放工作的若干意见》，明确强调中外合作办学要提质增效[①]，标志着"提质增效、服务大局、增强能力"成为新时期中外合作办学发展趋势。

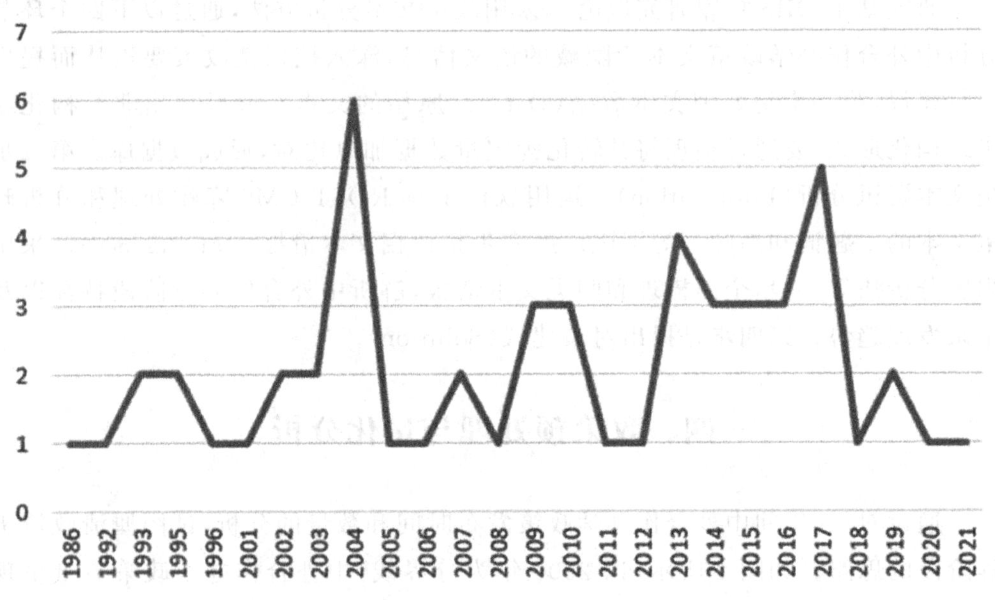

图1　1986—2021年间中外合作办学政策频次图

根据以上政策频次特征，1986—2021年间中外合作办学政策变迁的历程可分为四个阶段，各阶段出台政策数量统计如表1所示。

表1　各阶段出台政策数量统计特征

阶段划分	时间段(年)	出台政策总数(个)	平均数(个)	标准差
第一阶段	1986—1993	4	0.50	0.71
第二阶段	1994—2003	8	0.80	0.87
第三阶段	2004—2008	11	2.20	1.94
第四阶段	2009—2021	31	2.38	1.27

① 中共中央办公厅、国务院办公厅印发《关于做好新时期教育对外开放工作的若干意见》开创更有质量更高水平的教育对外开放新局面[EB/OL].(2016-04-29)[2021-12-25].http://www.gov.cn/home/2016-04/29/content_5069311.htm.

按照政策变迁的四个阶段对遴选的54份政策文本在时间上的分布进行统计,结果见图2。

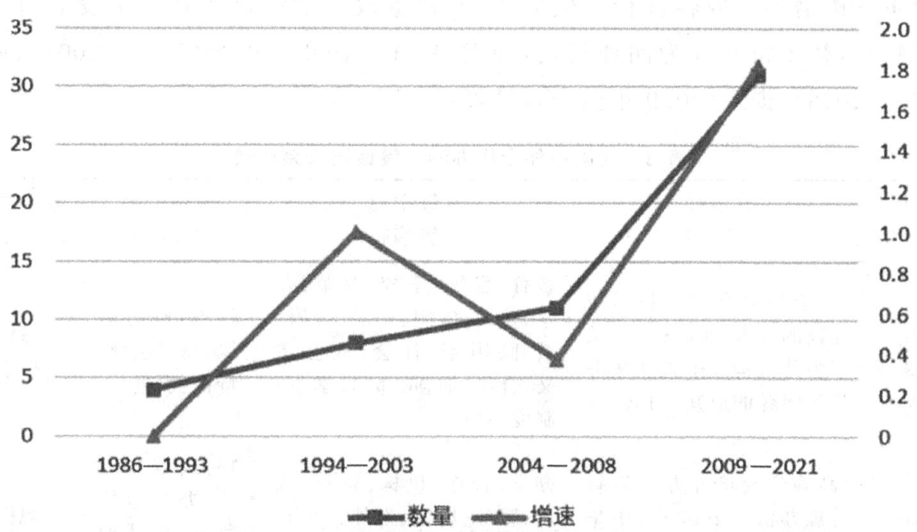

图2 政策文本年度发布数量与速度折线图

图2呈现了54份政策文本发布数量和发布速度的变化趋势。从发布数量上看,2009—2021年政策发布数量最多,达到31份;1986—1993年政策发布数量最少,仅有4份;1994—2003年和2004—2008年两个时期,政策发布量在10份上下浮动。整体上看,中外合作办学政策文本发布数量呈现持续增长态势;从增速上看,前两阶段呈现增速发展,第三阶段增速减弱,到第四阶段继续上扬。2004—2008年政策文本发布数量增速减弱,原因在于在2003年《中华人民共和国中外合作办学条例》基础上次年颁布实施办法、开展复核和启用申请表,2007年教育部发布进一步规范中外合作办学秩序的通知,这些政策的出台,对前一个阶段快速扩张的发展状况进行规范调整。政策文本的颁布数量和教育国际化发展的轨迹正相关且同步增长,彰示当前我国的中外合作办学正在进入深水区。

五、政策文本挖掘与内容分析

(一)政策范式

作为分析政策变迁的理论框架,政策范式(policy paradigm)体现政策设计的价值判断、理念和思维方式，它主要与政策目标、政策问题以及政策工具联系在一起[①]。本研究将遴选的54份政策文本导入ROST CM6进行词频分析。通过对政策话语谱系的内容进行比较分析，并根据政策话语谱系在各个发展阶段的不同特点，初步将其分为四种范式：探索（1986—1993）、扩张（1994—2003）、调整（2004—2008）、提质（2009年至今），见表2。

表2　我国中外合作办学政策话语谱系比较

发展阶段（年）	代表性政策文件	政策主题一级编码	政策主题二级编码	政策主题三级编码
1986—1993	《关于加强合作项目学校建设的意见》（1986）、《关于国外机构或个人在华办学等问题的通知》（1992）	教育、发展、学校、改革、办学、建设、体制、提高、政府、教师、国家、社会、社会主义、合作、加强、部门、学生、制度、管理	特点：政府牵线、高校主导 特征：引进	谨慎探索
1994—2003	《高等学校境外办学暂行管理办法》（2002）、《中华人民共和国中外合作办学条例》（2003）	办学、合作、机构、教育、成员、服务、规定、中外、应当、学校、国家、高等学校、管理、组织、措施、审批、协议	特点：政府支持、办学地位和作用得到初步认可 特征：吸收	规模扩张
2004—2008	《中华人民共和国中外合作办学条例实施办法》（2004）、《教育部关于进一步规范中外合作办学秩序的通知》（2007）	办学、合作、中外、机构、教育、项目、应当、外国、行政部门、规定、学历、设立、管理、审批、学位、申请、办法、办学者、专家	特点：政府重视、先整顿再发展 特征：融创	规范调整
2009年至今	《关于进一步加强中外合作办学监管工作的通知》（2015）、《关于加强高校中外合作办学党的建设工作的通知》（2017）	教育、办学、合作、中外、发展、管理、机构、学校、评估、加强、教学、学生、培养、建设、质量、教师、机制、高等学校、交流、提高、人才、改革、党的领导	特点：政府规范、依法管理 特征：引领	提质增效

（二）政策目标、政策问题和政策工具

以上政策范式转变源于办学领域对于矛盾认定的政策问题、设定的政策目

① 严强.社会转型历程与政策范式演变[J].南京社会科学，2007(5):86-92.

标以及采取相应的政策工具等方面的厘革，见表 3。

表 3 中外合作办学政策范式的转变

发展阶段	政策问题	政策目标	政策工具
探索 (1986 —1993)	根源：改革开放，对外交流合作展开，但社会对合作办学的认识尚模糊	培养适合改革浪潮的人才、明确境外组织来华捐资助学和办学的非营利性	合作办学水平：低
	关注点：探索与经济体制改革相适应的人才培养模式、加强合作项目学校建设		实施措施：办学者自发探索 政府态度："一不支持，二不反对"
扩张 (1994 —2003)	根源：办学实践面临新挑战和新问题，如学位授予、聘请外籍专业人员等	从宏观办学形式、层次等方面到学位、教学等层面，初步形成办学政策框架	合作办学水平：较低
	关注点：对办学设置、管理和教育教学等方面进行规范		实施措施：分类推进办学评估、法律保护、教学保障，提升师资力量和水平，对学位和学历等进行审核及备案
调整 (2004 —2008)	根源：片面追求经济利益，办学出现"一窝蜂"等现象，存在"政绩工程""面子工程""逆向设计"等弊端	机构和项目向社会"亮家底"，接受监督，推进信息公开	合作办学水平：中
	关注点：重点核查办学组织与管理、教育教学以及资产财务等情况		实施措施：机构和项目复核理论设计、方案设计、组织设计、程序设计顺序进行
提质 (2009 年 至今)	根源：办学发展的盲目性，党的建设的重要性和紧迫性重视不足	完善准入制度 改革审批制度 开展评估认证 强化退出机制	合作办学水平：逐步提升
	关注点：提质增效的核心是课程、教学和师资，完善办学质量保障体系		实施措施：加强监管体系建设，健全监管制度，形成综合监管体系和监督合力，简政放权、放管结合、优化服务

其中，对政策问题的分析主要从问题根源和政策关注点入手。政策工具是为了达成政府所制定的政策目标而选用的方法[①]，可划分为命令型工具、激励型工具、象征和规劝型工具、能力建设型工具、系统变革型工具，分别表示具有法律和行政强制性权威、报酬与奖励等杠杆作用、价值与理念认同等引导策略、资源

① B.盖伊·彼得斯，弗兰斯·K.M.冯尼斯潘.公共政策工具：对公共管理工具的评价[M].北京：中国人民大学出版社，2007：114.

和信息及培训等支持措施、权力重组和体制改革等政策举措的一系列政策工具[①]。中外合作办学政策工具主要从合作办学水平和实施措施来加以考察，各发展阶段中外合作办学政策工具的使用情况见表4。

表4　各发展阶段中外合作办学政策工具的使用情况

政策工具类型	探索期	扩张期	调整期	提质期
命令型	75%	62.5%	63.63%	32.26%
激励型	0	12.5%	0	9.68%
象征和规劝型	0	25%	27.27%	22.58%
能力建设型	0	0	0	16.13%
系统变革型	25%	0	9.1%	19.35%

运用软件工具ROST CM6对选取的政策文本数据库进行分析，对主题词和高频词进行分析，同时进行人工降噪，筛选高频词汇排序前30的结果如表5所示。

表5　中外合作办学政策文本高频词汇分布

序号	高频词汇	频次	序号	高频词汇	频次	序号	高频词汇	频次
1	教育	1949	11	高等学校	410	21	政府	300
2	办学	1693	12	教师	373	22	地区	299
3	合作	1454	13	学历	361	23	招生	290
4	中外	1014	14	培养	348	24	境外	289
5	机构	887	15	评估	347	25	机制	279
6	发展	623	16	学位	344	26	人才	272
7	管理	623	17	质量	330	27	交流	265
8	国家	496	18	改革	325	28	依法	264
9	项目	466	19	审批	307	29	政策	244
10	教学	435	20	标准	300	30	资源	239

(三)中外合作办学政策挖掘网络分析

以表5中30个高频词汇为节点，对我国中外合作办学政策文本进行网络分

① 汤杰，石伟平.高等职业教育内涵建设的政策工具：回顾与展望：基于1995—2019年高职政策文本的分析[J].教育学术月刊，2020(1)：45-52.

析。可以看出(见图 3)，教育、办学、合作、中外、发展、管理、质量、评估等在网络中关联性较强，处于相对重要的位置。

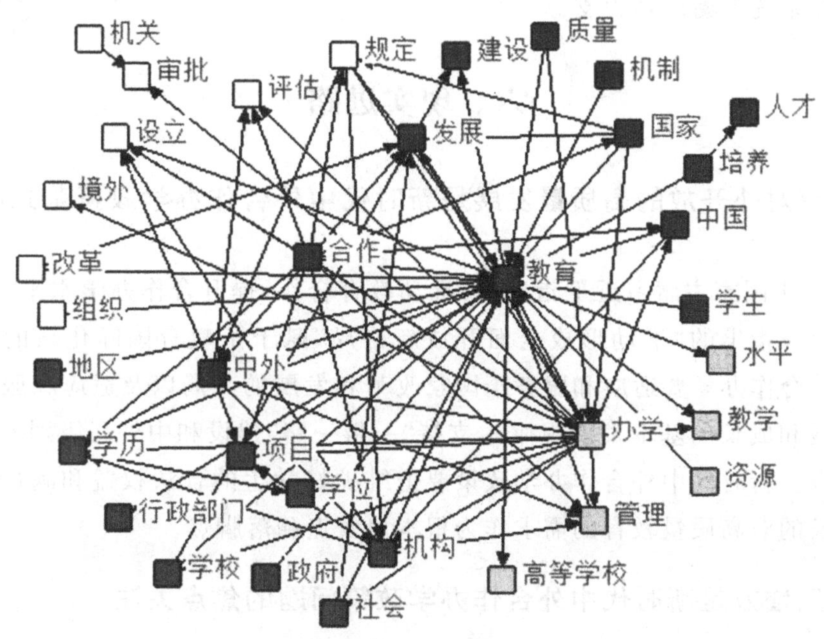

图 3　中外合作办学政策挖掘网络分析

通过对以上高频词的聚类识别，语义分析结果可归纳为教育合作、办学管理、质量建设、评估监管、政策工具 5 个聚类。其中，第 1 个聚类“教育合作”中教育对外开放、合作办学、高质量发展是整个网络的核心，说明创新质量、交流合作、公益性是合作办学的关键。第 2 个聚类“办学管理”包括了引进优质教育资源、教师聘任、学籍管理、教学组织、学科专业课程等关键词，说明引进高水平师资和优质教育资源成为促进中外合作办学发展的有效举措。第 3 个聚类“质量建设”的关键词有办学质量、人才培养、师资、体制机制、保障体系建设等，显示培养具有创新精神的“具有国际视野、通晓国际规则、能够参与国际事务和国际竞争”[①]的国际化人才是中外合作办学质量建设的根本着力点和落脚点。第 4 个聚类“评估监管”包括了审核、审批、备案、监督，说明审批准入、分类监管、评估认证和处罚退出等手段是规范管理和推动中外合作办学健康发展的重要保障。第 5

① 国家中长期教育改革和发展规划纲要(2010—2020 年)[EB/OL].(2010-07-29)[2021-12-25].http://www.gov.cn/jrzg/2010-07/29/content_1667143.htm.

个聚类"政策工具"包括加强党的建设、办学层次、区域学科专业布局平衡、办学类别、法律保护、合理回报,说明加强党的建设、质量保障机制是中外合作办学结构调整和系统平衡的强力支撑。

六、现实进路

(一)教育对外开放的高质量发展是新时代中外合作办学政策范式的价值旨归

2017年国家主席习近平指出,要推动教育合作,提升合作办学水平。① 党的十九大报告指出的"推动形成全面开放新格局"赋予了教育国际化新的时代内涵。中外合作办学要适应和服务于国家改革和发展的大局以及适应和服务于学生的发展和成长的基本发展规律②,支持"一带一路"建设和中外高级别人文交流机制建设。新时代中外合作办学政策要把维护好学生的合法权益和满足老百姓日益增长的对高质量教育的需求作为根本出发点和落脚点。

(二)提质增效是新时代中外合作办学政策问题的焦点关注

经过40多年的发展,办学主体的质量意识明显增强,内部治理结构不断完善,引进了一批典型教育输出国之外的优质教育资源,高质量资源明显增多;外方合作教育机构的层次有所提升,一些机构和项目的示范课程、精品课程建设数量逐渐增多;注重培养高素质国际化人才,学生就业率和就业质量稳步提高,社会信誉度和认可度不断上升;中外合作大学的理事会制度日益完善,质量保障体系逐步形成。致力于体制机制创新和全面推进质量工程,是新时代合作办学的应有之义。

(三)完善治理体系是新时代中外合作办学政策工具的关键设置

在新治理范式下,政策工具研究的分析单位是具体的政策工具,政策工具的推行借助于社会行动者网络;强调公共部门与私人部门的合作;管理方法主要是

---

① 习近平.携手推进"一带一路"建设:在"一带一路"国际合作高峰论坛开幕式上的演讲[EB/OL].[2021-12-25].http://www.xinhuanet.com/politics/2017-05/14/c_1120969677.htm.

② 林金辉.新时代中外合作办学的新特点、新问题、新趋势[J].中国高教研究,2017(12):35-37,55.

协商与说服;政府应具有较强的赋权技能;沟通工具、多边政策工具等间接性强的第二代政策工具备受关注①。新时代完善治理体系是中外合作办学政策工具的关键设置,建议如下:在工具类型层面,教育行政部门的指导、管理、监督、评估和检查等环节和内容增加社会参与,如允许法律许可范围内的合理回报、合同外包、民营化等间接性政策工具的使用;在工具主体层面,重视政策工具应用过程中的多主体参与,政府、市场、社会组织与公民合作,构成多主体参与的政策网络,强化政策与办学主体间的互动和同步发展功能;在工具执行层面,化解多方参与可能带来的负面影响,按照理论设计、方案设计、组织设计和程序设计的顺序进行,积极面对"逆向选择行为"、道德风险和合法性挑战;在工具能力层面,增强政府治理能力以应对新考验,包括把握好赋权的度以及在政策工具使用过程中协调各方利益,落实工作程序、规章制度等保证良好治理效果。详见表6。

表6 新治理范式下中外合作办学提质增效政策工具的关键设置

范式	新治理范式	合作办学政策工具	提质增效政策趋势	政策工具的关键设置转变	
				前	后
分析单位	政策工具	工具类型层面	缩小管制等直接性政策工具的应用范围,扩大公私合作载体的间接性政策工具的使用范围	教育行政等政府部门管制和直接提供办学服务等直接性政策工具	合理回报、合同外包、民营化等间接性政策工具的使用
递送机制	社会行动者网络	工具主体层面	政策工具主体不再局限于政府部门,其他主体也能参与进来	政策工具主体局限于教育行政等政府部门	重视政策工具应用过程中的多主体参与,政府、市场、社会组织与公民合作,构成多主体参与的政策网络
公私关系	公共与私人合作	工具执行层面	多方参与下多元利益和多元价值的多个组织交织	政策工具执行存在偏离政策目标的风险	化解多方参与可能带来的负面影响,积极面对"逆向选择行为"、道德风险和合法性挑战

① B.盖伊·彼得斯,弗兰斯·K.M.冯尼斯潘.公共政策工具:对公共管理工具的评价[M].北京:中国人民大学出版社,2007:76.

续表

范式	新治理范式	合作办学政策工具	提质增效政策趋势	政策工具的关键设置转变	
				前	后
技能要求	赋权、协商、说服和管理技能	工具能力层面	使用间接性政策工具、主体多元化带来的管理复杂化、权力让渡的考验	政府部门提高自身包括协调和管理能力在内的治理能力	增强政府治理能力以应对新考验，包括把握好赋权的度以及在政策工具使用过程中协调各方利益，落实工作程序、规章制度等保证良好治理效果

(四)优化评估监管是新时代中外合作办学政策方案的机制保障

教育部《2003—2007 年教育振兴行动计划》已明确加强留学预警机制建设，加强对留学工作的引导和服务。在当前政策方案创新中，包括审核、审批、备案、监督等内容的评估监管是规范管理和推动中外合作办学健康发展的重要保障。建立规模稳定增长机制的事前监管、固定周期评估机制的事中监管、完善惩罚引退机制的事后监管和成功经验共享机制的闭环监管①，为优化新时代中外合作办学政策方案提供了重要的机制保障。

中外合作办学评估制度是教育行政部门或经过教育行政部门认可的社会组织，按照一定的标准、方法和程序，对中外合作办学机构、项目的办学条件、办学水平、办学质量和办学效益等方面进行的综合性考核和评价制度，坚持分类推进、主体性、针对性以及以“我”为主原则构建②。评估、认证和审核是目前国际上通行的跨国教育质量评价的主要方式，其基本上依靠半官方或独立社会组织实施。我国由教育部推动中外合作办学评估，委托学位与研究生教育发展中心负责。该评估由外而内、自上而下调动各方利益相关者参与，协同保障合作办学质量。要进一步构建具有中国特色并与国际接轨的外部质量评估体系。

坚持“审批制”和“证书制”的法规政策，简政放权、放管结合，扎实推进“管办评分离”，日益完善中外合作办学质量监管体系和监管机制。在政府层面，以多元化协同治理思路加强相关部门间的横向联合，建立以国家教育行政管理部门为主的

---

① 黄丽蓉.创新机制推进中外合作办学提质增效[N].福建日报，2021-08-03(011).

② 刘梦今，林金辉.构建中外合作办学评估制度的基本依据与原则[J].教育研究，2015(11)：123-128.

多部门中外合作办学协同治理体系。依照法律法规具体规定备案核准的程序,严格依法审批监管,同时,分对象和分级别实施如责令限期改正和整顿、责令停止招生、取缔办学许可以及罚款等惩戒措施。“使每一个合作办学项目都在政府的监管下运行,每一个违法违规办学行为都受到规制。”①国际上教育质量的标准越来越重视学生的产出。关注学生学习成果的改善型认证将成为未来的发展重点②,提倡中外合作办学认证回归学生本身,以高质量的教育促进学生的发展。

通过监管科学有效调整办学的学科布局。严格控制办学水平一般的外国教育机构和同一外国教育机构在中国境内举办多个合作办学项目以及拟举办专业较为集中的情况,重点培养面向先进制造业、现代农业和现代服务业的高技能人才③。作为公益性事业,应坚持中外合作办学社会效益、长远效益居首位。培养高素质国际化人才,服务我国大国外交战略和高级别人文交流机制。

Policy Changes of Sino-foreign Cooperation in Running Schools: Mechanism Analysis and Realistic Approach

Huang Lirong[1,2]
(1.School of Marxism, Xiamen University of Technology, Xiamen 361024, China;
2. Institute of Education Xiamen University, Xiamen 361005, China)

Abstract: Based on the research theory of DIIS think tank, this paper adopts the content analysis method of policy texts and makes a quantitative study of 54 selected policy texts. The mechanism of policy changes of Sino-foreign cooperative education since 1986 is investigated, and the realistic approach and future development trend are put forward, which provides decision-making reference for realizing the goal of improving quality and efficiency of Sino-foreign cooperative education. The results show that the high frequency words such as "education cooperation", "school management", "quality construction" and "evaluation and supervision" form core

① 魏海深,刘珊.中外合作办学行政监管体系的构建[J].河南教育学院学报(哲学社会科学版),2021(3):39-45.

② 郭丽君.中外合作办学质量监管模式:问题与变革[J].高等工程教育研究,2015(4):141-145.

③ 林金辉.中外合作办学的规模、质量、效益及其相互关系[J].教育研究,2016(7):39-43.

groups in the policy changes, and the text analysis results have good network concentration. This paper puts forward some policy suggestions on Sino-foreign cooperative education in China from the aspects of adhering to the value of high-quality development policy paradigm of education opening to the outside world, focusing on the policy issues of improving quality and efficiency, perfecting the key settings of policy tools of governance system and optimizing the mechanism guarantee of evaluating and supervising policy programs.

Key words: Sino-foreign cooperation in running schools; text-mining; high-quality development; decision-making

双一流高校优势学科博士后管理制度感知的混合研究

马立超[1] 师英杰[2*]
(1.清华大学 教育研究院,北京 100084;2.华东师范大学 教育学部,上海 200062)

摘　要: 博士后科研人员是推进一流大学建设、牵引科学技术革新、驱动国家创新发展的生力军。以博士后为"制度媒介",采用聚敛式平行设计的混合方法展开调查,洞悉博士后对管理制度的真实感知。研究发现,一流高校优势学科博士后对入站程序管理制度、岗位职责分配制度、薪酬福利待遇制度、科研项目资助制度、合作导师职责制度、出站考核与留任制度既产生积极正向的情感体验,例如对薪酬福利待遇、导师学术指导较为满意;但同时也不可避免地催生消极负面情绪,如认为行政事务烦琐、公积金较低、科研资助力度弱、出站和留任要求高。从制度分析视角来看,博士后管理实践深深嵌入在多重制度逻辑的博弈互动中,尽管高校管理者的理性设计有力推动"制度维持"向"制度创新"转变,但不同劳动力市场博士后与一流高校的利益"耦合"与"脱耦"致使博士后管理制度乱象丛生。

关键词: 一流高校;博士后管理;制度感知;制度逻辑;制度创新

一、问题提出

当前我国经济发展处于转型升级的关键时期,提升科学技术创新能力、推动经济加速转型成为该阶段的迫切要求。高等院校作为生产新知识、开发新技术、传播新思想的主体,是拓展学科研究前沿、推动科技成果转化的"孵化营",国家

* 作者简介:马立超(1996—),男,河南林州人,清华大学教育研究院博士研究生,研究方向为高等教育政策与管理;师英杰(1998—),男,山西运城人,华东师范大学教育学部硕士研究生,研究方向为教育经济与管理。

创新驱动发展战略的实施很大程度上依托于高校科技创新。2015 年 10 月，国务院印发《统筹推进世界一流大学和一流学科建设总体方案》，提出推动一批高水平大学和学科进入世界一流行列或前列。在“双一流”建设如火如荼开展的背景下，一流高校优势学科作为加快科技创新步伐的“领头雁”，对提升国家科技竞争力发挥着引领作用。而博士后作为一流高校科研队伍中活跃的生力军，在推进一流师资建设和一流大学建设的过程中起到至关重要的作用。我国自 1985 年实行博士后制度以来，博士后年度进站人数呈指数式增长态势，2018 年博士后年度进站人数已突破 20000 人，2019 年更是高达 25514 人，博士后招聘火爆成为一流高校人才引进的重要特征。然而，由于博士后管理政策的滞后难以适应瞬息万变的管理实践，致使一流高校博士后管理产生诸多现实问题。博士后作为管理制度的直接作用客体，其制度感知既能反映管理制度本身的科学性与合理性，也能对博士后的工作满意度和科研创新行为产生影响。因此，关注一流高校优势学科博士后对管理制度的主观感知及其情感态度，有助于促进一流高校博士后管理制度创新。基于此，本研究从管理制度与个体感知的互动关系入手，将一流高校优势学科的博士后作为“制度媒介”，探究博士后在管理制度运作中产生的真实感知，洞悉博士后管理制度潜在的问题，为实现博士后管理制度创新提供实证依据和政策建议。

二、文献述评

关于博士后管理制度的研究已经积累了丰硕成果，可以划分为历史发展视角、制度本体视角、问题识别视角和困境纾解视角等四个方面。

一是历史发展视角。关于我国博士后管理制度的发展历程，学者们运用政策制定模型对博士后制度创立的历史背景展开分析①，并对博士后制度自 1985 年创立以来经历的三十余年发展阶段②、国家层面博士后管理政策的变迁特点③以及博士后制度取得的斐然成就④进行了详细梳理。

---

① 许士荣.我国博士后政策制定的模型分析[J].清华大学教育研究，2009，30(6)：73-78.

② 姚云，曹昭乐，唐艺卿.中国博士后制度 30 年发展与未来改革[J].教育研究，2017，38(9)：76-82.

③ 黄园淅.中国博士后政策变迁的历史与特点分析：基于政策量化分析的研究[J].中国科技论坛，2018(2)：145-153.

④ 张骏.人才国际化视角下中国博士后管理创新研究[J].中国成人教育，2016(13)：52-55.

二是制度本体视角。这种视角主要关注博士后管理的制度价值与制度优势,学界从个体层面、高校层面和国家层面阐释博士后管理制度的意义。对博士后个体而言,有助于促进学术资本积累,提高科研成果产出,塑造卓越学术品质①,同时还可以提高经济收入水平②;对高校而言,能够促进师资队伍健康发展与合理流动,改善师资队伍的学缘结构③,避免教师选聘的“近亲繁殖”,提高教师选聘质量④;对国家而言,有助于吸引优秀的留学生归国,培养高水平科学技术人才和学科带头人,推动重大科研项目攻关⑤,从而提高国家科技竞争力。

三是问题识别视角。由于博士后管理政策的滞后难以适应瞬息万变的管理实践,致使一流高校博士后管理制度在实践中问题频出,进而引发了学者们对博士后管理的理性审思。现有研究对高校博士后管理制度的反思主要表现在以下方面:其一是政策目标优先顺序模糊、政策由精英所主导、政策工具组合单调⑥,其二是专项课题资助力度下降、国家教育财政投入不足⑦,其三是不同类型博士后缺乏分类评价以及博士后人才培养质量难以保障⑧等问题。

四是困境纾解视角。针对博士后管理制度面临的现实困境,学界也纷纷提出解决之策,例如下放博士后管理权限、优化博士后管理政策工具配置⑨、加大博士后科研经费资助力度⑩、完善博士后考核评价制度⑪。不论是宏观层面的管理

---

① 马立超.一流高校博士后管理制度实施成效、困境与优化路径[J]大学教育科学,2022,192(2):56-65.

② 张青根,刘之远.博士后经历能给高校教师带来经济收益吗?[J].现代教育管理,2019(3):62-68.

③ 朱佩琴.博士后制度对高校师资队伍建设的作用及其思考[J].人力资源管理,2011(5):123-125.

④ 黄蓉.高校师资博士后制度的实施及其路径思考[J].江苏高教,2014(5):42-43.

⑤ 梁叶新,曹铭权.“双一流”背景下高校博士后队伍建设的实践与探索:以北京化工大学为例[J].北京化工大学学报(社会科学版),2019(3):102-106.

⑥ 彭华安,丁晓昌.中国博士后政策运作的问题与优化[J].研究生教育研究,2013(6):25-28.

⑦ 韩东林.论构建以财政投入为主的博士后经费投入保障机制[J].中国科技论坛,2008(5):127-131.

⑧ 许士荣.新时期我国博士后政策的发展困境与改革路径[J].教育发展研究,2021,41(11):59-65.

⑨ 彭华安,丁晓昌.中国博士后政策运作的问题与优化[J].研究生教育研究,2013(6):25-28.

⑩ 马志云,刘云,闫哲.中国博士后日常经费资助的问题分析[J].科研管理,2017,38(S1):107-118.

⑪ 王可俐.建立科学客观的博士后评价指标体系研究[J].重庆大学学报(社会科学版),2008,14(6):71-75.

体制改革、政策执行优化，还是微观层面的科研经费资助、绩效考核评价，都为博士后管理制度创新指明了努力的方向。

值得关注的是，从具象的个体视角出发探究博士后主观感知和情感态度的研究相对较少。对博士后管理制度感知的研究分为两类，一是对角色定位与职责分配制度的感知，二是对科研工作满意度的感知。首先，在博士后角色定位的感知方面，李晶等通过访谈发现高期望博士后成为“青椒生力军”（青年教师的后备力量），但博士后却认为自身扮演“学术临时工”角色，导致角色身份临时和角色地位边缘的问题①；佟林杰指出，师资博士后在“学生”“教师”和“科研人员”之间出现角色定位模糊，成为影响职业发展的一大障碍②；徐东波也发现，博士后常感知自我面临角色内冲突和角色间冲突问题，角色定位模糊和角色流动风险是造成角色冲突的根源③。其次，在博士后科研工作满意度的感知方面，全美博士后协会委托美国科学荣誉学会对研究型大学和研究型科研机构的近8000名博士后展开调查，发现博士后对薪酬待遇、学术训练和就业不尽满意④；清华大学博士后管理办公室也专门对博士后合作导师展开调查，发现超过60%的合作导师认为博士后薪酬不高、就业难，从而导致博士后制度缺乏吸引力⑤。

综上所述，现有的博士后管理制度研究存在以下局限：一是从研究视角看，宏观层面的经验分析居多，立足博士后个体视角探究其主观制度感知的研究较少；二是从主题范畴看，已有研究的主题范畴相对泛化，未聚焦到某一类型高校或学科，对一流高校优势学科博士后管理制度的研究付之阙如，忽视了不同地区、不同高校、不同学科博士后管理制度之间的差异性，如此笼统、模糊地研究管理制度容易造成结论失真；三是从研究范式看，大多停留在经验层面，尚未运用科学规范的研究方法展开数据搜集，实证研究较少，缺乏数据材料的支撑。

---

① 李晶，李嘉慧.“双一流”建设下的师资博士后：“青椒生力军”还是“学术临时工”[J].教育发展研究，2019，39(23)：42-48.

② 佟林杰.我国高校师资博士后制度困惑与实践反思[J].现代教育管理，2016(11)：87-92.

③ 徐东波.论博士后角色冲突：理论·诱因·调适[J].中国科技论坛，2019(11)：164-171.

④ 王修来，张伟娜.美国博士后满意度调查分析及对我国的启示[J].现代教育管理，2010(6)：110-112.

⑤ 汪健，邓芳.博士后制度的再起航：清华大学的探索[J].清华大学教育研究，2012，33(5)：69-73.

三、研究设计

(一)概念范畴的操作化

首先是"一流高校"。当前学界对"一流高校"尚未形成明确且一致的概念界说,一般认为一流高校具备学术声誉卓越、学术大师汇集、学生素质一流、学科水平较高、科研经费充足、国际化程度高的特征①。本研究将"一流高校"聚焦于我国"双一流"建设中的首批"一流大学建设高校",共包括42所(其中A类36所、B类6所)。

其次是"优势学科"。优势学科是在学科建设和学科排名中处于领先位置的学科。根据参照物的不同,可将高校优势学科理解为两种内涵:一是将该学科与其他高校的同类学科进行对比,形成该学科在全国的排名位次,位于前列的即为优势学科;二是将该学科与同一高校的其他学科进行对比,排在该高校内部学科前列的即为优势学科。考虑到学科间的可比性,本研究将参照物设为全国所有高校的同一学科,以全国第四轮学科评估结果为标准,将"优势学科"界定为在第四轮学科评估中等级为B+及以上(排在全国前20%)的学科。

(二)研究方法

任何单一的研究方法都不足以呈现高等教育管理制度的各个方面并进行充分解释,因此本研究采取定量与质性相结合的混合研究方法。混合方法设计包括解释性序列设计、探索性序列设计和聚敛式平行设计三种类型②,本研究采取聚敛式平行设计的三角互证策略,借助独立的定量研究和质性研究同步搜集数据,在分析研究结果时将通过两种途径各自取得的结果进行补充、印证、比较与整合,最终形成结论。其中,问卷发放对象为一流高校优势学科博士后在站人员以及刚出站不久的博士后,旨在从群体视角探究博士后对管理制度的感知与态度;而访谈则聚焦博士后个体,通过叙事建构(Narrative Construction)将零碎的

---

① 胡德鑫.中国大学距离世界一流有多远:基于大学排名与学术竞争力的视角[J].现代教育管理,2017(3):16-23.

② 约翰·W.克雷斯威尔.混合方法研究导论[M].上海:格致出版社,上海人民出版社,2015:40-46.

多个典型事件、记忆碎片、场景情节建构为封闭的、完整的、系统的故事[①]，唤醒博士后管理制度与工作情境、真实体验、情感态度的联结，以叙事的方式呈现结果。

(三)研究工具

1.问卷指标设计

博士后管理制度感知的问卷指标设计参考 2006 年人事部、全国博士后管委员印发的《博士后管理工作规定》，对政策文本进行人工编码后提炼出博士后管理制度的核心维度，并借鉴卢山等人开发的科技创新人才环境评价体系中的“体制环境”指标[②]，根据博士后管理的实际情境进行调整与改动，形成 9 个测量指标，包括管理条例清晰度、考核评价制度合理性、行政性事务分配、科研成果奖励力度、科研项目资助、合作导师的工具性支持、心理与情绪疏导情况、出站考核要求的高低、留任本校的可能性等。问卷数据的呈现以描述统计为主。

2.访谈提纲设计

由于一流高校博士后管理制度的核心维度基本相似，故采用结构性访谈收集数据。访谈内容包括入站管理(如招聘程序、选拔方式、权力运作)、在站管理(如岗位职责分配、薪酬福利待遇、科研项目资助、合作导师职责)、出站管理(如出站考核、留任考核)和整体制度感知，详见表 1。由于在站博士后尚未度过完整的博士后阶段，因此对在站人员的访谈主要聚焦于入站管理和在站管理，对出站管理制度和整体制度感知的提问较少。

表 1　访谈提纲

主要维度	具体问题
入站管理	1.您投简历的过程顺利吗？有没有什么不顺利的经历？是否可以详细描述一下？ 2.是否可以详细叙述一下您入职××大学××学院博士后的基本程序？ 3.在入职博士后的过程中，有没有给您提供很大帮助的老师或同学？ 4.您是否被录用完全由××大学××学院来决定吗，还是需要经过学校层面的相关机构来决定？会不会受学校层面的限制或约束比较大？ 5.您在应聘过程中，学术力量(如学术委员会、教授)和行政力量(院、系所领导)之间分别发挥什么作用？两者是否会存在一定的冲突？ 6.您在入职阶段遇到最大的瓶颈或障碍是什么？您是选择怎样的途径来解决的？

① BARONE T A. Return to the gold standard? questioning the future of the narrative construction as education research[J]. Qualitative inquiry, 2007, 13(4): 454-470.

② 卢山，江可申.科技创新型领军人才培养与吸纳环境实证分析[J].科学学与科学技术管理，2011，32(9)：166-171.

续表

主要维度	具体问题
在站管理	1.您应聘的博士后是什么类型(如师资博士后、项目制博士后、科研博士后或其他)? 2.您所在机构博士后的聘期是如何管理的?一般几年,最长几年? 3.您在博士后期间主要从事什么工作? 4.您在博士后阶段感觉自己更像哪种角色(学生、教师、打工者,或是其他角色)? 5.您是否满意博士后的薪酬、福利待遇?是否可以详细描述一下? 6.您在博士后期间是否申请过国家博士后专项课题或其他类型的课题?您身边的博士后有拿到相关课题资助吗?(如果有,项目经费使用、项目周期和结项压力怎样?) 7.您是否有博士后合作导师?如果有的话,和博士后合作导师的关系怎样?导师是否有在某些方面给予较大帮助和指导? 8.学院、学校为您开展学术工作提供了哪些方面的支持举措(如启动经费、团队建设、学术交流、导师指导或其他)?
出站管理	1.您出站需要达到哪些标准或要求?您感觉这个标准高吗?是否有较大难度? 2.您所在的单位是否大多数博士后都可以按期出站?是否面临较大的出站压力? 3.您所在单位博士后出站后的留任机会大吗?需要达到什么要求才可以留任? 4.据您了解,如果不能留在××大学××学院,博士后出站人员基本去哪里工作? 5.如果不能留在××大学××学院,找工作时院里是否会提供推荐机会?
整体制度感知	1.总体而言,您认为博士毕业做博士后值得吗? 2.在博士后入职阶段,您在哪些方面成长最大或收获最多? 3.您认为当前一流高校博士后管理制度存在哪些问题? 4.您希望政府和高校为博士后提供哪些支持或帮助?

(四)数据来源与样本分布

1.问卷数据收集

问卷数据收集于2020年9月—2021年1月进行,具体过程如下:(1)在42所一流大学建设高校的学校官方网站、博士后管理办公室官方网站、人事处或人力资源部官方网站、优势学科所属的学院或系所官方网站逐一检索博士后信息,录入人口学统计指标、教育经历和电子邮箱等关键信息。(2)对电子邮箱信息缺失的博士后,以工作单位、姓名、研究领域为限制,通过检索其学术成果补充信息,最终搜集到2030个符合问卷发放要求的有效邮箱,将其作为本研究的问卷发放对象。(3)问卷发放共经历3轮,最终回收474份,有效问卷428份,有效率为90.30%。有效问卷的填写人中,男性285位,占66.59%,女性143位,占33.41%;人文社科类博士后172位,占40.19%,理工农医类博士后256位,占59.81%;师资博士后77位,占17.99%,挂靠在流动站、无合作导师的科研博士后144位,占

33.64%,主要跟随合作导师做科研课题的项目制博士后207位,占48.36%。

2.访谈材料收集

访谈材料的获取采用目的性抽样方法,既通过现实人脉寻找符合要求的博士后,也通过邮箱向42所一流大学建设高校优势学科的博士后发送邮件,询问其接受访谈的意愿,通过电话访谈的方式展开数据搜集。经过线上和线下为期2个月的联系与沟通,最终接受访谈的博士后共7位,基本情况如表2所示。

表2 访谈对象基本情况

访谈对象	性别	院校类型	学科类型	基本情况	访谈方式与时长	编码
W博士	男	师范类	人文社科	科研博士后,出站5个月,留任本校做副研究员	线下,39分钟	N-S-01
J博士	女	师范类	人文社科	高峰博士后,出站5个月,留任本校做副教授	线下,65分钟	N-S-02
C博士-1	女	综合类	人文社科	项目博士后,申请了"××人才计划",入站4个月	线上,53分钟	C-S-01
L博士	男	综合类	人文社科	项目博士后,出站1年,在部委直属单位工作	线上,42分钟	C-S-02
C博士-2	男	综合类	理工农医	师资博士后,入站2年	线上,26分钟	C-N-01
M博士	女	理工类	理工农医	项目博士后,入站5个月	线上,31分钟	S-E-01
N博士	男	综合类	理工农医	项目博士后,入站1年	线上,34分钟	S-E-02

注:为保护受访者隐私,访谈对象中的英文字母是随机选择,并不代表任何含义;编码则是按照"高校类型—学科类型—序号"的方式进行。

四、一流高校优势学科博士后对管理制度的感知情况

(一)入站程序管理制度:稳中有变、权力下移、学术主导

从制度维持与创新的角度来看,博士后人才引进在规范化模式的基础上初显创新。大多博士后流动站采取"提交材料+专家面试"的流程,材料包括简历、研究成果、研究计划、导师推荐信,专家面试则主要考察科研创新能力和综合素养,C博士-1和W博士描述的入站申请程序均如此。值得关注的是,部分一流高校开始突破常规的博士后招聘程序,以青年学者论坛的形式引进科研人才,正如J博士提到的,"那个时候不是把博士后招聘通知发给我,而是一个青年论坛……

会请投简历的人搞一天论坛(学术汇报或学术讲座)。不管是各个系领导或者老师,都会去听你的讲座,选择自己想要的人”。(N-S-02)这种通过学术汇报来进行同行交流并抛出“橄榄枝”的新型博士后引进方式具有四点优势:第一,为青年学者提供以文会友、相互交流的平台,有助于形成学术合作共同体,促进博采众长、共同进步;第二,资深专家学者为青年科研人员提供具有创见性的点评,帮助其改进自身的学术研究;第三,缓解青年博士在传统面试中的紧张气氛,使其从容自信地介绍擅长的科研领域和学术成果,使招聘单位形成更加全面的印象;第四,流动站和各系所的行政领导、专家学者参与论坛,可以使青年博士感受到不同系所的学术风格和人际氛围,并进行自主选择,这种双向选择彰显了对青年学者的尊重、包容与支持,带有鲜明的“人性化”色彩。

从多重制度逻辑的冲突与权力博弈来看,博士后入站管理制度表现出权力下移、学术主导的治理结构。一方面,从纵向权力结构来看,“权力重心下放”是一流高校优势学科博士后入站管理的特征之一,尽管学校层面会制定博士后入站管理的相关规定,但是否录用的决定权几乎完全下放到流动站。“博士后就不用往学校那走了,其实就是流动站自己管自己的,学校那边没有限制太多,他们只管那种流程性的东西。”(N-S-02)“我们学院这边当时是没有什么阻碍的,基本上你的学术条件达到招聘要求,而且达到学校博士后管理的办法,就畅通无阻了。”(S-E-02)另一方面,从横向权力结构来看,尽管在高校内部治理中时而出现政治权力、行政权力抑制或挤压学术权力的情况,但一流高校优势学科的博士后入站管理则较大程度发挥了学术权力的作用,有受访者表示,“投那种副教授、海外的人才招聘,都是这群专家来负责面(试)的,这些专家都是学术委员会的专业学者,感觉他们提的问题都挺专业的”。(N-S-02)就应然的大学组织结构及其权力秩序而言,大学作为天然的学术机构,应以知识生产系统为重心,权力结构应以学术权力为重心[①],博士后入站管理中的权力结构配置符合理想状态下学术组织的运作逻辑。

(二)岗位职责分配制度:职责分配差异大,行政事务烦琐

一方面,不同聘任类型博士后的岗位职责差异较大。对于没有合作导师、只挂靠在流动站的科研博士后(如高峰博士后)而言,岗位职责基本是与科研任务

① 张继明.略论大学权力结构的差序格局:对大学治理语境下“权力制衡论”的反思[J].高校教育管理,2018,12(5):47-53,70.

有关的内容;对有合作导师的科研博士后或项目博士后而言,主要跟随导师做科研项目,不需要承担太多科研课题以外的教学和行政性事务;但是,对师资博士后而言,岗位职责内容的设置相对繁杂,一流高校期望将其作为储备师资,不仅要承担科研任务、教学任务,还会被大量的行政性事务所烦扰。例如,C博士在国内顶尖高校从事项目制博士后工作,岗位职责基本以导师的科研课题为主,她将师资博士后与项目博士后的岗位职责进行了对比,“这边项目博士后不用上课,就是安心做老师的项目,以导师的课题为主……师资博后他其实身份差不多是教师了,你要做行政性事务,还有教学什么的。但是我们在这边做博后的话,就是纯粹博后,他不会留你的,所以其他的事务也不会让你做太多”。(C-S-01)

另一方面,行政性事务烦琐成为一大困扰。对博士后行政性事务感知进行问卷调查发现,近50%的博士后认为“我需要处理的行政性事务太烦琐”,尤其是师资博士后在这一题项上的均值明显高于科研博士后和项目博士后,并达到统计学意义上的显著水平($p<0.01$),行政性事务成为影响其日常工作的核心压力来源。访谈发现,即便是对部分科研博士后而言,也需承担纷繁复杂的琐碎事务,甚至一些超出科研范畴的日常行政事务也必须承担。“具体工作合同,里面其实都有规定……最后一条是领导跟学院交办的各项任务。这个里面就包含很多了,平常行政事务工作也有……只要是力所能及的,领导交办的都要去做。”(N-S-01)

(三)薪酬福利待遇制度:薪酬收入与福利待遇优,但公积金低

根据国家层面的博士后管理相关政策,博士后薪酬福利待遇制度涉及岗位绩效工资、日常经费、医疗与社会保障、户口迁落、配偶与子女随迁、子女入学、住房保障、公积金等。访谈发现,除公积金外,一流高校优势学科博士后对薪酬待遇各方面的满意度均较高。

首先,薪酬收入满意度较高。高等教育财政经费投入存在“集聚效应”,一流高校优势学科的经费供给相对充足,部分省市(如上海市、江苏省、湖北省)为博士后提供有利的政策条件和丰富的科研资助,博士后在选择入职高校时也会将薪酬待遇作为考虑的重要因素,对不同单位的薪酬水平进行“筛选”与“过滤”。因此,一流高校优势学科的博士后对薪酬待遇的满意度相对较高。受访者大多用“挺可观”(N-S-01)、“够用”(S-E-02)、“足够了”(S-E-01)来表示对薪酬收入的态度。

其次,对享受与在职教师同等福利待遇较为满意。在一流高校优势学科博

士后管理条例中，超过80%的文本明确将医疗与社会保障、配偶与子女随迁、子女入学、住房保障列入其中，流动站几乎全部达到博士后与在职教师享受同等福利待遇的政策要求。"子女随迁入学都是可以的……你买房也可以买，因为户口也在××的，虽然是学校集体户口，但是不影响你买房，其实这种基本就当一般老师一样了。"(N-S-02)"像医疗呀、社保呀，还有子女入学或者住房之类的，就跟正式老师都是一模一样的。"(C-N-01)"住房是两年一共2万块钱补贴，至于这个钱你怎么花自己决定……直接2万块钱先是打到你银行卡上，然后你也可以去申请学校的公寓，这都可以的，跟老师一样。"(N-S-01)

然而，公积金满意度却相对较低。尽管一流高校优势学科的博士后对薪酬收入、社会保障、住房补贴、子女随迁与入学方面的满意度相对较高，但公积金较低是普遍反映的问题，尤其跟同等高学历的其他行业从业者相比，公积金低的问题更加明显。W博士表示，博士后公积金相对低于公务员公积金，"公积金数额还是太少了，特别是跟其他高学历的从事别的行业的人比，公积金确实相对偏低了一点，据我了解好像远低于公务员吧。而且公务员有编制，博士后没有"。(N-S-01)同时，J博士也提到公积金较低这一问题，她指出，"公积金虽然有交，但也不太多。"(N-S-02)

(四)科研项目资助制度:项目申报渠道单一，科研压力大

一流高校优势学科的博士后流动站提供的科研经费短缺，基本不会设置面向博士后群体的项目经费资助。"(博士后课题资助方面)学院这边什么也没有。"(S-E-01)"我们中心没有给博士后立项的情况。中心的立项都是面向学校，让其他各个职能部门的老师来申请，都是教授、副教授的项目，没有专门给博士后的。"(C-S-01)这种现象并非特例，而是高校博士后管理的普遍现象。如表3所示，"我所在的研究机构会为博士后设置自主立项的专项资助课题"这一题项的均值为2.610，仅有约27%的受访者选择"非常同意"或"比较同意"，且其中有8%是师资博士后，这也意味着超过80%的科研博士后和项目博士后表示流动站不提供科研项目资助。此外，超过50%的博士后表示，当取得一定科研成果时，所在机构也不会给予物质或精神奖励；仅有37.6%的博士后认为，除固定薪酬外，所在机构会提供额外的经济支持。概言之，高校或流动站层面为博士后提供的科研经费资助相对短缺，使博士后面临科研经费紧缺和科研任务繁杂的双重压力。

表3　博士后对科研资助与奖励制度的评价情况

题项	非常不同意	比较不同意	一般	比较同意	非常同意	均值
当我取得一定科研成果时，我所在的研究机构会给予物质或精神奖励。	22.4%	29.9%	12.9%	23.4%	11.4%	2.715
除固定薪酬外，我所在的研究机构会给博士后提供额外的经济支持。	18.5%	19.6%	24.3%	23.1%	14.5%	2.960
我所在的研究机构会为博士后设置自主立项的专项资助课题。	24.5%	27.3%	20.8%	17.1%	10.3%	2.610

此外，博士后专项课题资助缩减加大了科研经费压力。博士后申请国家级、省部级课题的难度相对较大，他们更倾向于申请中国博士后管理委员会为博士后设置的专项课题。随着近年来博士后规模迅速扩大，专项课题资助开始缩减中标比率，“（资助比例）今年就紧了。它会缩减比例，今年博士后项目名额没有那么多，没有申请到的就会觉得生活压力蛮大的……因为像这种科研博后，学院没有给你配套的科研经费”。(C-S-01)博士后专项基金资助力度下降、国家财政对博士后日常经费的投入不足成为博士后管理中的突出问题[①]。随着博士后规模持续扩张、课题申请通过率持续下降，将有越来越多的博士后缺少科研经费资助，磨灭博士后的学术志趣和科研热情。

(五)合作导师责任制度：工具性支持丰富，情感性支持匮乏

从博士后合作导师的职责范畴来看，主要包括为博士后提供工具性支持和情感性支持两类。其中，工具性支持是指物质、资源、经费、知识等具有实质性载体的支持，情感性支持则旨在通过关爱、信任、鼓励、安慰等方式引导其形成积极进取的情绪状态。访谈发现，合作导师为博士后提供的科研指导、信息共享等工具性支持较多，而情感性支持相对欠缺。

丰富的工具性支持主要体现在学术指导方面。一方面，日常科研进展中遇到瓶颈或生活遇到问题都可以向导师咨询，“×老师真的是修养特别高，包括对他的学生就是那种非常平等的一个关系，所以跟他交流的话，比如在研究过程中遇到什么样的问题，包括在生活中遇到什么问题，都可以跟他沟通”。(C-S-01)另一方面，合作导师也会提供一系列参与科研项目的机会，并对博士后出站报告发

① 韩东林.论构建以财政投入为主的博士后经费投入保障机制[J].中国科技论坛，2008(5)：127-131.

挥“把关”的作用，“最大的帮助可能就是：第一，提供一些参与书稿撰写、项目这些机会；还有一个就是对出站报告的一些把关”。(N-S-01)

但是，合作导师提供的情感性支持相对欠缺。保持积极向上的心理状态和乐观进取的生活态度是博士后专心投入科学研究工作、促进科研创新的内在条件。但问卷调查结果显示，“当我的情绪处于低谷时，我所在的机构或合作导师会提供心理疏导”的均值仅为2.820，处于中等偏下水平，低于其他题项的均值，样本中仅有近30%的博士后在处于情绪低谷时会受到合作导师的心理疏导、鼓励与支持，即便在项目制博士后样本中，仍有超过60%的博士后认为合作导师提供的情感性支持不足。以上表明，一流高校优势学科的博士后合作导师较少关注博士后情绪起伏和心理状态，在情感方面提供的关爱、安慰、信任、鼓励等精神和心理支持相对有限。

(六)出站考核评价制度：出站要求高，留任难度大

一是博士后出站要求较高。博士后期满出站时需提交书面研究报告，由流动站学术委员会听取报告，并对其在站期间的综合表现进行考核①。对一流高校优势学科的博士后而言，尽管他们博士毕业于国内外顶尖大学，拥有扎实的理论功底和丰富的学术训练经验，但仍会感到出站要求的设置较高，在完成出站要求时面临较大压力。问卷结果显示，“我所在的研究机构对博士后人员的出站要求很高”的均值为3.330，近50%的博士后认为流动站的出站要求较高，仅有不到20%的博士后认为出站要求给自己带来的科研压力可以承受(见表4)。

表4　博士后对出站和留任要求的评价情况

题项	非常不同意	比较不同意	一般	比较同意	非常同意	均值
我所在的研究机构对博士后的出站要求很高。	6.8%	12.9%	33.6%	34.1%	12.6%	3.330
我所在的研究机构博士后留任本校的机会很大。	44.2%	23.4%	24.1%	5.8%	2.6%	1.990

二是出站博士后的留任难度非常大。表4数据显示，“我所在的研究机构博士后留任本校的机会很大”的均值为1.990，是所有题项中均值最低的题目，仅8.4%的博士后选择“非常同意”或“比较同意”，绝大多数博士后认为出站后能够

① 冯支越.博士后在站的科研管理和评价方式的探讨[J].中国软科学，2003(11)：112-115.

留任本校的难度非常大。随着博士后招收规模扩大化，一流高校优势学科的留任要求在不断攀高，甚至每两三年都会发生变化。以E高校某A+学科为例，留任要求在近五年内已经从2篇国内A类期刊或SSCI期刊论文逐渐增加到至少3篇国内A类期刊或SSCI期刊论文，当下又增加了"主持1项国家级或省部级课题"这一要求。"今年开始要课题，除了三篇SSCI，留任的话还要加一个国家课题或省部级课题。但是这个课题是今年才有的，我们当时就是说三篇就可以了，所以我很多同事即使发了很多文章，四五篇SSCI期刊论文都不行。"(N-S-02)尽管部分博士后可以达到SSCI论文发表要求，但高校持续在更改、调整和提高留任要求，尤其是"临时"要求博士后必须申请到国家级或省部级课题才具备申请留任的资格，导致绝大多数博士后出站后都难以继续留任，被迫面临"二次择业"。

五、一流高校优势学科博士后管理的制度分析

一流高校优势学科博士后对管理制度的情感态度能够在一定程度上折射出制度潜在的问题，也有助于拨开迷雾进一步思考博士后管理制度更深层的特征和本质。以下借助制度分析的相关理论，对多重制度逻辑的交叠网络、制度维持与制度创新的关系、利益和理性对制度与个体关系的影响展开分析。

(一)博士后管理实践深深嵌入多重制度逻辑的博弈互动中

制度环境的复杂性、多变性、片段化和非统一性，往往会使组织或个体形成烦琐交叠甚至难以简单解释的行为逻辑。20世纪80年代以来，制度分析理论家和研究者们逐渐意识到，尽管组织面临各种制度要求和制度环境的影响并受其塑造，但各种制度系统之间并非完全统一，从而开始探讨制度要素与制度逻辑的复杂性，以及组织或个体在不同制度系统下行为存在差异的原因与机制[①]。在此背景下，弗利兰德(Friedland)提出"制度逻辑"的概念，认为制度逻辑是由一系列规则、信念和文化构成的，塑造着行动者的认知和实践，并很大程度上能够解释

① W.理查德·斯科特.制度与组织：思想观念与物质利益[M].北京：中国人民大学出版社，2010:104.

社会行动者在不同制度系统要求下采取不同行为的潜在机理①。对于绝大多数组织或个体而言,其行为并非由单一的制度逻辑所决定,往往嵌入在多重制度逻辑的交叠影响和权力博弈之下。多重制度逻辑理论分析的框架前提是,大规模制度变迁涉及多重过程和机制,只有深入这些过程机制的相互作用,才能恰如其分地认识它们各自的影响和效应,由此对制度变迁提出令人满意的解释②。

在高等教育领域,伯顿·克拉克提出影响高等教育系统运作的三种力量,即国家权力、学术权威与市场,从而构建出制约高等教育管理与高等教育改革发展的"三角协调图"③。基于多重权力交叠作用的制度逻辑来分析一流高校博士后管理制度,不难发现博士后管理深深嵌入在多重制度逻辑的博弈与互动中,包括以追求高校绩效指标为目标的行政逻辑、以追求学术自由和知识发展为旨归的学术逻辑、以解决劳动力供需矛盾为特征的市场逻辑。从多重制度逻辑的冲突与权力博弈来看,博士后入站管理制度表现出权力下移、学术主导的治理结构,学术权力在决定博士后是否入站的过程中发挥主导作用,这符合大学作为天然学术机构的特性,学术权力在治理结构系统中的配置充分彰显了学术组织的运作逻辑。

(二)高校管理者的理性设计推动"制度维持"转向"制度创新"

组织生态学认为,组织、制度和结构是一种不断进化的有机系统,时刻处在"演化"与"变迁"的过程中。新制度主义也强调制度并非一成不变,而是处于演化变迁的动态过程中,新制度并不会凭空出现,而是常常关联于旧制度,它们在借鉴旧制度的基础上又不同程度地超越甚至取代旧制度④。因此,从制度创立或变革的实际情况来看,新制度多以现行的制度要素或结构作为基础条件,大多数新的制度安排都是从旧的制度结构中得以继承和延续的,这也使得制度创新往

① ROGER FRIEDLAND, ROBERT R ALFORD. Bringing society back in: symbols, practices and institutional contradictions [M]//ALICE OBERFIELD ANDREWS, WALTER W POWELL, PAUL J DIMAGGIO. The new institutionalism in organizational analysis[M]. Chicago: University of Chicago Press, 1991: 232-263.

② 周雪光,艾云.多重逻辑下的制度变迁:一个分析框架[J].中国社会科学,2010(4):132-150,223.

③ 伯顿·R.克拉克.高等教育系统:学术组织的跨国研究[M].杭州:杭州大学出版社,1994:159.

④ 鲍威尔,迪马吉奥.组织分析的新制度主义[M].上海:上海人民出版社,2008:83.

往在“局部”突破，博士后入站程序管理制度的创新即是如此。目前，绝大多数高校在引进博士后时仍采用“提交材料＋专家面试”的形式，这种旧制度形式的生命力依然顽强，但是随着博士后入站规模扩大化、博士后聘任类型多样化和博士后科研情境复杂化，一流高校博士后管理逐渐朝着特色化的方向发展，采用青年学者论坛来挑选博士后科研人员便是新制度尝试突破旧制度牢笼的表征之一。

从制度创新的机理来看，主要存在“自然主义的解释”和“以能动者为基础的解释”两种类型，前者强调“活动被习惯化和相互理解”的无意识的方式，认为制度化是一种自然的、不受指导、不受设计的过程；而后者则强调意图、自我利益和理性设计的重要作用，关注制度过程或制度场域中的能动性因素①。对博士后入站管理制度的创新而言，新制度形式主要源于以能动者为主的解释，即一流高校为增进对青年科研人员的了解、缓解传统面试的紧张气氛、促进青年博士之间的学术交流，通过设定目标、计划方案、权衡比较、决策选择等一系列程序积极主动地推动“旧制度维持”向“新制度变革”的转换。

(三)利益“耦合”与“脱耦”催生博士后管理制度困境

制度运作过程往往伴随权力和利益的冲突与交锋，不同主体在利益博弈中会展开权力互动、秩序协商和关系重构。利益作为驱动个体与组织行动的重要动力，成为影响其策略选择的决定性因素。博士后群体是由具备不同学术能力、负载不同利益诉求的个体所构成的，因此，“博士后”并非角色完全同一的集合体，群体内部会因差异而产生分化。尽管主要劳动力市场和次要劳动力市场的博士后在利益诉求方面基本相似，但由于基础条件和实际能力不同，他们在与一流高校的关系互动中会出现利益“耦合”与“脱耦”现象，这些利益交锋本质上是造成一流高校博士后管理制度面临实践困境的内在根源。

具体来看，一流高校为维持学校排名、声誉以及优质资源获取状况，形成了一种以“追求科研绩效、强调竞争与选拔”为特征的制度逻辑，扩大博士后引进规模从本质上看是为了提升科研产出、参与排名竞逐。对处在主要劳动力市场(如博士毕业于全球排名前50的高校)的博士后而言，其理论知识、学术训练和科研经验相对处于优势，正是一流高校期望吸纳的优秀科研创新人才，高校也乐意为其提供丰富的物质和精神奖励，甚至在出站后直接聘任其为副教授，J博士即是

① W.理查德·斯科特.制度与组织：思想观念与物质利益[M].北京：中国人民大学出版社，2010：167-168.

如此。然而，对次要劳动力市场的博士后而言，达到一流高校留任要求的难度非常大，尤其是部分一流高校硬性要求“博士毕业于海外排名前50的高校”，这些次要劳动力市场的博士后根本难以达到相关要求，同时由于缺乏国际学术论文发表的经验，故而在学术劳动力市场的竞争力相对较弱，留任机会渺茫，只能被迫“二次择业”，面临“向下流动”的窘境，甚至一些博士后出站后直接选择“逃离学术”。

综上所述，一流高校提升科研绩效和学校排名的诉求与主要劳动力市场博士后期望缩短副教授评聘周期的诉求实现“利益耦合”，但却造成了次要劳动力市场博士后的利益损失。对次要劳动力市场的博士后而言，面临“向下流动”和“高毕低就”已成为学术职业发展的常态①。这种根本利益之间的“耦合”与“脱耦”既是学术劳动力市场“内卷化”的内在表征，也是导致一流高校博士后管理制度出现问题的重要原因。

六、讨论与思考

(一)结论与讨论

本研究通过对一流高校优势学科博士后进行问卷调查和结构性访谈，洞悉博士后对流动站管理制度的体验感知与情感态度。在博士后入站管理制度、岗位职责分配制度、薪酬福利待遇制度、科研项目资助制度、合作导师职责制度、出站考核与留任制度方面，博士后既存在积极正向的情感体验，例如对新颖的人才引进方式、优厚的薪酬福利待遇、合作导师的学术指导较为满意；然而，也不可避免地产生消极负面的情绪，如认为行政事务烦琐、公积金较低、科研资助力度弱、出站和留任标准高。这既体现了一流高校优势学科博士后管理制度取得的实践成效，也指明了未来需进一步关注的现实问题。

上述结论佐证了前人研究的部分观点，如刘莉等人指出，社科领域博士后获得的科研经费资助力度较低②；姚云指出，博士后日常经费补助中的科研经费成

① 马立超.一流高校博士后管理制度实施成效、困境与优化路径[J].大学教育科学，2022，192(2)：56-65.

② 刘莉，ANDREA STITH，徐亦斌.对我国社会科学领域博士后工作的思考[J].复旦教育论坛，2011，9(5)：63-67.

为“鸡肋”[①]；金家新等认为，部分博士后流动站的出站要求设置过高、不切实际，导致博士后在站期间根本无法达到出站要求[②]。本研究对博士后科研经费资助和出站考核评价的分析也有类似发现。

从制度分析的视角来看，博士后管理制度创新既依赖于现有制度条件，也得益于能动者“自下而上”的理性设计与积极推动，高校管理者主动对博士后引进方式进行创新，受到博士后群体的一致好评；学术权力在博士后管理过程中发挥的作用也充分体现了大学作为学术组织的治理要求，符合学术组织运作的制度逻辑。但是，同时也必须认识到，博士后管理实践深深嵌入在多重制度逻辑的博弈互动之中，制度运作过程充斥着利益的冲突与交锋，不同劳动力市场博士后与一流高校利益的“耦合”与“脱耦”，致使一流高校博士后管理制度面临诸多现实困境。

(二)政策与实践建议

针对当前博士后管理制度存在的问题，提出未来优化博士后管理制度的四点建议：一是创新博士后人才引进程序和选拔方式，借鉴青年学者论坛的形式，将博士后引进与在编教师引进有机结合，加强流动站与博士后之间的双向了解、双向沟通、双向选择，促进“旧制度”向“新制度”的实质性跨越，促进博士后科研人才引进形式的创新；二是明晰不同类型博士后的角色定位，按需设岗、按岗引才，根据实际需求科学设定博士后岗位职责，合理分配教学、科研和行政性事务，平衡博士后在模糊、复杂、交叠的“角色丛”中的摇摆；三是发挥省级政府在薪酬福利待遇和科研经费资助方面的统筹作用，因地制宜、因校制宜、因专业制宜，优化顶层设计和管理模式，制定具有地方特色的博士后激励计划，为博士后研究人员提供充足的科研经费支持，缓解博士后科研经费压力大、公积金较低的问题；四是充分发挥博士后流动站的人才培养功能，强化合作导师在情感性支持方面的责任，缓解博士后科研焦虑情绪，并通过完善科研绩效考核评价制度来疏通博士后留任和职业晋升机制，为出站博士后提供多样化的职业选择机会。

---

① 姚云.中国博士后日常经费资助的改革设想[J].国家教育行政学院学报,2013(2):28-31.

② 金家新,易连云.论多元目标下的博士后质量管理与评价体系构建[J].教育与职业,2011(29):13-15.

(三)对结论扩散性的思考

值得注意的是,本研究聚焦的对象是"一流高校"和"优势学科"。鉴于研究范畴的聚焦和研究主体的针对性,结论的推广性受到一定限制,未必适用于其他层次的高校或学科,并不能将研究结论无边界地扩展至所有高校、所有学科。例如,在薪酬福利待遇感知方面,由于一流高校优势学科的博士后流动站在高校层次和学科基础上存在优势,使得一流高校优势学科集聚的资源(如资金、设备、人才、知识和信息)相对丰富,从而出现部分一流高校"博士后待遇超过正教授"的现象①,这也可以印证本研究"一流高校优势学科博士后对薪酬福利待遇的满意度较高"的结论,但并不意味着可以机械地认为所有高校、所有专业博士后的薪酬满意度均较高。例如,有研究发现湖南省高校流动站的博士后薪资待遇低迷,相比高校内部同级别的博士而言待遇一般②;美国对 8000 名博士后展开满意度调查时也发现,博士后对薪酬福利待遇不尽满意③。这也进一步证明,一流高校优势学科与普通高校的弱势学科的博士后管理制度感知存在一定差异。对未来的相关研究而言,在了解一流高校优势学科博士后管理制度感知的基础上,继续关注"双非"高校或其他学科的博士后管理制度运作,分析不同高校、不同学科、不同流动站在博士后管理制度实践和感知方面的差异,是后续值得继续探索的空间。

The Mixed Research on the Perception of Postdoctoral Management System in Superior Disciplines in First-class Universities

Ma Lichao[1], Shi Yingjie[2]

(1. Institute of Education, Tsinghua University, Beijing 100084, China;

2. Faculty of Education, East China Normal University, Shanghai 200062, China)

Abstract: Post-doctoral research talents are a new force to promote the construction of first-

① 陈德旺.博士后待遇超正教授,反映了啥[N].中国科学报,2019-10-28(008).

② 贺威姿.博士后制度改革背景下高校博士后流动站的困境与出路探究:以湖南省 6 所高校博士后流动站为例[J].科教文汇,2019(10):11-13.

③ 王修来,张伟娜.美国博士后满意度调查分析及对我国的启示[J].现代教育管理,2010(6):110-112.

class universities, drive scientific and technological innovation, and drive national innovation and development. In this study, postdoctoral fellows are taken as the "institutional medium", and a hybrid research method of convergent parallel design is adopted to investigate the real perception of postdoctoral fellows towards the management system of mobile stations. It is found that post-doctors from superior disciplines in first-class universities not only have positive emotional experience on the entry procedure management system, post responsibility distribution system, salary and welfare treatment system, research project funding system, cooperative supervisor responsibility system, outbound assessment and retention system, for example, they are satisfied with the salary and welfare treatment and academic guidance of the supervisor. But at the same time, it inevitably brings about negative emotions on complicated administrative affairs, low public fund, weak scientific research funding, and high requirements for outbound and retention. From system analysis perspective, postdoctoral management practice is deeply embedded in the system of multiple logical game interactive, although the rational design of college managers vigorously promote "system maintenance" to "innovation", but in different labor markets, the coupling and decoupling between postdoctoral and the interests of the first-class universities cause confusion in the postdoctoral management system.

Key words: first-class universities; postdoctoral management; institutional perception; institutional analysis; institutional logic; institutional innovation

医学类高校中外合作办学项目教学质量保障体系影响因素及提升策略

都继微*

（厦门大学 教育研究院，福建厦门 361005）

摘　要：以不同类型的院校、不同医学专业的28名医学类高校中外合作办学项目的管理者、教师和学生为深度访谈对象，采用扎根理论方法和NVivo 12.0软件，对医学类高校中外合作办学项目教学质量保障体系进行质性研究。归纳了中外合作办学项目教学质量结构的21个构成要素，并进一步将其归并为四个结构维度，依次为教学质量标准、教学质量保障、教学过程质量监控、教学质量评价与反馈，同时探讨不同类型院校与专业对不同因素的重视程度的影响。该体系具有一定的样本代表性与理论包容性，可为医学类高等院校在开展中外合作办学项目过程中构建教学质量保障体系提供较为科学的理论依据。

关键词：医学类高校；中外合作办学；教学质量；保障体系

医学作为一种应用性极强的学科，其教学质量具有特殊性。中外合作办学的实践已经表明，中外合作办学的主体具有多元性，而医学类中外合作办学的教学管理更不同于常规项目，其教学质量更是重中之重。了解医学类中外合作办学项目教学质量现状，分析其影响因素对于提升教学质量具有重要意义。因此，本课题采用质性研究方法对医学类高校中外合作办学项目的教学质量保障现状、影响因素进行研究并制定相关提升策略。

一、问题提出

“提高质量是高等教育发展的核心任务，是建设高等教育强国的基本要求。”

* 作者简介：都继微（1977—　），女，黑龙江望奎人，厦门大学教育研究院博士研究生，研究方向为教育管理。

(《国家中长期教育改革和发展规划纲要(2010—2020年)》)发展高等教育已经成为发达国家保持领先地位的法宝,因此,发展中国家,如中国,要把人力资源变为人力资本,必须靠高质量的教育来实现目标,将教育质量作为发展的生命线。

自20世纪80年代起,西方发达国家,如英国、美国、荷兰、澳大利亚等,逐渐开展了高等教育质量保障理论研究,进而构建了不同类型的高等教育质量保障模式[①]。20世纪90年代中期以来,高等教育质量保障理论研究进一步在世界范围内兴起,并形成一股热潮[②]。随着经济全球化的发展,高等教育质量的保障显得越发重要,我国也逐渐开始了相关研究。1994年,中国教育评价专家陈玉琨首次提出"建立教育质量保障体系,加快教育改革步伐"的建议。2012年,《教育部关于全面提高高等教育质量的若干意见》指出,高校要健全校内质量保障体系,全面提高教育质量。目前,国内对高等教育质量保障的研究主要集中在对保障体系的研究上,具体体现在高等教育质量保障体系的结构形态和组织体系、高等教育质量保障体系建构的原则与方法、高等教育质量保障的实施模式和高等教育质量保障体系发展研究等方面。

20世纪90年代以来,世界各国高等教育发展从重数量的发展转向以质量为核心的发展。不断提高高等教育质量已经成为各国各界的广泛共识。无论是起步较早的发达国家还是起步较晚的发展中国家,都相继采取各种改革措施,试图建立面向21世纪的高等教育质量保障体系,掀起了高等教育质量保障的热潮。截至2021年7月,全国经审批机关批准设立或举办的中外合作办学机构与项目(含内地与港台地区合作办学机构与项目)共计2354个,在校生超过60万人。《国家中长期教育改革和发展规划纲要(2010—2020年)》对中外合作办学提出了明确要求,要求建立以提高教育质量为导向的管理制度,健全教学质量保障体系。

唐国跃、李浩认为部分高校在与外方高校合作时过分依赖外方高校,缺乏自己的办学特色[③]。林勋等认为在完全不同的文化背景下进行合作办学,双方应在彼此理解和尊重对方文化差异的前提下求同存异,本着务实有效的态度明确人才培养是中外合作办学的首要问题[④]。目前,护理学中外合作办学存在办学规模

① 陈玉琨.高等教育质量保障体系概论[M].北京:北京师范大学出版社,2004:3.

② 马利凯.治理理论视阈下中国高等教育重点建设质量保障研究[D].吉林:吉林大学,2016.

③ 唐国跃,李浩.新时代高等教育中外合作办学现状及优化路径[J].河北能源职业技术学院学报,2020,20(3):14-16,20.

④ 林勋,张翠娣,应丽君.上海中医药大学护理专业中外合作办学项目回顾与展望[J].上海中医药大学学报,2014,28(4):100-102.

不大、合作层次不高的现象，且绝大多数合作项目都不是与国外一流高校合作。赵国胜等①指出，高等医学教育中外合作办学项目或机构专业设置较为"落伍"，没有做到与时俱进。宋瑛琦等②同样认为很多合作办学的院校在医学类专业设置方面，比较推崇"传统"和"热门"，相反对一些"冷门"但对医学发展较为有用的专业却鲜有涉及。这就导致合作办学没有真正发挥作用，没有实现资源最大化利用。

因此，现有的中外合作办学政策框架中，在引进教师的质量管理、知识产权、学生权益审批与评估流程、质量管理等方面有很大的提高空间。

二、研究设计

本研究采用扎根理论（Grounded Theory），强调从数据中进行归纳分析，遵循开放式编码—主轴编码—选择式编码层层递进的思路，从所收集的一手资料或者二手资料中获取并发展概念和类属。不断进行资料的提取、归纳，提取出医学类高校中外合作办学项目教学质量保障体系的内容。如图1所示。

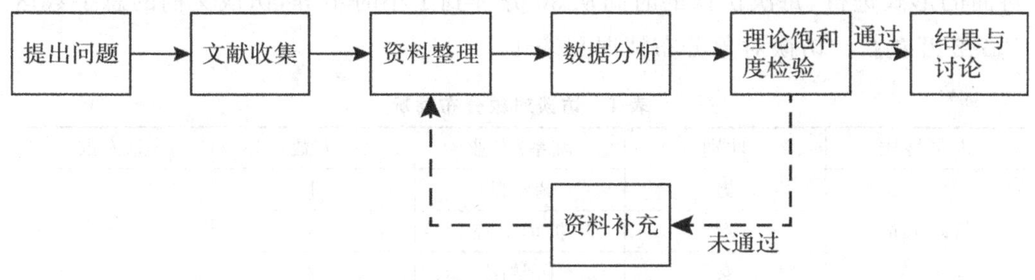

图1　扎根理论研究程序流程图

（一）研究方案设计

使用QSR公司研发推出的Nvivo 12.0软件作为分析访谈文本工具，具体的操作流程如下：首先对医学类高校办学项目的管理人员、教师以及学生进行半结构化访谈，从教学设施、课程设置、教学目标、教学服务管理机构等方面进行深度

① 赵国胜，谢强，张宏.高等医学教育中外合作办学的探索[J].安徽卫生职业技术学院学报，2009，8(6)：81-82，84.

② 宋瑛琦，李璐，李杉杉.医学高职院校中外合作办学问题及对策分析[J].卫生职业教育，2020，38(10)：19-20.

访谈和记录;其次将28份访谈文稿导入到软件中进行编码的工作;最后根据以上三级编码的过程构建出医学类高校中外合作办学项目教学质量保障的内容等。

(二)样本的选择

基于以下考虑:首先是所在医学类高校成立合作办学项目的时间,中外合作项目的建立并不是一蹴而就的,因此在选取的时候选择成立时间长的、中外合作办学项目成熟的高校,其教学质量保障体系相对来说较为完善。其次,在进行深度访谈的过程中,选取的访谈对象应具有典型性、代表性,以此来多角度、多层次分析教学质量保障体系的构建等内容,例如本次访谈选取了医学类中外合作办学项目的管理人员、教师以及参与此项目的学生等。可以看出,访谈对象兼顾各类群体。

(三)访谈对象选取

本研究对象以浙江省温州医科大学等6家高校为主,涵盖临床医学、护理学、眼视光及药学等专业。访谈时间从2021年6月10日到10月20日,全程通过面对面的形式进行,每次访谈的时间从30分钟到1小时不等,访谈文稿的总字数达到7.2万左右。访谈对象分布情况见表1。

表1　访谈对象分布情况

<table>
<tr><th>人员性质</th><th>性别</th><th>院系/专业</th><th>人数</th><th>总人数</th></tr>
<tr><td rowspan="3">管理人员</td><td>男</td><td>药学院</td><td>1</td><td rowspan="3">6</td></tr>
<tr><td>女</td><td>护理学院</td><td>3</td></tr>
<tr><td>女</td><td>医学院</td><td>2</td></tr>
<tr><td rowspan="4">教师</td><td>女</td><td rowspan="2">护理学院</td><td>4</td><td rowspan="4">11</td></tr>
<tr><td>男</td><td>2</td></tr>
<tr><td>男</td><td>医学院</td><td>3</td></tr>
<tr><td>男</td><td>药学院</td><td>2</td></tr>
<tr><td rowspan="8">学生</td><td>女</td><td rowspan="2">护理学</td><td>3</td><td rowspan="8">11</td></tr>
<tr><td>男</td><td>2</td></tr>
<tr><td>女</td><td rowspan="2">眼视光</td><td>1</td></tr>
<tr><td>男</td><td>1</td></tr>
<tr><td>女</td><td rowspan="2">临床医学</td><td>1</td></tr>
<tr><td>男</td><td>1</td></tr>
<tr><td>女</td><td rowspan="2">口腔医学</td><td>1</td></tr>
<tr><td>男</td><td>1</td></tr>
</table>

(四)访谈资料分析

开放式编码是将原始资料"揉碎""打散",重新定义概念标签。本研究对28份访谈资料进行初始编码,分别为"基础性课程""学分(英语课)""专业实训课程""专业拓展课""关键核心人员""教发中心""外方政府""学校领导支持""学院制度""政府保障""管理人员引导""教学方式""教学氛围""学生基础""教学建设""毕业设计""继续深造""就业""实习""英语能力""软件""硬件""课程设置""目标定位""学生能力""文化融合""学生满意度评价""外方专业认证""学校专业考核评价""同行听课""督导评价"等31个概念,并对"管理人员引导""教学方式""教学氛围""学生基础"4个概念继续进行提炼得到"教学过程",对"毕业设计""继续深造""就业""实习""英语能力"进一步提炼得到"教学结果",对"硬件"和"软件"进一步提炼得到"教学条件",对"课程设置""目标定位""学生能力"进一步提炼得到"培养方案",最终得到21个概念。

主轴指在开放编码结果基础上,分析各个范畴之间的隐藏联系,挖掘范畴间的潜在的相互关系和逻辑次序,进一步归纳出主范畴。经归纳,对"基础性课程""学分(英语课)""专业实训课程""专业拓展课"进行范畴提炼,得到"教学质量标准";对"关键核心人员""教发中心""外方政府""学校领导支持""学校制度""政府保障"进行范畴提炼,得到"教学质量保障";对"教学过程""教学建设""教学结果""教学条件""培养方案""文化融合"进行范畴提炼,得到"教学过程质量监控";对"督导评价""同行听课""外方专业认证""学生满意度评价""学校专员考核评价"进行范畴提炼,得到"教学质量评价与反馈"。

选择式编码是在主范畴的基础上进一步挖掘核心范畴,并将核心范畴同其他主范畴、次范畴进行再联系的过程。基于研究目的的需要,结合原始资料进行反复的分析、比较和整理,最终将"医学类高校中外合作办学项目教学质量保障体系"确定为核心范畴。

三、医学类高校中外合作办学项目教学质量的结构要素与维度

医学类高校中外合作办学项目教学质量保障体系指的是把对中外合作办学项目产生重要影响的教学管理活动有机地联合起来,从而形成一个能够保障和提高中外合作办学项目质量的有机的整体,主要目的是监督和控制中外合作办

学项目，使其实现预期的目标。它自身形成一个多层次的系统，同时又与外界环境（如学校教务、人事、财务等）相互联系、相互影响，从而构成一个开放的、互动的系统。

医学类高校中外合作办学项目教育质量保障体系具有以下特点：（1）复杂性。医学类高校中外合作办学项目受到诸多因素的影响，同时由于医学项目处于不断复杂变化的系统当中，故此其教学质量保障体系也具有复杂性的特点。（2）利益性。基于中外办学项目自身的一个特点，其利益相关者包括多方的合作主体，不仅有高校、中方教师、外方教师、学生、政府、企业、社会等，而且也包括直接影响或间接影响中外合作办学项目的客体等。由此不难发现，中外合作办学项目的各利益主体间存在各自的利益问题，如何平衡中外合作项目各利益主体的利益问题，成为构建教学质量保障体系的关键之处。（3）差异性。由于目前医学类中外合作办学的外方合作者来自美国、泰国等不同的国家，且每个国家对于医学类学生的要求也不尽相同，无论是合作项目的办学、教学理念，还是教学环节中的课程体系、教学内容、教学模式、学生考核方式等诸多环节都存在差异性。

本研究从教学质量标准、教学质量保障、教学过程质量监控以及教学质量评价与反馈四个要素，构建医学类高校中外合作办学项目的教学质量保障体系，如图 2 所示。

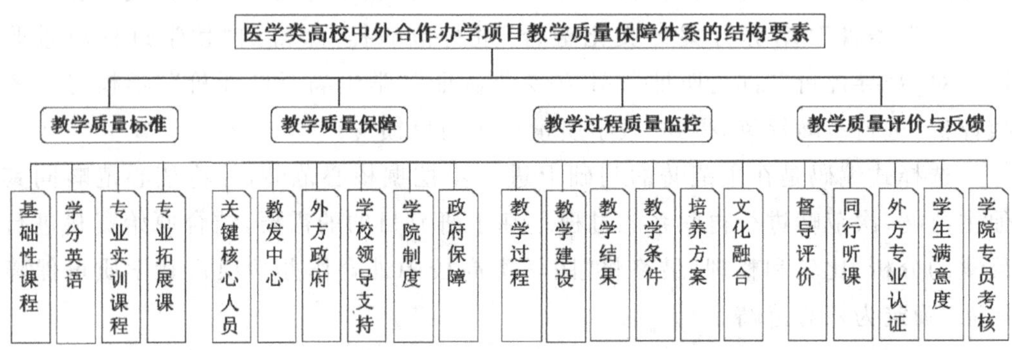

图 2　医学类高校中外合作办学项目教学质量保障体系的结构要素与相关维度

（一）教学质量标准

教学质量标准由四部分构成，分别是基础性课程、学分（英语）、专业实训课程与专业拓展课。本研究根据 Nvivo 12.0 所生成的各个概念参考点及覆盖率，分别计算出不同对象范畴的参考点及覆盖率(表2)。如若某节点的覆盖率越高，说明该节点越可能是医学类高校中外合作办学项目中教学质量标准所关注的重点。由表2可知，医学类高校中外合作办学项目的教学质量标准中最受关注的是学分(英语)以及专业实训课程，再次是专业拓展课，最后是基础性课程。

首先是学分(英语)，在医学类中外合作办学项目的具体开展中，学生一切的学习活动均是以英语为核心，学生的英语水平直接影响到中外合作项目的质量。为了达到双语教学这样一个目的，学院采取学分制以及提前适应国外语言两种方式，学分制指的是中外班的学生的学分要求普遍比一般班级学生的高，从制度上予以强制性的保障。而对于一些项目而言，需要学生在外方的国家进行实习，学院会提前输送生源去外方的国家。其次是专业实训课程，专业实训课程是医学类高校的特色，如何无缝衔接中外两方的专业实训课程，使学生能够将理论与实践更好地结合，需要通过引进灵活发展的专业实训课程模式和借鉴经验等来改革。再次是专业拓展课，医学类高校的专业拓展课指的是西方文学史、西方艺术史、西方文化等，此类课程最主要的目的是了解外方文化，为学生其他专业课、基础课的学习打下坚定的基础，因此，此类课程的授课时间应安排在前几学期。最后是基础性课程，事实上基础课不仅是中方所教授的课程，同样也是需要和外方融合发展的。

综上所述，以英语为核心，发展基础性、实践性、文化融合的课程，构成中方与外方课程相融合、理论性与实践性相结合的一体化课程体系，是医学类高校中外合作办学项目培养人才的主要途径。其次，课程方面均是以学生为中心，但仍存在着以上标准的制定不够量化、缺乏具体指标进行衡量的现状，包括中方、外方各自的指标系统。因此，仍需加强医学类高校中外合作办学项目理论课和实践课教学质量标准的管理等。

表2　教学质量标准的形成及各范畴的分布

主范畴	节点	材料来源	参考点	覆盖率(%)	总参考点	总覆盖率(%)
教学质量标准	基础性课程	1	1	0.5	7	3.97
	学分(英语)	1	2	1.51		
	专业实训课程	3	3	1.44		
	专业拓展课	1	1	0.52		

(二)教学质量保障

医学类高校中外合作办学项目中的教学过程质量保障体系,其教学管理的主体为学院教学机构,学校则通过一系列的人力、物力、财力等硬件支持辅以软性支持,进行宏观的调控与指导。就医学类高校中外合作办学项目而言,由于其特殊的项目方式,其教学过程质量保障体系由关键核心人员、教发中心、外方政府、学校领导支持、学院制度和政府保障六个方面构成。本研究根据 Nvivo 12.0 所生成的各个概念参考点及覆盖率,分别计算出不同对象范畴的参考点及覆盖率(表 3)。如若某个节点的覆盖率越高,说明该节点越可能是医学类高校中外合作办学项目中教学质量保障关注的重点。由表 3 可知,医学类高校中外合作办学项目的教学质量保障中最受关注的是关键核心人员以及学院制度,其次是教发中心、政府保障、外方政府、学校领导支持。

首先是关键核心人员,关键核心人员起到桥梁的作用,从合作办学学校的选择到合作中具体事宜的细节沟通等,无不发挥着关键的作用,也成为整个合作办学项目最初的发起人。其次在关键核心人员的带动下,合作办学的中外双方政府作为整个合作项目的指挥棒,在政策的制定、项目的审批、项目的考核等环节中提供指导,同时外方的州政府也会为中方的学生提供生活的帮助。最后是中方学校的管理,涉及学院的教发中心、学校的制度以及学校的领导支持,其中学校的制度是尤为重要的因素,可以保障师资的优质、忠诚。众所周知,有些合作办学项目的困难在于引进海外教师的成本高、教师流动性极强,为此中方的学校设立诸多保障制度来达到留住人才的目的,比如提供高薪酬、房屋等外在保障以及情感关怀等。

综上所示,以关键核心人员为桥梁,以中方、外方的政府为指导,实行学校、学院的具体管理,以上各方管理主体互动衔接,始终坚持合作办学项目的中心地位,将"质量"教学贯穿于整个项目的日常管理中,确保人才培养的质量不断提升,并向社会输送更多专业化、精细化的人才以服务社会。但是在学校、院级的管理层面,仍然存在管理不当、职权混乱等现况,没有专门的部门、机构以专业化的视角去管理,从而协调好各方主体的利益需求。

表3　教学质量保障的形成及各范畴的分布

主范畴	节点	材料来源	参考点	覆盖率(%)	总参考点	总覆盖率(%)
教学质量保障	关键核心人员	2	7	4.99	15	10.73
	教发中心	1	2	0.7		
	外方政府	1	1	0.33		
	学校领导支持	1	1	0.29		
	学院制度	2	3	3.93		
	政府保障	1	1	0.49		

(三)教学过程质量监控

本研究根据美国管理学家哈罗德·孔茨创立的管理过程理论并结合管理的基本职能,再加之扎根理论的结果,将医学类高校中外合作办学项目教学过程质量监控分为教学条件、培养方案、教学过程、教学结果、教学建设、文化融合等六个环节,同时根据 Nvivo 12.0 所生成的各个概念参考点及覆盖率,分别计算出不同对象范畴的参考点及覆盖率(表4)。如若某个节点的覆盖率越高,说明该节点越可能是医学类高校中外合作办学项目中教学过程质量监控的关键点。由表4可知,医学类高校中外合作办学项目教学过程质量保障中最受关注的是教学过程和教学结果,其次是教学条件、教学建设、培养方案和文化融合。

首先是教学过程,教学过程不仅是教与学的过程,而且还涉及管理人员的协调与教学环境相融合的方式。从学生的视角来看,学生英语水平的高低一定程度上决定了学生是否能够进入合作班;由于中外合作办学项目学费比一般专业的学费高,故此学生家庭的基础条件也将成为学生顺利完成学业的保障。从教师的视角来看,教师授课的方式对于整个课堂的氛围影响较深,从访谈的资料可以得出外方教师采取的多是鼓励式教育、小组讨论等教学形式,同时也更加重视课堂氛围的活跃。从管理人员的视角来看,由于中外合作办学项目课程居多,学生压力重大,管理人员适当的引导是必不可少的,同时也可以组织学生分享经验等。其次是教学结果,包括学生的毕业设计、实习、就业、继续深造与英语能力等内容。学生最为关注的还是就业问题,他们获得的双学位能为出国工作提供条件,但是仍旧存在外国的某些高校不认证取得的外方学位等情况,也没有相关的管理人员就学生就业的问题加以拓展。当然在实际的工作场所中,英语能力的提升能为学生工作的发展锦上添花。再次是教学条件，包括软硬件设施，软件设施的配置包括遴选外方师资、中方教师的培训、中方教师临床的注册、中外两方师资的交流与融合等，在这个过程中，应努力实现教学相长、取长补短、共同发展。接着是教学建设，主要是课程的建设方面，其核心目的是实现中外两方课程的融合发展，避免出现重复的课程，并在某些课程的设置上配置中外两方的教师，使得学生在理论的理解方面、实践方面更为透彻。最后是培养方案，包括课程设置、目标定位和学生能力，以达到目标为导向的教学，培养学生实际的能力，设置精准化的课程体系。如在访谈中，一位联合培养博士项目的管理人员提及“要培养领军的人才，包括培养学术能力、高素质临床医师素养等”。另外还有文化融合，其贯穿于整个教学过程的质量监控中，当然也是最难突破的地方，需要各方的管理者、教师、学生等进行深入挖掘，将其内化至每个人的心中，从而使得医学类中外合作办学项目实现高质量的发展。

综上所述，医学类高校中外合作办学项目教学质量保障体系中的教学过程质量监控是整个保障体系中内容最为烦琐、难度也较大的一部分，虽有诸多困难，但应始终贯彻文化融合的理念，实现教学建设一培养方案一教学条件一教学过程一教学结果等环节相扣。

表 4　教学过程质量监控的形成及各范畴的分布

主范畴	节点	材料来源	参考点	覆盖率(%)	总参考点	总覆盖率(%)
教学过程质量监控	教学过程	5	20	45.68	72	131.7
	教学建设	2	4	14.31		
	教学结果	4	16	40.21		
	教学条件	4	15	15.52		
	培养方案	4	11	10.76		
	文化融合	3	6	5.22		

(四)教学质量评价与反馈

教学质量评价与反馈由五部分构成，分别是督导评价、同行听课、外方专业认证、学生满意度评价、学院专员考核评价。本研究根据 Nvivo 12.0 所生成的各个概念参考点及覆盖率，分别计算出不同对象范畴的参考点及覆盖率(表 5)。如若某节点的覆盖率越高，说明该节点越可能是医学类高校中外合作办学项目中教学质量评价与反馈所关注的重点。由表5可知,医学类高校中外合作办学项目的教学质量标准中最受关注的是学生满意度评价和外方专业认证,再次是督导评价、学院专员考核评价以及同行听课。

医学类高校中外合作办学项目的教学质量评价与反馈,需要从整体上协调全校的质量保障工作,建立并完善教学质量的反馈与评价机制。首先是学生满意度评价,学生根据评价教师的指标体系进行客观评价,提高评教结果的客观性、准确性。从访谈结果中发现,学生对教师的评价结果都是较为良好的,主要是由于学生对于评教的认知存在偏差,因此本研究认为管理人员应对学生进行正确的引导,达到"以评促教"的效果,真正提升学校的教学质量。其次是外方专业认证,认证并不是每年进行一次,而是每隔几年进行一次。值得强调的是,外方专业认证的报告以及反馈都是作为项目改革和发展的依据,应及时进行分析与总结,促进项目高质量的发展。最后是二级学院对教学质量进行监督和评价,应当督促二级学院有针对性地开展评教活动,充分发挥二级学院教研室等基层组织的作用,将监督和评价落到实处,主要包括督导评价、同行听课以及学院专员考核评价等。

在研究中发现医学类高校中外合作办学项目尚未有教师自我评价的部分,事实上这有助于教师在教学过程中不断反思与改进,根据学生的需求不断调整和改革,以达到课程中以学生为中心的目的。总之,无论是中方、外方的评价,还是教师自身与学生的评价,实现多元融合评价体系是最终的诉求,也将进一步助推评价的改革。

表5　教学质量评价与反馈的形成及各范畴的分布

主范畴	节点	材料来源	参考点	覆盖率(%)	总参考点	总覆盖率(%)
教学质量评价与反馈	督导评价	2	2	0.86	10	5.95
	同行听课	1	1	0.17		
	外方专业认证	3	3	2.16		
	学生满意度评价	3	3	2.47		
	学院专员考核评价	1	1	0.29		

四、医学类高校中外合作办学教学质量保障结构体系的影响因素

医学类高校中外合作办学教学质量保障的结构体系的四大要素与各结构的具体维度并非彼此孤立，而是相互之间存在一定的联系。如学院制度会在相当程度上影响学校专员进行的评估的准确性，也会间接地影响学生的满意度。同样，学校制度也会涉及对督导的认识，对同行听课的态度，进而影响学分的认证等。通过将每份访谈材料设置为个案节点，为个案定义不同的类型的学校以及不同的医学业专业，再对其进行以属性为列、以中外合作办学教学质量保障结构体系要素为行的矩阵编码查询，我们得以观察不同类型学校、不同医学类专业对高校中外合作办学教学质量保障结构体系要素的相对重视程度（见图 3、图 4）。

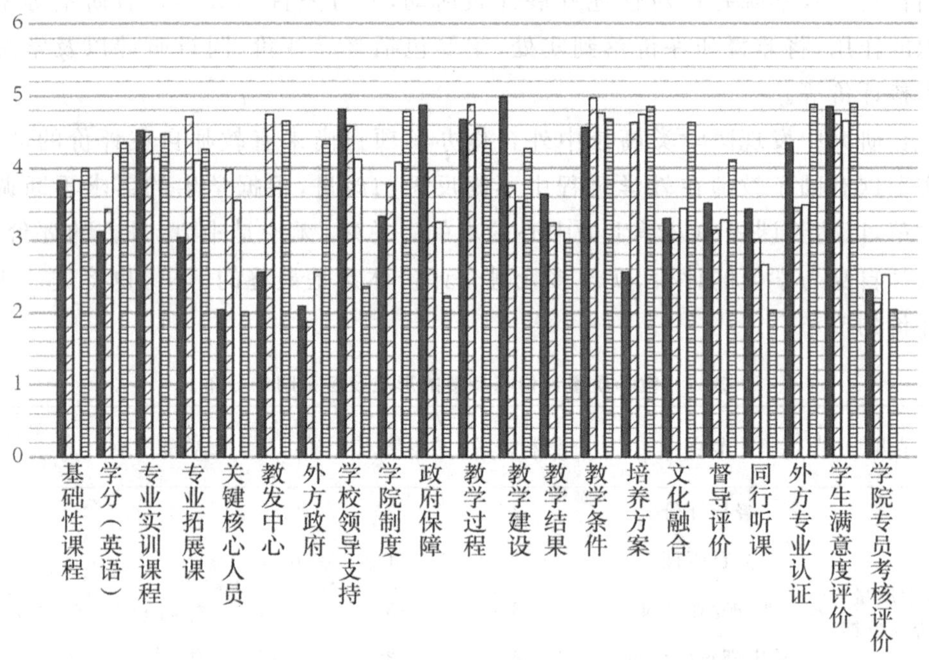

图 3　不同类型学校对中外合作办学教学质量保障结构体系要素的相对重视程度

由图 3 可知，不同类型的学校对中外合作办学教学质量保障结构体系的各构成要素的重视程度。如图 3 所示，按照已编码的个案节点数计算，职业技术学

院相对看重的是学校领导支持、政府保障、教学过程与教学条件，以及学生的满意程度；医学类学校与综合类大学则对质量保障结构体系的各构成要素的重视程度有比较接近的态度，都比较看重专业实训、专业拓展、教学过程与教学条件，对学生的满意度也比较关注。中外合作办学项目看重的因素首先是外方政府与外方专业认证，同时对教学条件和培养方案的设置也相对比较重视。

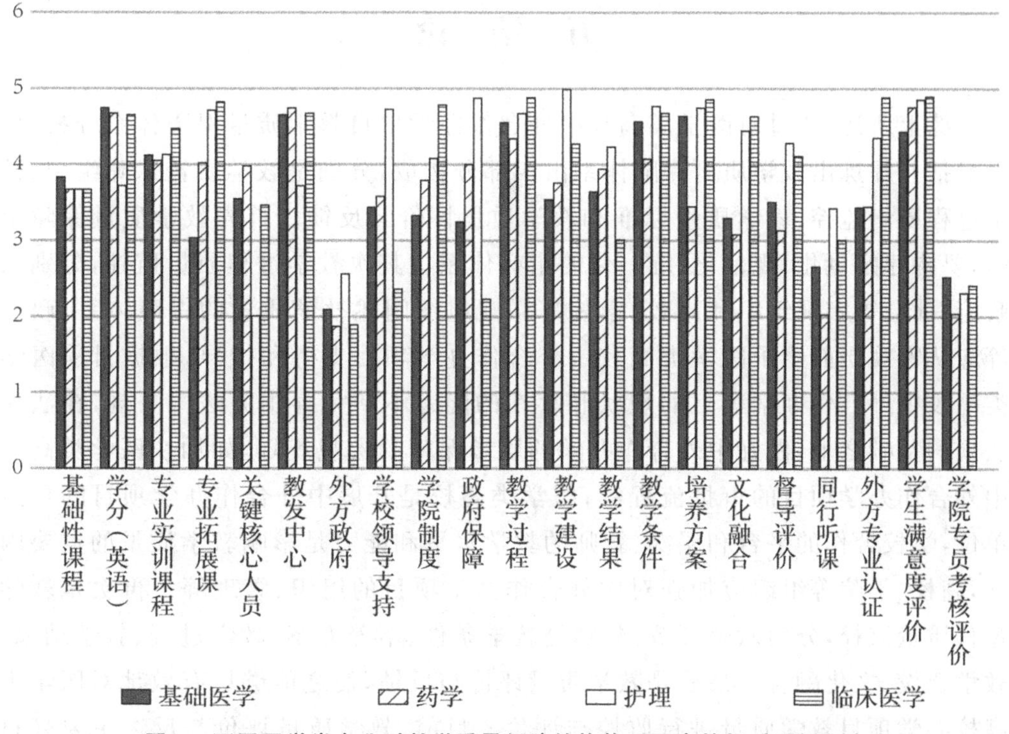

图 4　不同医学类专业对教学质量保障结构体系要素的相对重视程度

由图 4 可知，不同医学类专业对教学质量保障结构体系要素的重视程度与专业特性有明显的相关性。基础医学与药学由于有着重视理论研究与基础课程的特点，因此对教发中心的建设、教学过程、培养方案表现出相当程度的重视。护理与临床医学专业平时教学更为关注实训过程，因此对专业实训、专业拓展、学院制度、教学建设与教学条件的关注更为明显。在对基础性课程、教学过程、同行听课、学生满意度评价、学院专员考核评价等因素的关注程度上，四个专业并没有明显的差异。护理专业在政府保障、学校领导、督导评价、外方政府上的重视程度则要高于其他三个专业，在关键核心人员、教发中心、学分(英语)等因素的重视程度则要弱于其他三个专业。

需要注意的是，在学院专员考核评价、同行听课这两个因素上，无论是不同类型的学校还是不同类型的专业在重视程度上都相对比较低。而学生的满意程度则被所有类型的学校和专业所看重。对政府与领导的重视程度则明显被院系所属单位所影响，市属单位受政府与资金来源的影响相对较大，综合类院校则较小，这给我们对教学质量保障的评估层级提供一个新的思路。

五、结　论

综上所述，通过对医学类高校中外合作办学项目教学质量保障体系分析，可以概括并提炼出教学质量保障体系由四部分构成，分别是教学质量保障组织、教学过程质量监控、教学质量标准和教学质量评价与反馈。首先教学质量保障组织，要构建定量化、规范化、统一化的指标体系。其次教学过程质量监控，分别从政府、社会等宏观组织和高校、学院等微观组织阐述教学质量的保障体系，政府等应从宏观层面给予医学类高校中外合作办学项目支持和指导，根据目前医学类高校中外合作办学项目的现状和存在的问题不断完善相关法律法规，在法律法规的基础之上，做好中外合作办学的质量保障的宏观规划，如加快医学类高校中外合作办学项目的审批流程等；医学类高校是开展中外合作办学项目的重点单位，学校合作的平台和层次、教师的教学水平和能力是影响教学质量的重要因素，高校、学院等组织应加强对中外合作办学项目的组织、管理等。再次是教学过程质量监控，分为六个环节，分别是教学条件、培养方案、教学过程、教学结果、教学建设、文化融合。最后是教学质量评价与反馈，使之能够更有效地对医学类高校办学项目教学质量进行监控与评价。目前，教学质量评价与反馈主要来自外方教学质量监控、中方教学质量监控、政府监管和社会舆论。其中，外方教学质量监控通过全面系统地独立审查合作办学项目各个过程，来确认教学是否符合外方培训质量的标准，中方质量监控注重日常教学的监管，为教学过程中的反馈提供了平台，教学督导及质量监控人员发挥不可替代的作用。总之，以上四部分并不是孤立的，而是相互关联、互相辅助的整体，其中某一环节出现变动，均会影响整体的发展程度，因此应本着系统化的思维体系，实现四部分的完美衔接与契合。

Influencing Factors and Promotion Strategies of Teaching Quality Assurance System of Chinese-Foreign Cooperative Education Program in Medical Colleges and Universities

Du Jiwei

(Institute of Education, Xiamen University, Ximen 361005, China)

Abstract: Taking the managers, teachers and students of Chinese-Foreign Cooperation Program in 28 medical colleges and universities of different types and different medical majors as the in-depth interview objects, the grounded theory method and NVivo 12.0 software were used to qualitatively study the teaching quality assurance system of Chinese-Foreign Cooperative Education Program in medical colleges and universities. This paper summarizes the 21 components of the teaching quality structure of Sino-foreign cooperative education projects, and further classifies them into four structural dimensions, namely, teaching quality standards, teaching quality assurance, teaching process quality monitoring, teaching quality evaluation and feedback. At the same time, it discusses the influence of different types of colleges and majors on the attention of different factors. This system has certain sample representativeness and theoretical inclusiveness, which will provide a scientific theoretical basis for the construction of teaching quality assurance system of Chinese-Foreign Cooperative Education Program in medical college and universities.

Key words: medical colleges and universities; Chinese-foreign cooperative education program; teaching quality; assurance system

课程与教学论

大学生课堂注意力偏移的心理诱因与改革路径

于　博*
（天津财经大学 金融学院，天津 300222）

摘　要： 文章从学习投入的心理观视角探究本科生课堂注意力偏移现象背后的心理成因及后果，进而反思本科教育改革路径。研究发现：(1)学习者个人兴趣激励及目标激励的缺位导致了学习者学习投入呈现出明显的课堂偏离特征。(2)实证检验证实了兴趣激励和到达性暗示的消失加剧了大学生的信息焦虑和心理安全空间的下降，而此二者对课堂学习倦怠存在显著正影响。(3)社会就业压力的不断加剧导致大学教育越来越被赋予"阶层跃升"的使命。在阶级跃升引发的内卷式竞争下，竞争者必须在每一次竞争中得胜才能保证最终不被淘汰，这导致越是胜利者越会呈现出更高的焦虑，而高功能焦虑下的内卷式竞争使得大学生课后学习负担不断加剧，与课堂学习偏移形成鲜明对照，这意味着应审慎对待为大学生"增负"的政策建议。(4)高功能焦虑在社会层面泛化的表现是内卷，其社会后果是引发阶层固化、结构分化与社会无意识。(5)基于心理观视角提出了从教育体制、家庭、学校、教师、学生、社会等六个维度来化解赢家诅咒、改善课堂行为偏移的本科教育改革路径。

关键词： 学习投入；绝对坦诚；高功能焦虑；赢家诅咒；教育体制改革

一、引　言

2018年6月，教育部在成都召开的新时代全国高等学校本科教育工作会上强调"一流本科是建设高等教育强国的根基，只有培养出一流人才的高校，才能够成为世界一流大学，在'双一流'建设中要加强一流本科教育"。随后发布的

* 作者简介：于博(1979—　)，男，天津人，天津财经大学金融学院副教授，硕士生导师，公司金融与资本市场研究中心主任，研究方向为公司金融。

《教育部关于加快建设高水平本科教育全面提高人才培养能力的意见》进一步强调了“以本为本”推动新时代高教改革的指导方针。2018 年 9 月，习近平总书记进一步在全国教育大会上强调：本科教育在人才培养工作中占据基础地位，加快建设高水平本科教育，必须坚持“以本为本”。然而，当代本科生的学习投入，尤其是课堂注意力投入和情绪投入并不乐观，所以，改善课堂学习投入成为“以本为本”、提升大学本科教育质量的关键。

在数字媒体时代，课堂注意力偏移已成为当前大学课堂普遍存在之现象。同时，严进宽出的大学人才培养模式也加剧了大学生在学习投入上的不足。“玩命的中学、快乐的大学”似乎已经成为社会共识，更有政协提案建议应“为中小学减负、为大学生加压”。然而，大学真的快乐吗？裹挟在考研、保研、出国、就业层层不确定性下的本科生，他们的迷茫和焦虑是否得到了该有的关注？在“内卷”不断升级的今天，他们的学习投入真的少吗？什么因素阻碍了他们对学习的投入？“增负”真能消除这些阻碍因素，从而提升大学生学习意愿吗？上述一系列问题在强调“以本为本”的今天都亟待解答，是关系未来能否实现本科教育质量跨越式提升的关键。

课后高压与课堂注意力偏移“并存”的背后，反映的是大学生学习投入在“投入结构”上的不均衡，而非普遍意义上的低投入。所以，探究这一结构失衡才是化解课堂注意力偏移问题、完善本科教育的根本所在。Reeve(2012)指出，外显的投入和内隐的动机密不可分，二者共同影响着学生的学习投入[①]。因此，研究本科生学习投入问题必须同时考虑侧重心理过程的动机和侧重外部行为的投入。Martin(2012)[②]将内隐动机与外显投入因子化，他将“学习动机”分为适应积极型和适应消极型两类，前者包括三个一阶因子：自我效能、精通导向、重视学习，后者也包括三个一阶因子：焦虑、失败规避、模糊控制；将“学习投入”分为“适应积极型”和“适应消极型”，前者包括三个一阶因子：坚持、规划和任务管理，后者包括两个一阶因子：逃避和自弃。在动机与投入之间的关系研究上，多数文献认为积极型动机会导致积极型投入，消极型动机会导致消极型投入，即动机与投

---

① REEVE J A. Self-determination theory perspective on student engagement[M]// Christenson S L, Reschly A L, Wylie C. Handbook of research on student engagement. Boston: MA: Springer. 2012:149-172.

② MARTIN A J. Motivation and engagement-university/college[DB/OL]. [2022-03-01]. https://lifelongachievement.com/.

入之间存在正相关性[①]。然而，一项最新研究表明，对于中国大学生而言，消极型动机反而有可能引发显著的积极型投入[②]。这类学生也被称为“适应消极但行为投入的学习者”，即低动机、高投入型学习者，其动机与投入之间存在前低后高的失调特征。

与尹文研究视角不同，本文认为，学习者还存在另一种失调行为——认知层面的高学习动机和行动上的低学习投入，即动机与投入呈现“前高后低”失调特征。例如，现实中很多大学生虽然明确知道应集中精力学习，但一旦进入课堂或图书馆，其学习投入就快速降低。这一失调特征对传统文献认为的学习动机对学习投入应具有正向激励作用[③]提出了挑战。为此，本文将立足于中国特殊的社会和文化背景，从心理学视角来探讨这一失调背后的动因，从而拓展大学生学习投入研究的逻辑边界。

本文研究动机与意义在于：教育部自2003年开始实施本科教学评估，但评估过程多受诟病，因为评估依赖的数据大多来自于和教学间接相关的宏观数据（如规章制度与硬件指标），而非与教学过程直接相关的微观数据，如学生的学习动机、策略与效果（Lee et al.，2012）[④]。尽管清华大学研究团队在2009年便开启了“中国大学生学习与发展追踪调查”以丰富与学生学习策略有关的微观数据搜集[⑤]，但是，在界定和衡量大学生学习投入时，该调查仍旧是遵循“行为观”原则，认为对学习投入的刻画应主要通过观察过程化的“行为数据”来实现。这种基于“行为观”的信息采集模式忽视了心理对学习投入的影响，无法有力揭示心理路径的作用[⑥]。换言之，由于微观数据侧重对行动结果的跟踪与考量，欠缺对行动背后心理决策的深入分析，故难以对那些因为行为与心理之间的矛盾所导致的

---

① 于倩，刘金兰，赵远. 大学生学习动机对学习参与及学业成就的影响研究[J]. 大连理工大学学报（社会科学版），2018(6)：100-106.

② 尹弘飚. 行为观、心理观与社会文化观：大学生学习投入研究的视域转移：兼论中国高校教学质量改进 [J].华东师范大学学报（教育科学版），2020，38(11)：1-20.

③ LIEM G A D，MARTIN A J. The motivation and engagement scale：theoretical framework，psychometric properties，and applied yields[J]. Australian psychologist，2012，47(1)，3-13.

④ LEE J C K，HUANG Y X，ZHONG B. Friend or foe：the impact of undergraduate teaching evaluation in China[J]. Higher education review，2012，44(2)，5-25.

⑤ 罗燕，海蒂·罗斯，岑逾豪.国际比较视野中的高等教育测量：NSSE-China 工具的开发：文化适应与信度、效度报告[J].复旦教育论坛，2009，7(5)：12-18.

⑥ COATES H，MCCORMICK A C. Engaging university students：international insights from system-wide studies[M]. Dordrecht：Springer，2014：155.

失调进行有力解释，这无疑会降低本科教学评估的效力。本文则从卡乌①提出的心理观出发，从大学生心理认知和人格形成角度阐述失调异象背后的微观逻辑。心理观主张把学生投入视为一个包含行为、情感与认知等多个侧面在内的多维心理结构，它能有效弥补行动观下因忽视心理因素所导致的片面性和短视性，并通过分析学习行为与一些重要心理因素（动机、情绪与期望）之间的联系来刻画内隐状态与外显行为之间潜在的矛盾状态，从而对动机与投入之间的失调进行有力解释。具体而言，本文将从信息焦虑和心理安全空间等心理观视角探讨“认知一行为”失调背后的动因并反思如何修正失调，从而为优化教学评估提供来自心理观的路径参考，为推进本科教育改革提供实践指引。

二、大学生课堂注意力偏移的心理诱因分析

(一)诱因分析

通过持续跟踪2017—2019年所收集的29所高等教育院校、60个经管类专业的10.83万份有效调研问卷②发现，虽然学生在参与课堂教学和对教师教学评价度上连续三年（2017—2020年）均有所提升，即学生更加认可课堂教学与教师能力，但学生对自我学习投入的评价却呈现出全面下降趋势，如学习自觉性评价下降0.3个百分点、果断性下降0.5个百分点、坚定性下降1.2个百分点、自制力下降0.8个百分点。与此同时，学习投入的下降还导致学生学习体验（自我认同和成长收获指标）持续下降，如：时间管理能力从70.2下降到69.3、自我认知度从73.3下降到72.8、专业认知度从70.3下降到68.7、在校经历满意度从64.1下降到62.9，这表明学习投入下降进一步导致学习质量下降。

上述调研统计数据表明，大学生课堂学习投入度近年来呈现出明显的下降

① KAHU E R. Framing student engagement in higher education[J]. Studies in higher education, 2013, 38(5):758-773.

② 本问卷为中国高等教育学会财经分会“学情研究与教学发展协作组”发起的、针对本科三年级学生“学情情况”的一项调查问卷。该调研截至目前已持续了四年（2017—2020年）。问卷覆盖的经管类专业被调研人数为12.70万人，收获有效问卷共10.83万份。该调研问卷旨在了解学生大学期间对学校教育环境感知、受到的挑战与激励、个体的努力程度以及成长与收获，从而帮助学校了解其所提供的学习环境支持学生成长的程度以及需要改进的方向。读者若对本调研问卷及相关结果感兴趣，可以联系作者获取（邮箱：tufe9826@163.com）。

趋势，理论界亟待探索导致学习投入不足，尤其是课堂注意力偏移背后的心理动因。导致大学生在高学习动机下却依然呈现出低课堂投入度的心理学解释如下。

首先，由于个体自我层面的“认知”长期以来会受到社会“超我”的暗示，学生在自我意识层面会按照“现实原则”接受“必须好好学习”的认知，并成为存储在自我意识层面的“固有认知”，这种认知是“学生以学为本”“知识改变命运”等被社会普遍认可的价值观念、道德伦理在个体中“内化”的结果，具有很强的社会“超我”属性。

其次，虽然学生在逻辑认知层面完成了“本我”与“超我”之间的适配，但个体在“本我”层面遵循的“享乐原则”仍会阻碍这一认知在“行动”上的实施，从而导致认知与行动之间的“一致性原则”被打破。此时，需要在“本我”层面构建一个强有力的行动提升机制去辅助“行动实施”，以避免认知失调。行动力提升的主要激励因素包括三点：(1)兴趣；(2)到达性暗示；(3)心理安全空间。然而，此三者在大学阶段的激励效应均显著弱化。

第一，就兴趣激励而言，长期以来义务教育以“能力筛选”为目标，而非“兴趣培育”，这导致学生长期以来存在学习兴趣上的迷失感。同时，大学专业报考过程也并非以学生兴趣为导向进行选择，而是受职业前景、家庭职业偏好等非学生内在需求因素的影响。这都导致兴趣式激励在大学教育阶段存在明显失灵特征。

第二，就到达性暗示而言，它本身是指外部存在某种暗示，这种暗示会告诉学生可以用现在的行动(学习)来换取未来享乐的机会。它强化了学习者为了明天的快乐而牺牲今天的快乐的意愿。一个典型的到达式激励的例子是：“好好努力，到了大学你就解放了。”这一心理暗示导致学生认为今天的痛苦是获得未来幸福的必经之路。然而，到了大学阶段，学生会发现“解放”的目标并没有实现，相反真正的解放似乎离自己更远了。因为在大学阶段“到达性暗示”消失了，曾经想象中的“到达”已经实现。但遗憾的是，真实的“到达”却并未实现。不仅没有实现，还失去了要到达的目标，而目标缺失又会导致学习者产生目标焦虑及错失焦虑，进而加剧课堂注意力偏移、学习投入度下降。

第三，心理安全空间方面，良好的心理安全空间能让学生更积极地投入到学习情境中并参与互动。大学课堂提问与互动匮乏的背后，是学习者心理安全空间的缺失。例如：很多学生明明有能力回答某一问题，但都依然选择缄默不语。即使对教学有较好的建议，也选择默不作声。“说得越多，可能错误越多”“枪打出头鸟"等已成为大多数人的心理预设，其结果不仅是导致"坏消息不会向上传递"，还会导致"好主意被隐瞒"。学习者心理安全空间匮乏的集中表现是害怕冒险、害怕表露自我、害怕提出问题、害怕犯错误、害怕与他人意见相左……这极大程度制约了学生的课堂学习投入度，导致即使学习意愿较强，但投入感依然较低的情况。

基于上述分析，本文提出以下推断。

推断1：目标到达感缺失导致的信息焦虑对大学生课堂学习投入会产生显著的负面影响，从而加剧了学习倦怠（注意力偏移）水平。

推断2：心理安全空间匮乏对大学生课堂参与意愿和互动倾向会产生显著负面影响，从而加剧了学习倦怠（注意力偏移）水平。

（二）诱因检验

1.样本与变量

为检验上述推断，本研究历时6个月，对367名本科生分发了调研问卷，问卷内容包括三大类：第一，人口统计学特征（性别、年级、成绩、户籍地等）；第二，个体行为特征（宗教信仰、情感支持、社交水平等）；第三，个体心理特质（就业压力、职业发展焦虑、自恋水平、自信心、自制力等）。最终获得有效样本349份。

问卷中的一个重点测试项为"学习倦怠水平（Devote）"，即本文实证模型中的因变量。具体而言，采用学习倦怠量表进行问卷设计，从"情绪低落、行为不当和成就感低"三个维度来刻画大学生学习倦怠水平①。

除因变量外，问卷还重点调查了大学生的信息焦虑水平和心理安全空间水平：

信息焦虑水平（*InforAnx*）。信息焦虑本质上属于错失焦虑，错失焦虑和孤独感之间具有互为强化的作用②，因此，这一问题的问卷内容参考了有关孤独感的测量量表。具体而言，信息焦虑问卷主要涉及以下三个问题：(1)你是否经常担心知道的信息少而被别人落下？(2)你每天关注微博、抖音、朋友圈等媒体类信息的频率如何？(3)你是否存在拖延睡眠（如睡前刷很长时间手机）的习惯？

---

① 连榕，杨丽娴，吴兰花.大学生的专业承诺、学习倦怠的关系与量表编制[J].心理学报，2005(5)：632-636.

② 韩静，尹彬.大学生孤独感与错失焦虑：有调节的中介模型[J].心理研究，2020，13(4)：359-365.

上述每个问题的问卷项均包含 4 项，分别赋值 1—4，值越低说明越焦虑。最终，信息焦虑水平的测算值为上述三个问题得分值的算数平均值。

心理安全空间(*Candor*)。心理安全空间根据 Kim Scott 在 Radical Candor 一书中给出的测量方式进行问卷设计和度量。该书从人文关怀(Care Persenally)和率性表达(Challenge Directly)两个维度出发将心理安全空间划分为四个象限。其中，高人文关怀和敢于直接挑战的组织环境(第一象限)被认为是"绝对坦诚"环境，此时，组织内个体会享有最高的心理安全空间。以此为参考，本文从是否绝对坦诚角度对被访者原生家庭的互动模式进行了调研，得到了以绝对坦诚水平来度量的心理安全空间水平(*Candor*)，取值上，绝对真诚的组织环境位于第一区间，故赋值为 1；灾难性同理心环境(高人文关怀、但缺乏率性表达的环境)为第二区间，赋值为 2；虚情假意性环境(低人文关怀且缺乏率性表达的环境)为第三区间，赋值为 3；伤害性挑战环境(低人文关怀但却故意挑战的环境)为第四区间，赋值为 4。Candor 赋值水平越高，说明个体越缺乏心理安全空间。

2.模型设计

$$\begin{aligned} Devote_{i,t} = {} & \gamma_1 InforAnx_{i,t} + \gamma_2 Candor_{i,t} + \gamma_3 \mathrm{Gender}_{i,t} + \gamma_4 \mathrm{Scoreinv}_{i,t} + \gamma_5 \mathrm{Friends}_{i,t} + \\ & \gamma_6 \mathrm{Couple}_{i,t} + \gamma_7 \mathrm{RightAnx}_{i,t} + \gamma_8 \mathrm{Faith}_{i,t} + \gamma_9 \mathrm{Flaunt}_{i,t} + \gamma_{10} \mathrm{Selfconf}_{i,t} + \\ & \gamma_{11} \mathrm{Selfcont}_{i,t} + \gamma_{12} \mathrm{Critical}_{i,t} + \varepsilon_{it} \end{aligned}$$

模型中，因变量(Devote)表示学习倦怠水平，核心自变量为信息焦虑水平(InforAnx)和心理安全空间水平(Candor)。

控制变量方面，模型主要从两个方面进行了分类控制。

第一类，人口统计学及个体行为特征。包括：(1)性别(Gender)；(2)政治积极性(Faith)，即是否为党员或入党积极分子；(3)学习能力(Scoreinv)，即学生学习成绩的班级排位，分四档，赋值分别为 1—4；(4)社交能力(Friends)。魏巍和李强①发现朋友数量作为大学生重要的社会资本会对其职业选择、学习偏好等个体行为产生重要影响；(5)情感支持(Couple)。学习投入与大学生是否拥有"情侣关系"有关，亲密关系的构建会占用一定时间，从而对学习行为产生直接影响。

第二类，与个体"心理特征"有关的因素。包括：(1)就业压力(Critical)。就业压力会激发个体生存动机，从而影响其学习投入；(2)对机会公平性的焦虑(RightAnx)。对未来职业发展中机会公平性的焦虑是影响个体职业价值观和学

① 魏巍，李强.社会资本对大学生创业意愿影响的实证研究：基于 6 所高校 402 份调查问卷的分析[J].西安电子科技大学学报(社会科学版)，2013，23(3)：72-79.

习投入度的重要因素[①]；(3)自恋水平(Flaunt)与自信水平(Selfconf)；(4)自制力(Selfcont)。自我控制能力越强的个体，意志力和心理韧性越高，对待学习的自主性更强，也具有更高的自主决策能力和适应能力[②]。

3.估计结果

表1 信息焦虑、心理安全空间与大学生课堂学习倦怠

因变量：*Devote*（课堂学习倦怠水平）	OLS(1)	OLS(2)	OLS(3)	GMM-2step(4)
信息焦虑	−0.1625***	−0.1589***	−0.1226**	−0.1612**
(*InforAnx*)	(−2.62)	(−2.63)	(−2.11)	(−1.97)
心理安全空间	0.3702***	0.2843***	0.1725***	1.2293*
(*Candor*)	(5.46)	(4.18)	(2.58)	(1.68)
性别		−0.0139	−0.1074	−0.0371
(*Gender*)		(−0.12)	(−1.01)	(−0.29)
学习成绩		−0.2618***	−0.2055***	0.0195
(*Scoreinv*)		(−3.99)	(−3.23)	(0.12)
社交网络		0.1061	0.0899	0.1269
(*Friends*)		(1.43)	(1.28)	(1.27)
是否有男/女朋友		−0.1952*	−0.2916***	−0.1065
(*Couple*)		(−1.73)	(−2.70)	(−0.57)
政治积极性		−0.0759	−0.0480	−0.0657
(Faith)		(−1.60)	(−1.05)	(−1.12)
职业发展焦虑度			0.0149	0.0487
(*RightAnx*)			(0.27)	(0.63)
就业压力			0.0751	0.0497
(*Critical*)			(1.15)	(0.55)
自恋水平			0.1001	−0.4302
(*Flaunt*)			(1.41)	(−1.59)

① 朱文静，房玉上，刘媛，等.大学生的创业意向及与创业价值观、创业自我效能感的联系：性别的调节效应[J].心理研究，2021，14(4)：341-349.

② 王景芝，陈段段，陈嘉妮.流动儿童自我控制与社会适应的关系：心理韧性的中介作用[J].中国特殊教育，2019(10)：70-75，89.

续表

因变量：*Devote*（课堂学习倦怠水平）	OLS(1)	OLS(2)	OLS(3)	GMM-2step(4)
自信心			0.1560*	−0.0330
(*Selfconf*)			(1.77)	(−0.34)
自制力			0.5275***	0.3148
(*Selfcont*)			(5.66)	(1.44)
截距项	2.0954***	2.8350***	1.2274***	−0.3291
	(9.02)	(8.93)	(5.66)	(−0.21)
Hensen J				1.039
(p-value)				(0.7918)
F	18.05***	9.55***	9.97	7.23
	(0.0000)	(0.0000)	0.0000	(0.0000)
R^2	0.0945	0.1639	0.02625	−0.2764
N	349	349	349	349

注：1. 1—3 列为 OLS 估计结果，第 4 列为 IV/Gmm-2step 估计结果；2. *、**、*** 表示在 10%、5%、1%下的显著性；3. 括号内均为稳健标准误对应的 t 值；4. Gmm-2step 估计中，InforAnx（信息焦虑）和 Candor（心理安全空间）这两个心理因素被视为内生变量，将户籍城市等级（City）、父母最高受教育水平（Parentedu）、父亲职业类型（Fatheremp）和家庭经济条件（Poor）作为这两个内生变量的工具变量。Hensen J 值（1.039）对应的 p-value 大于 10%，表明接受原假设，即不存在“过度识别”问题，工具变量集有效。

表 1 中，第 1 列为简约式回归的估计结果，第 2 列包含了个体行为特征类控制变量，第 3 列则进一步包含了心理特质类控制变量。前 3 列均为 OLS 估计，而第 4 列则在包含所有控制变量基础上将 InforAnx（信息焦虑）和 Candor（心理安全空间）这两个心理因素视为内生变量，进一步采用工具变量估计（IV/GMM-2step）法重新进行估计。工具变量设定方面，将户籍城市等级（City）、父母最高受教育水平（Parentedu）、父亲职业类型（Fatheremp）和家庭经济条件（Poor）作为上述两个内生变量的工具变量。

表 1 估计结果表明：1—4 列的回归中，信息焦虑（InforAnx）与心理安全空间（Candor）对学习倦怠的影响方向及显著性均保持了一致。其中：(1) 信息焦虑（InforAnx）的回归系数均为负，表明信息焦虑度越低（InforAnx 取值越高），学习倦怠程度越低，即越不焦虑的学习者，课堂学习投入会更高、注意力偏移会更少；(2) 心理安全空间（Candor）的回归系数为正，表明心理安全空间越低（Candor 取值越高），学习倦怠程度越高，从而说明原生家庭在亲子关系中为子女构建的心

理安全空间水平越高，子女心理安全感越强，学习投入越高，课堂注意力偏移越少。以上估计结果表明本文推断1和推断2得到验证，且结论具有一定的稳健性。

此外，值得注意的是学习成绩(Scoreinv)的系数为负，表明学习成绩越好的学生(Scoreinv越低)，学习倦怠度反而越高。这说明课堂学习倦怠不仅容易出现在低分群体中，还有相当比例会存在于高分群体中，这为后文分析赢家诅咒下的高分人群特有的高功能焦虑特征以及由此产生的倦怠倾向提供了一定的实证支持。

三、课堂注意力偏移的背后——学历内卷与赢家诅咒

第二部分基于心理观视角分析了大学生课堂学习倦怠(注意力偏移)背后的心理成因。然而，“课堂学习投入”仅仅是大学生学习投入的一部分，在课堂学习之外，大量学生被裹挟在考研、考公、出国等重重压力之中，其“非课堂性学习投入”水平并不低。对这一问题给予进一步分析才是理解当代大学生学习投入高低的关键。换言之，必须将课堂学习中的低投入和非课堂学习中的高压力、高投入相结合，才能观察到当代大学生学习投入的全貌，进而进一步探讨是否应该为大学生“加压”。

尹文曾观察到中国大学生存在一种特殊的“低学习动机、高学习投入”现象，这与动机决定行为的传统认知一致逻辑并不吻合。为了解释这一异象，该文从中国特有社会文化属性出发，给出了两点解释：第一，“表里不一”的学习者最典型的特征就是即使内心焦虑惶恐学习中仍然“坚持不放弃”。这种心理的形成与中国文化和教育传统对勤奋的褒扬密不可分[①]。例如，我们坚信“业精于勤而荒于嬉”“书山有路勤为径”，无论天资多差、起点多低，只要愿意持续付出努力，就能够取得学业进步。第二，这类学习者可能还受到中国特有的“耻辱观”和“愧疚观”的影响。许多大学新生进入大学后都会面临巨大的冲击，要经历一个心理上的适应期。一些学生在难以适应大学的学习方式、不堪承受新的同辈竞争压力时，也难免会出现焦虑心态和退缩行为。然而，受中国文化传统中“面”“耻”和愧

① WATKINS D. Learning and teaching: a cross-cultural perspective[J]. School leadership and management, 2000, 20(2):161-173.

疚观念的影响[①]，这些表里不一的学习者可能认为自己辜负了“大学生”的身份，从而产生积极投入学习的心态和行为。这背后的社会心理机制其实正是中国文化中“力行近乎仁，知耻近乎勇”的儒家信条。

事实上，本文认为：课堂学习投入上的“高动机、低投入”与课外学习投入上的“低动机、高投入”是一个问题的两个方面。因为，在调研过程中笔者发现大部分同学一方面认为自己会带着较高的主动性来参与课堂学习，但课堂学习投入确实较低(存在各种类型的注意力偏移)。另一方面，他们也承认课后参与了高强度的考研、出国复习或考公考证类学历竞争型学习。但是，在面对此类学习时，他们却普遍存在“低动机、高投入”的情况。基于此，本节将在社会文化因素之外，从生存压力视角探讨导致大学生课外学习投入呈现“低动机、高投入”的原因。具体如下。

除了兴趣激励、到达性暗示和心理安全空间等影响个体兴趣和心理等内在特征的因素外，“生存压力”作为一种外部激励因素，也会对个体学习投入产生重要影响(激励)。本文将这一激励模式称为“生存式”激励。

生存式激励是指每个人在原始动物本能上，都有一种“争胜”的欲望，这种欲望来源于人在大自然优胜劣汰过程中早已养成的对被淘汰的恐惧。高中阶段，全力以赴在高考中“胜出”正是争胜这一动物本能的集中体现。高中阶段的“胜出”是一种经全社会认可的“公认式”胜出，即高中阶段的“赢”被赋予了一个全社会统一的价值刻度。这导致“赢家”一旦胜出，便会获得非常稳定的“安全感”。但是，到了大学阶段，具有公认价值刻度的“赢家”消失了，即不再有全社会一致认可的某种对“胜利者”的衡量标准。三好学生、奖学金、发表论文等只是相对标准，这些“胜利”究竟具有多少社会价值，对学生未来职业生涯的成功能有多大影响是完全未知的，这导致“赢家”难以获得稳定的安全感。而为了获得稳定的安全感，参与者不得不追求在每一个阶段中都不放过任何一个小胜利，从而尽可能保障最终获得胜利并获取安全感。

就大学课堂而言：首先，由于每门课只能得到“有限投入”，而每门课却又关系到最终能否“胜出”，这种在有限投入下寻求最优回报的预期一旦不被满足，便会加剧学生的心理焦虑。由于焦虑又会反过来进一步降低学习投入，所以便产生了恶性循环——越是高学习动机和高学习投入的学生，越有可能隐藏在高水

① 金耀基.“面”“耻”与中国人行为之分析[M]//杨国枢.中国人的心理.南京：江苏教育出版社，2006.

平焦虑的背后，而成为高功能焦虑[①]群体。其次，面对每一次胜利，学习者只能享受短暂的满足，然后马上便会进入新的压力和竞争之中，这导致每次获胜的“赢家”仿佛被“诅咒”一样——必须通过不断重复地取得下一次胜利才能获得稳定的安全感，导致学习者陷入一个“生存激励—设定目标（焦虑）—获取胜利（安全感）—更高目标（高功能焦虑）—更高胜利（赢家诅咒）”的轮回。当越来越多的学习者接受赢家诅咒并参与到竞争之后，便会导致“高功能焦虑”的不断升级，并使高功能焦虑呈现出“自强化”特征。上述过程从心理观视角揭示了当代大学生焦虑层级不断攀升，焦虑症、抑郁症等心理问题不断涌现背后的成因。

上述基于“心理观”视角的分析既揭示了大学生学习动机与投入之间存在偏移的动因，也分析了其所导致的心理健康危害。与此同时，高功能焦虑所衍生的赢家诅咒式学习投入模式可以解释很多现实现象。如：

第一，为何越来越多的本科生刚进入学校不久便选择考研。这是由于“考研”在某种程度上类似于“高考”，它重新构建了一种全社会普遍认可的价值刻度。而这一价值刻度上的“胜出”会得到社会超我的普遍认可给参与者带来更高的安全感，即这个“赢”对参与者的心理回报更大。于是，越来越多的大学生在刚刚进入大学后就马上决定加入考研队列。上述分析从高功能焦虑引发的“赢家诅咒”这一视角出发，对“高考研率”给出了全新的解释。

第二，为何理工科专业学生的平均学习投入度通常会高于文科专业。在“赢家诅咒”模式下，“赢”是获得安全感的唯一路径，但如果最终的那个“赢”，即最终的成功（大赢）更具不确定性时，过程中的“小赢”所能带来的安全感就会越低，此时“争赢”对学习投入的推升作用就会降低。就专业特征而言，文科专业相对务虚，于是，当前学习投入和未来职业发展能力之间，无论是转化形式还是转化能力都更具不确定性。但相比之下，理工科专业更加务实，从学业和未来职业的耦合性、从学业和未来职业生涯成长力的匹配度等角度看，当前的“小赢”对未来

---

① 高功能焦虑并非一种心理健康诊断，高功能焦虑人群的行为动机是受焦虑操控的，其行动上的努力往往源于对失败的恐惧，而非对成功的渴望——只有不断获得成功才能与焦虑“抗衡”。美国国家心理健康研究所（NIMH）将高功能焦虑人群的消极特征概括为：不安全感、快速思考、紧张、过度思考、失眠和取悦他人。他们追求成功的动力远胜于承认内心的挣扎和寻求帮助的意愿，虽然他们能够将焦虑转化为期望的生产力，但本质上却是与真实自我的一种“对抗”，尽管这种对抗通常压抑在沉默或掩盖在微笑背后（见：ARLIN CUNCIC. The characteristics of high functioning anxiety[EB/OL].(2021-10-26)[2022-03-01]. https://www.verywellmind.com/ what-is-high-functioning-anxiety-4140198）。

“大赢”的影响更具有确定性，这种确定性优势导致“胜出”后所带来的安全感明显提升。换言之，上述分析以赢家诅咒为机制解读了学习投入上的专业差异。

四、进一步探讨：赢家诅咒与社会结构分化

前文以大学生学习投入为切入点，分析了高功能焦虑引发的“赢者诅咒”模式与考研、考公等大学生课外学习投入水平不断内卷之间的内在联系。本节将进一步指出赢者诅咒的本质是一种“内卷式”竞争，并分析其社会影响。为此，本节将首先分析“赢者诅咒”与内卷式竞争的关系。然后，进一步解读一个维系内卷式激励的社会体系为何会产生结构分化以及暗藏哪些社会危机。

(一)“赢者诅咒”是引发“内卷”的重要动力机制

值得注意的是，赢者诅咒模式下，参与竞争的个体大多是基于“对抗恐惧”这一动物本能来实施行动的，其战胜恐惧的方式是通过努力行动来避免被淘汰。但现实的残酷在于，是否被淘汰不仅取决于自身行动，还取决于他人行动，即自身行动水平的高低没有绝对意义，只有相对高低才有意义——自己的行动努力提高的速度必须比别人快才算胜出。可见，“赢者诅咒”最终带来的社会后果是越来越多的人必须不断地在这种向内碾压的竞争中胜出，才能赢得生存机会。因此，“赢者诅咒”是教育心理观下“内卷”得以形成的重要动力机制。

“内卷”的上述心理学基础警示我们必须重新认识“内卷”的必然性。本文认为，适度的“内卷”，即保持一定强度的内部竞争，是有益社会稳定和社会福利的形成的。因为，在一个缺失激励的社会环境下，每个退出竞争的个体都有可能成为不稳定因素。此外，如果“赢者诅咒”引发的内卷过程能够维持在适度范围内，也有助于提升社会红利。值得注意的是，内卷过程本身并不会直接导致参与者和退出者之间的矛盾，因为“胜出者”在内卷过程中其自恋需求和安全感都得到了提升和满足，而“退出者”则会认为是自己能力不足而主动退出。前者不会意识到自己私人时间被剥夺，后者也不会认为自己被剥夺了某种竞争资格。二者之间并不存在直接冲突，所以，适度的内卷对社会结构分化并不会产生显著的负面效应。

虽然“适度”内卷对于社会进化存在一定积极影响，但当内卷过度时，则会产生一系列社会矛盾，甚至为社会危机埋下隐患。

(二)"过度"内卷对社会结构分化与社会危机的影响

1.社会无意识危机

过度"内卷"的第一个负面社会影响是有可能推升"社会无意识"①问题。弗罗姆的社会无意识论认为,社会为了维护其存在与发展,都有一个决定认识形式的体系或范畴,这种体系的作用就像一个社会的过滤器,不能通过这个过滤器的经验不能成为社会意识。社会过滤器主要有语言、逻辑和社会禁忌。通过社会过滤器,社会对与社会的要求不相适应的经验予以压抑,最后形成社会无意识。

就本文的研究而言,当越来越严格的筛选(胜出)条件在社会各领域被推行时,"赢者"必然会不断减少,越来越多的人将在由"赢者诅咒"构建的轮回(过度内卷)中被淘汰,"赢者诅咒"以及由此引发的过度内卷,最终将扮演社会过滤器的角色,即把那些竞争失败者的经验和意识"过滤出"社会意识的形成过程。由于被淘汰的群体会在内卷过程中不断增多,意味着社会中大多数成员的意识形成会因过度内卷而受到社会压抑,这部分人对社会的真实认知以及他们所持有的体现人性的真理将难以进入到社会意识层面,他们的行为经验将被压抑在无意识深处而无法呈现在主流社会意识形态中,从而导致社会无意识不断加剧。

最后,当"赢者诅咒"(内卷)发展到最极端时,社会超我将会无穷大,会出现拉康的所谓"集体潜意识消亡"现象。拉康的术语中,有"小他者"和"大他者"两个概念。人在成长过程中会先受到小他者的影响(如父母),随着逐渐成熟,不在场的语言象征、不断实施教化的偶像、广告等会成为"大他者"。"大他者"是社会话语体系构成中产生的象征性他者,我们的意识会受"大他者"影响甚至控制。所以,当社会超我(大他者)无穷大时,社会中的大多数注定是无意识,他们的经验和认识是无法上升到社会认识层面的,他们仅仅是"欲望"着他人的欲望。大众意识中的"做自己"可能也并非真的自己,而真正出于个体本能的潜意识出现了"集体性消亡",每个人都将各类社会超我作为自我意识,从而沦为被社会超我驾驭的工具。

2.阶层固化危机

陷入"赢者诅咒"的人,总是力争每一步都不犯错,他们对失败充满恐惧,尤

① 社会无意识是弗罗姆用语,指一个社会中最大多数成员因受社会压抑而不能意识到的那些经验。这一概念的提出是弗罗姆依据马克思的社会理论,将弗洛伊德的个人无意识的概念用于社会群体后所创造的。

其是对于一些中产阶级而言，职业生涯的每一步甚至是如履薄冰。中产阶级是被焦虑紧紧围绕的阶层，因为向上跃升异常艰难，但任何一步失败却都有可能导致跌落。他们只能每一步都“胜出”，只有通过不断的胜利、不断地规避错误才能防止跌落。换言之，中产阶级焦虑正是“赢者诅咒”在整个社会层面演化后的必然结果。但是，中产阶级的悲剧在于，他们并不知道对于富人阶层而言，不存在所谓“保守主义”下的步步为营，富人阶层大多具有更高的风险容忍度和冒险精神，这已经成为树立在中产阶层和富人阶层之间的思维鸿沟。在“赢者诅咒”中生存的中产阶级，其“步步为营、争胜避错”的人生哲学是根本不允许失败的，这注定了中产阶级在一生中很难跨越99%的失败而寻找到1%的成功。于是，对于“赢者诅咒”中经营人生的中产阶级们而言，阶层固化已经如命运枷锁般早已被“诅咒”预定，因此，阶层流动在赢者诅咒模式下将更加前景渺茫。

3.社会结构裂变

内卷不断升级的结果是产生更多的“退出者”，因此，社会结构裂变会加剧。但这种加剧在体制内和体制外会呈现出不同的强度。在体制外，内卷“参与者”与“退出者”之间的关系是胜出者和失败者的关系，完全竞争引发的替代效应导致二者不存在合作基础，于是，在生存威胁下，体制外内卷所衍生的结构冲突是巨大的。

然而，在体制内，内卷“参与者”与“退出者”之间的关系通常会向“合作”演化。逻辑在于：退出者会意识到参与者的存在一定意义上是对自身的保护。因为在一个共同的“体制内”，内卷最严重的少数往往贡献了整个体制绩效的绝大多数。尽管退出者的晋升概率下降，但参与者的存在降低了因整个部门被淘汰而导致退出者失业的概率。所以，聪明的退出者并不会与参与者形成绝对性的对抗，其对待内卷的最优解是“合作”，即避免过度地“混”。另一方面，内卷的参与者也不会与退出者发生绝对性的对抗。因为，参与者会发现，对方的最优解是“混”而不是“卷”，这会极大降低参与者过度内卷的内在动机，对他们而言，只要能与退出者保持适度的竞争差距即可。因此，参与者的最优策略是适度地“卷”。这意味着对体制内而言，内卷具有负反馈机制，因此不会在绝对意义上激化结构裂变与冲突。

4.跨生态内卷引发商业生态冲突

信息技术，尤其是移动互联的兴起，催生了大量后工业化时代的新兴商业生态体系。新商业生态体系以极强的信息资源整合能力及算法驱动能力为特征，正在对传统商业生态构成强烈冲击，甚至摧毁传统生态。这一现象的本质是内卷在跨生态领域的升级与演变。以“饿了么”为代表的订餐平台相对于传统餐饮业，以“滴滴”为代表的专车平台相对于出租车行业，以“兴盛优选”为代表的社区团购平台相对于传统的副食零售市场，都是跨生态内卷的典型代表。值得注意的是，上述案例中的平台不仅会输出生产力，还会在某些条件下输出商业模式、生产关系和价值观。例如，专车平台拥有强大的数据和算力，凭借这些优势，可以改造整个汽车生产领域的成本模式和创新模式。例如，以100万辆的订单迫使车企将利润降至每台车3000元、以定制化订单方式倒逼车企完成技术升级。换言之，它们在改造生产力的同时，也在输出商业模式和生产关系，其结果是导致传统商业生态中的优势阶层（如垄断性车企）也被迫加入内卷，新旧商业生态在内卷与信息化革命的共振下，正在完成一次分化与重构的过程。但值得警惕的是，无论是既得利益者丧失优势地位还是弱势群体赖以生存的商业生态被颠覆，商业生态的再造必然会引发一定的社会结构冲突，旧生态会尽力自我保护、阻碍结构演化，这无疑将为社会矛盾和阶级对立的加深埋下伏笔。

5.信息革命与算法迭代加速内卷中的社会文化冲突

信息技术的进步和人工智能算法的快速迭代导致“人已经成为可以被订制的商品”。大数据及机器学习算法已经能够实现对客户需求的精准预测，当需求能够被算法引导并预订后，“人类期货”已隐约实现。这意味着未来的人已经被订制，至于订制成什么样子，则受到两种合力的影响，一是来自于成瘾性算法的设计者，二是来自算法的使用者（即自己）。算法如一道深渊，当你凝视深渊时，深渊也在凝视你。成瘾性算法发展到最后，其产品走势不再是设计者所能决定的，因为每一次更新和功能改进，都是因为用户喜欢、用户希望得到，正是被算法影响的用户自己推动了算法的不断迭代。上述分析意味着，即使算法设计者（优势阶层）在内卷过程中，不去利用成瘾性算法对使用者（劣势阶层）进行“价值观”或“社会意识”锁定，使用者也会在自己定制的社会认知输出系统中实现“自我意识锁定”。而这会引发文化和认知裂变，甚至演变为社会文化冲突。“打工人”“丧文化”等文化异象正是上述裂变的表现。这也正是马克思、弗洛伊德等人提到的“社会异化”现象的当代表现。

五、破解“赢家诅咒”的本科教育改革路径探析

(一)体制维度:改进基础教育导向、推进高等教育结构性改革

兴趣式激励是强化学习行动的关键。然而,就当前基础教育而言,兴趣激励是非常欠缺的,这种侧重“能力筛选”而非“兴趣培育”的功能导向使得“分数”代替“能力”成为学生的命根、“胜出”代替“兴趣”成为学习的目的。这导致了长期以来学生的天赋及兴趣被忽视,隐藏在天性中的对兴趣的“热爱”被埋没。上述问题的存在导致我们不得不反思当前高等教育的体系结构问题。本文认为,可以构建高等教育体系中的双主导模式,即构建以国家“公办教育”为主导的“综合型”人才培育体系和以企业“定制教育”为主导的“专业型”人才培育体系,鼓励民间资本发展定制化教育并在教育部监督下起草构建各细分职业领域的定制化规范。

定制化教育的实施有利于将企业人才需求和学生兴趣培育在第一时间进行耦合,这种以专业化而非综合化的方式进行人才培养的模式有助于拓展教育市场,在激活企业社会功能的同时,也为激励兴趣培育式教育提供了探索性路径。换言之,在承认高等教育“扩招”政策对提升人力资本积累具有积极意义的同时,也应反思其历史局限性。在传统职业教育的人才培养功能因大学扩招而面临困境后,反思如何构建多元、开放的教育体系已经成为当务之急。

(二)家庭维度:构建对责任分担、对失败容忍、对决策民主的教养模式

当代中国式家庭教育的重要问题在于父母在不断教育孩子不能失败的同时,还在不断地忽视着孩子在社会责任和家庭责任上的义务,忽视着对孩子独立人格的培育。因此,本文建议在原生家庭维度,父母应围绕以下几方面反思和修正家庭教养模式。

在责任分担和独立人格培育上,父母对子女何时应该感知自我、形成独立人格往往缺乏认知。而欠缺自我认知和独立人格的孩子,很难自觉地去反思自己的人生价值,也很难对自我兴趣产生明确感知。加之父母在家庭中具有权威性,会以自身价值观为中心为子女设定某种期待,这种裹挟着父母自恋情节的“权威的期待”代替了孩子自发产生的自我期待,抑制了子女自我人格的形成。但由于父母的期待与子女自身潜意识里的真实需求通常并不一致,导致子女在遭遇风

险时常常迅速放弃，极度缺乏责任感。更重要的是，中国式父母大多欠缺对孩子责任感的培养。例如：几乎所有父母都更倾向于鼓励孩子把时间都投入学习而非投入到家庭责任，如固定时间的家务劳动，而一个长期不承担责任、长期缺失责任感的孩子是不可能真正具有“自我”意识并产生独立人格的。没有独立的人格，孩子很难分辨权利和义务，因此也难以对责任形成感知，更不可能去主动承担家庭责任及社会责任。所以，父母对此类心理教育的无意识在很大程度上抑制了子女独立人格的形成，也抑制了其对自我兴趣的探索。

在关于成败的教育上，中国式父母更倾向于教育孩子尽可能规避失败。“成功才有意义”从很早就作为固有知识被内化到子女的自我意识中，即失败是不被鼓励的。在这样的教育环境下成长起来的青年一代，必然会对失败格外恐惧。然而，任何“颠覆性”成功的背后，都伴随着无数次的失败，惧怕失败恰恰是阻碍“成功”的绊脚石。这意味着父母必须转换认知，认识到“成功”在某种程度上可以理解为“排除失败”，进而鼓励子女正确认识失败的积极意义，从而排除对失败的恐惧，减少不必要的焦虑，进而提升行动力，缓解行为失调。此外，从前文实证结果看，心理安全空间感的提升对后期学习投入具有积极影响，而心理安全空间的构建需要代际互动保持“绝对坦诚”，父母要发自内心地关心子女，而不是基于某种条件(爱的撤回)，同时，也应敢于指出(挑战)子女的问题。而良好的成败教育模式恰恰可以发挥好的“挑战”机会，让子女既认识到自身不足，又感受到父母的关爱，从而强化心理安全空间，这将为子女今后克服挫折及学习挑战提供更多强的心理韧性。

在自主决策上，前文实证结果表明信息(错失)焦虑会抑制学习投入，信息焦虑本质上是归属感缺失的产物，而后者往往意味着家庭代际互动中父母对子女的教养模式以心理控制为主，而非心理自主。由于这种焦虑会抑制学习投入，而抑制效应与长期以来子女缺乏自主决策意识有关，所以，父母在教育子女时，应有意识地反思和减少心理控制，更多地去采用心理自主式的亲子互动关系，这对激发子女后期心理韧性的形成以及自主决策、自主学习能力的养成均具有重要意义。

(三)学生维度：强化自我感知、提升独立人格

由于从小学到高中，学生都是那个“被要求”“被引导”的主体，所以，学生在自我意识的确立和独立人格的形成上并未受到充分的锻炼。独立人格的缺位最终导致学生到大学阶段也依然害怕为自己负责，一旦遇到重大决策便自我关闭，

遇到挫折后不仅缺少自我反思过程,还会倾向于将问题归咎于他人或外部环境。在面对风险时,回避、推迟及投射等行为表现的背后都是心理上的焦虑和迷茫,这些负面动机会减少学习投入,引发失调。

从学生维度重构平衡的一个关键在于打开自我、积极地参与到与他人和社会的互动中去,而不是将自己封闭在一个独立系统中。通过参与各类社会实践与社交活动来帮助自己感知并学会处置各类风险或不确定性,并在反复的训练中树立责任意识、自我意识,从而实现独立人格的养成。当前,大学生对独立人格普遍缺乏认知和期待,一部分学生仍在延续高中的思维模式——习惯于接受来自外部权威的指导,尽可能地回避或推迟由自己对人生重要事项做出决策。例如,以“从众式”心态参加考研等。很多学生依然抱着不愿长大的态度,些许挫折便陷入焦虑,不知如何面对和管理风险……所以,要打开自我、积极地参与社会互动,进而提升对不确定性的免疫能力和风险管理的自信度。

从学生维度重构平衡的另一关键在于使学生学会摆脱各类电子产品引发的信息焦虑,将更多时间用于接收来自“真实世界”的沟通。独立人格往往产生于参与社会关系的过程。参与不同的关系会形成不同的自我认知,因为人的自我意识是在处理各种社会关系中被觉知的。所以,修正失调的一个重要方向在于,大学生应该提升自身在真实世界中的社交能力和自身在不确定环境下的风险处置能力,并在这一过程中不断强化责任意识、提高自我感知,最终形成更加独立且完善的人格。

(四)教师维度:调整角色认知、改革授课模式

调整角色认知。大学教育本应以“兴趣培育”为核心,但师生比的扭曲、激励机制的缺位、职称晋升的脱节等都制约了教师在“个性化育人”方面的能力发挥。当前体制下,对一个优秀大学教师的衡量标准演变为是否开设了金课、是否有好的科研、是否荣誉加身……对兴趣的关注和培育是改造中国未来教育的希望,而培育学术兴趣的终极目的,是要实现学生从“知识的接收者”向“知识创造者”身份的过渡,但是,当前很多大学教师都忽视了学生的这一历史责任。所以,要在大学教师中树立起学生是知识创造者的角色意识。

改革教学模式。大学课堂上的一个普遍问题是课堂提问极其匮乏。但是,鲜有教师真正去反思并对其教学过程进行改进。如果学生连问题都问不出来,那么他又怎么可能成为这一领域中新的知识的创造者呢?改变这一问题的关键在于将课堂教学的模式从偏重于“从上向下”的权威导向式,调整为“从下向上”

的问题导向式。从上向下式的灌输式教学的一个重要弊端就是学生不会提问，只有建立"从下向上"的互动式、问题导向式教学，才有希望改变这一困境。

（五）学校维度：重建教师幸福感、改革教学激励与人才晋升机制

提高教师幸福感、荣誉感以及职业归属感。课堂是教师影响学生的关键场所，如果教师可以传递出对专业知识和学术研究的浓厚兴趣，并传递出研究所带来的幸福感，那么，这一过程很可能对学生的科研积极性产生正向影响，甚至提升其对科研幸福感的期待，这将激励其学习投入度的提升，进而化解失调。对于教师而言，在教学过程中形成幸福感并且维持幸福感是其在职业修炼生涯中的一项重要精神体验，但激发和保护教师的幸福感则是学校教学质量管理与师资队伍建设的关键任务。然而，遗憾的是教师的积极性与幸福感并未在学校管理层面得到充分保护。相反，很多与幸福感相反的心理体验却越来越凸显。例如，在当前中国大学行政工作与教学工作的序列排位中，管理者通常会将"管理优先"的价值观通过直接或间接形式向教师传达[①]，最终导致管理事务会优先于教学和科研活动。这些消极体验的根本原因在于，教师离教书育人的天职越来越远，其原因恰恰是接二连三的监督检查，隔三岔五的督导评估，挥之又来的评奖评优，枯燥无味的业务培训，名目繁多的素质拓展。上述分析的启示在于：管理部门应反思当前教育系统中空前重视的教育评价机制改革问题，改革不应该强调评价的指挥棒作用，而是应该强调评价的激励作用。这意味着未来教育评价机制改革的方向应该是减少重复评价、淡化评价的督促管理功能，因为过多的、不当的评价，不利于教师幸福感的增加，从而降低幸福感传递对学生兴趣的激励作用。

重构教学育人领域的激励机制。很多教师在对学生的教育上，表现出了一种"佛系"的心态，这种佛系心态的形成，大多受到科研内卷压力的影响。当科研内卷程度不断提高时，教师的教学投入度会被更大程度地挤出。就改革对策而言，第一，大力表彰和奖励那些在教学创新、教学改革方面做出贡献的教师；第二，赋予授课教师更大的课堂灵活度与考核灵活度，立足教师科研优势来灵活搭建课程体系，做到"研一教一学"三位一体、有机融合；第三，在职称考评上增加灵活性，尝试探索双序列人才构建模式，通过设立教学型教授和科研型教授两种人

① FINKELSTEIN S. Why smart executives fail: four case histories of how people learn the wrong lessons from history[J]. Business history, 2006, 48(2): 153-170.

才模式，来激励更多的教师通过强化教学质量，优化教学水平达到自我实现。

在学科专业调整上给予更多的灵活度。应考虑结合新技术、新趋势提供更加适应社会需求的课程及专业，从而填补学生兴趣与社会需求之间的空缺。同时，充分利用教育部金课建设和精品课建设资源，从制度设计上优化学生时间管理，使学生能够将更多的精力集中于质量更高的精品课上。以“重专业、重精品”的方式帮助学生优化时间管理、化解任务压力，从而减少焦虑、提高学习投入。

(六)社会维度：构建适度包容的社会文化氛围、强化互联网企业伦理约束

独立人格是调节失衡的关键，但独立的人格形成受到了多种社会因素的冲击。

过度多元化的社会价值观。当代社会价值观日趋多元化，部分大学生甚至以“只想一夜暴富、然后虚度人生”为理想。价值观的多元化以及由此引发的社会浮躁导致各种偏激的行为不仅不会受到批判，反而成为一种独特的价值观而被宣扬。于是，各种价值观之间的极大反差不断扭曲和压抑着当代大学生的价值判断及其独立人格的形成。因为，当身处一个更为多元的价值观体系中时，无论个体怎样选择，都会有支持者。当外部社会对各类偏激性行为都能给予极大程度的包容时，思考人生意义和生命价值所具有的精神内涵便不再重要，“混日子”变得不再丢人。可见，在过度多元化的价值观体系下，更容易引发“行为没有目的、自制力较差且没有自知力”等人格障碍，从而抑制独立人格的形成。一个学生曾不断追问：我现在的决策究竟应该忠于自己、忠于时间，还是忠于时代？这种对价值归属的灵魂追问，无疑极大程度地降低了学生的自我认知能力，阻碍了其独立人格的形成。

人工智能和算法驱动导致社会结构分化和自我真实人格的消亡。移动互联的迅猛发展使得信息传递方式从原来的主动式信息搜索，变成了被动式信息投喂。在人工智能与算法迭代的驱动下，一些“成瘾性”应用逐渐成为算法操控者利用信息和技术优势不断输出社会偏见、加剧社会结构分化的媒介。其结果是那些在阶级分化过程中下沉的阶层由于资源日渐匮乏而面临更多的心理压力。这种心理压力会导致人格扭曲，从而阻碍正常的认知和行动，加剧认知失调。例如，网购成瘾就是上述心理扭曲的一个表现。此时，心理压力会导致个体异化出一种特殊的“控制欲”(如网购、游戏)。因为，从心理需求上看，他们会产生“尽管我无法掌控外部世界，但我仍旧有能力掌控一些事情”的情绪倾向，于是，通过购物和娱乐来满足自身控制欲便成为发泄情绪的出口。然而，控制欲转移的背后，

是对潜意识中自卑的对抗，因为个体必须通过不断重复地获取掌控力来重获自信。对掌控力的过度追求不仅不是个体自我意识觉醒的表现，还会损害个体的自我认知，并导致个体独立人格的消亡。因为，掩盖自卑的过程会伴随表演型人格的产生，即在真实人格前面又增加了一层面具，从而使个体离真实的自我越来越远，真实的人格反而在这一过程中逐渐消亡。

综上可见，应提倡构建"适度"包容的社会文化氛围，不应"过度"激励社会价值观的多元化，而应全面理解价值观"过度"包容对社会意识形态冲突造成的负面影响。同时，也应强化对互联网企业在商业伦理与社会道德方面的约束，对信息垄断进行合理管制。此外，还要密切关注"成瘾性"算法对价值观的输出以及由此引发的社会结构分化问题。这些问题的累积对社会结构分化的影响会导致独立人格的形成在更大程度上受到冲击，抑制个体在动机与行为上的一致性，从而进一步降低其修正"失调"的能力。

六、结　语

现有研究通常认为高动机会导致高投入。但基于 2017—2019 年度在 29 所院校、60 个经管类专业中收集的共计 10.83 万分调研问卷表明：即使学生对课程和教师的认可度不断提升，即外部条件有利于提升学习积极性，但学生的真实学习投入水平却依然呈现出明显且持续下行趋势[①]。这与现实中普遍存在的课堂"低头族"现象基本吻合。基于此，本文从心理观视角揭示了课堂行为偏移背后的动因、后果与改革路径。文章主要研究过程及结论如下。

首先，从"心理观"视角反思了那些学习态度积极但存在明显课堂行为偏移（课堂投入度较低）的学习者及其心理动因，揭示出兴趣式激励和目标式激励的失灵是导致偏移的首要原因。同时，当今社会对大学教育的定位偏差——大学教育被赋予了"改变命运"的使命并演变为"阶层跃升"工具，导致生存式激励出现严重扭曲并催生了高功能焦虑，而学习者对抗焦虑的方式是尽可能保证在每次竞争中"胜出"，从而争取最终的"胜利"，而到达谬误的存在导致每次胜利仿佛都是对赢家的"诅咒"，而赢家诅咒又会反过来进一步激化高功能焦虑。

① 数据来源：中国高等教育学会财经分会"学情研究与教学发展协作组"发起的一个针对本科三年级学生"学情情况"问卷。该调研问卷截至目前，已持续了四年（2017—2020 年）。问卷覆盖的经管类专业被调研人数为 12.70 万人，收获有效问卷共 10.83 万份。

其次,从理论和实证两个层面分析并检验了大学生课堂注意力偏移的诱因——兴趣式激励失灵、信息焦虑及心理安全空间的匮乏,进而揭示出单纯"为大学生增负"无益于兴趣的激发,相反只会加剧信息焦虑,并使个体心理安全空间更脆弱。所以,单纯的"增负"不仅不会改善课堂学习投入水平,反而会强化高功能焦虑,进而加剧赢家诅咒下的"强者内卷",而非帮助"弱者自强"。上述研究对如何正确树立本科教育改革导向、如何合理激励大学学习投入具有理论和实证参考价值。

再次,文章将赢家诅咒这一行为逻辑扩展至社会范畴,反思了赢家诅咒得以成型的家庭性与社会性成因。并在此基础上进一步探讨了赢家诅咒如何加剧社会无意识危机、引发阶层固化、加速社会结构裂变等,即对赢家诅咒的社会成因及其引发的社会后果进行探讨,并由此强调了通过教育改革破除赢家诅咒在推动未来社会文明与历史进步方面的借鉴意义。

最后,文章从打造高等教育双元化人才培养体系、重建教师幸福感等体制机制维度,从构建对失败容忍、对责任分担、对决策民主的家庭环境维度,从改革教师教学模式与强化学生自我意识的师生关系维度等多个方面,阐述了化解高功能焦虑的本科教育改革路径。

文章潜在贡献:(1)基于心理观视角反思和诠释了现行教育体制中的大学生课堂学习投入不足背后的理论机理,为从心理学视角解读课堂行为偏移提供了研究参考;(2)赢家诅咒概念的提出及其社会后果分析为解释当前阶层固化、社会结构分化及社会无意识现象提供了新的逻辑视角,也从社会学视角拓展了教育学研究的时代内涵;(3)有关改革路径的探讨相对具体,并具有较强的可操作性,因此对教育管理部门本科教育改革战略的制订也有一定的借鉴价值。

Psychological Inducement and Reform Path of College Students' Learning Input Offset

Yu Bo
(School of Finance, Tianjin University of Finance and Economics, Tianjin 300222, China)

Abstract: This paper studies the psychological causes and consequences behind the phenomenon of "the high motivated learner with low learning input", and then reflects on the path of undergraduate education reform. The results show that: Firstly, the mismatch between learners' personal interests, personalized goals and learning content leads to the deviation between learners' learning input and their interests/goals. Secondly, the empirical test confirmed that the disappearance of interest incentive and arrival incentive lead to College Students' information anxiety and psychological security space declining, which had significant positive impacts on learning burnout. Thirdly, The increasing competition in social employment leads to the fact that college education is increasingly given the mission of "class leap". Under the tough involution, competitors must win in each competition to ensure that they will not be eliminated, which leads to the fact "The more victory, the more anxiety". The involution under the pressure of high functional anxiety leads college student to the increasing after-school learning inputs, which contrasts to the deviation of in-classroom low input. Therefore, we should carefully implement the reform of "increasing the burden" for college students. Fourthly, winner curse will not only cause high functional anxiety, but also cause class solidification, social structure differentiation and social unconsciousness. Finally. based on the psychological perspective, this paper puts forward the strategies of undergraduate education reform from six dimensions to resolve the winner curse and improve the offset of learning inputs.

Key words: learning engagement; radical candor; high function anxiety; winner curse; educational system reform

教育客体维度下大学生学习投入影响因素研究*

门志国**
(哈尔滨工程大学 数学科学学院,黑龙江 哈尔滨 150001)

摘 要: 大学生学习投入程度是人才培养质量的重要制约因素,是我国建设“双一流”高校的重要基础。在前期研究基础上,对三所国家“双一流”建设高校理工类专业大学生进行实证分析,表明职业发展规划、自律意识、网络价值取向与学习投入显著正相关,进而阐释克服消极归因的面临的现实困境,提出点亮学习投入目标导航灯、清除学习投入自律障碍、扶正学习投入网络价值取向的提升策略,服务于立德树人这一根本任务。

关键词: 教育客体;学习投入;影响因素;提升策略

一、问题的提出

大学生学习投入程度对高校人才培养质量的提升至关重要,保持持续积极良好的学习状态一定程度上反映了学生思想状态、价值追求。从教育客体维度来看,学习投入是大学生一种复杂的多维心理结构,在学生行为投入的背后存在着心理投入,这是决定学生学习状态的关键因素。习近平总书记指出“做好高校思想政治工作,要因事而化、因时而进、因势而新”①,要求高校必须坚持以学生为中心、以促进学生发展为旨向、以学生成才为目的,促进学生德智体美劳全面发

* 基金项目:黑龙江高等教育教学改革项目“新工科背景下人工智能领域学生创新创业能力培养与实践研究”(编号:SJGY20190130)。

** 作者简介:门志国(1978—),男,吉林省吉林市人,哈尔滨工程大学数学科学学院副教授,硕士生导师,研究方向为教育教学管理、思想政治教育和党的建设。

① 魏强,周琳.因事而化、因时而进、因势而新:做好高校学生思想政治工作的新要求[J].思想政治工作研究,2017(3):26-28.

展。客观分析审视制约学习投入程度的大学生个体心理和意志影响因素，找准影响学生学习投入效果的病灶，凝聚共识汇聚力量，提出推进学生学习投入的提升策略，对培育社会主义核心价值观、培养可堪民族复兴大任的时代新人具有重要意义。

依据学生发展理论和学生投入理论①，结合大学生个体心理和意志的主要表征，有效确定学业职业发展目标、合理利用时间、增强自我约束能力，是学习成绩提升和影响学生发展的重要因素。因此本文关注教育客体维度下大学生学习投入程度与职业发展规划、自律意识、网络利用能力等因素之间的关系，分析大学生学习投入面临的现实困境，提出策略建议。

二、文献综述

学习投入研究近年来受到了国内外教育界的重点关注②。学习投入概念最早来自于美国印第安纳大学调查中 student engagement 的中文翻译，乔治·库恩教授将其定义为"学生用于自身学习和教育活动中的时间与精力"③。目前对学习投入的理解仍在持续变化、内涵仍在不断丰富、研究仍在深入探索。从国内外学者研究的情况看，学习投入多指学习个体在学习过程中所表现出来的投入状态、收获成效、心理韧性等，其外延已经延伸到隐蔽的结构性因素。

(一)国外大学生学习投入影响因素研究进展

通过 Web of Science 数据库核心集搜集 2011 年以来的文献，检索时间为 2021 年 10 月。在该数据中心以"College 和 student engagement、student involvement"为检索主题词的文献有 6717 篇，数量呈现出逐年递增的趋势，2020 年达到了最高的 1013 篇，特别是美国学者对此课题研究成果遥遥领先于其他国家学者，达到了 4139 篇，占总发文量的 61.62%。亚历山大·阿斯汀的学习参与

① 李琳琳.本科生课外学习时间投入特征与影响因素研究[J].中国高教研究，2020(6)：20-31.

② KUH G D.What we're learning about student engagement from NSSE：benchmarks for effective educational practices [J]. Change：the Magazine of Higher Learning，2003，35(2)：24-32.

③ CARINI R，KUH G D，KLEIN S.Student engagement and student learning：testing the linkages [J]. Research in higher education，2006，47(1)：1-32.

度理论被学者们公认为是开展学习投入研究的开端①,乔治·库开发出了全美大学生学习投入调查问卷,开启了量化研究的热潮。总体来看大学生学习投入研究主要聚焦在三个方面:一是聚焦学生个体和环境层面对学习投入程度所产生的影响;二是聚焦在学习投入程度对学业发展所产生的影响;三是聚焦在不同文化背景对学习投入所产生的影响,等等②③④。学界普遍认为,大学生学习投入越多,学习收获越大,学生背景、学习信念、学校特征、学科特征、校园环境等对学习投入程度产生了重要影响。⑤

(二)国内大学生学习投入影响因素研究进展

通过中国知网(CNKI)数据库搜集 2011 年以来的文献,检索时间为 2021 年 10 月。在该数据库中以大学生学习投入为检索主题词的文献有 992 篇,2016 年以后我国学者对大学生学习投入的研究成果逐年增多,特别是 2020 年相关研究文献达到了最高的 172 篇,其中在 CSSCI 期刊和北大核心期刊发表的论文 164 篇,年度发表论文数量最多为 2020 年的 29 篇。从文献搜索结果来看,近年来特别是新冠肺炎疫情暴发以来,大学生学习投入成为我国高等教育研究领域的热点话题⑥⑦。总体来看我国对大学生学习投入的研究主要聚焦在三个方面:一是聚焦在学习投入程度对大学生发展的影响研究;二是聚焦在数据调查基础上开

---

① AXELSO R, FLICK A.Defining student engagement [J].Change: the magazine of higher learning,2010,43(1): 38-43.

② WILSON D, JONES D, et al. Belonging and academic engagement among undergraduate STEM students: a multi-institutional study [J].Research in higher education, 2015,56(7):750-776.

③ KUH G D.Assessing what really matters to student learning inside the national survey of student engagement [J].Change: the magazine of higher learning,2001,33(3): 10-17.

④ WOLF-WENDEL L, WARD K, KINZIE J. A tangled web of terms: the overlap and unique contribution of involvement, engagement, and integration to understanding college student success [J].Journal of college student development,2009,50(4): 407-428.

⑤ SHOHEL MMC, CANN R, ATHERTON S. Enhancing student engagement using a blended learning approach: case studies of first-year undergraduate students[J].International Journal of Mobile and Blanded Learning,2020,12(4):51-68.

⑥ 魏署光,杜鑫,陈敏.研究型大学本科生就读经验及学习效果差异的类型学分析:以 H 大学为例[J].中国高教研究,2020(1):49-56.

⑦ 饶爱京,万昆.在线学习准备度对大学生在线学习投入度的影响[J].教育科学,2020(2):31-38.

展大学生学习投入影响研究;三是聚焦在疫情期间线上教学对大学生学习投入程度影响研究,等等[①②③]。我国学界普遍认为提高大学生学习投入度已成为高校提升学生学业发展水平、增强高等教育质量的重要手段,大学生学习投入度的增加有利于培养终身学习的习惯、形成良好的学习方法、提升规划学习工作的能力[④]。

从国内外研究情况来看,大学生学习投入研究呈现以下几方面的特征:第一,量化研究是学习投入度研究的主要手段,但质性研究方法与量化研究方法相互结合,成为研究大学生学习投入的新手段[⑤⑥]。第二,分析大学生外显的学习行为是学习投入度研究的主要内容,而从家庭背景、社会环境、课程教学、信息技术、学科差异等外部环境对大学生学习投入影响的研究较多。第三,问卷调查、数据库文献、案例、研究者与被研究者直接互动是学习投入度研究资料获取的主要手段[⑦]。第四,大学生线上学习投入度研究在疫情期间成为研究的新热点。

大学生学业成就主要依靠学习投入程度的提升,科学地揭示学习投入影响因素、找准问题症结,积极探寻策略,能在帮助大学生高质量地完成学业的同时,助力学校提高教育教学质量。通过对近十年来国内外大学生学习投入研究情况的梳理得出,研究影响学习投入主体的外部环境因素的多,研究影响学习投入主体的内在因素的少。因此,本文在教育客体维度下开展大学生学习投入研究,以期为我国高校提高教育质量提供参考和借鉴。

---

① 樊响.大学生学习投入影响因素研究:基于 Nvivo11 的质性分析[J].教学研究,2021,44(3):12-18.

② 张屹,郝琪,陈蓓蕾,等.智慧教室环境下大学生课堂学习投入度及影响因素研究:以"教育技术学研究方法课"为例[J].中国电化教育,2019(1):106-115.

③ 马蓉,王牧华.学生学习投入研究的进展与启示[J].中国大学教学,2020(6):76-81.

④ 李琳璐.解密高等教育的"黑箱":学习性投入理论视角下大学生发展之路[J].黑龙江高教研究,2021(5):1-6.

⑤ 王文.中国大学生学习投入的内涵变化和测量改进:来自"中国大学生学习与发展追踪调查"(CCSS)的探索[J].中国高教研究,2018(12):39-45.

⑥ 陈秀兰,陈曦,刘远芳,等.基于 NSSE-China 调查的高校学生学习投入研究综述[J].大学教育,2019(3):9-14.

⑦ 龙琪,倪娟.促进大学生学习投入的关键因素研究[J].教育学报,2020,16(6):117-127.

三、研究设计与数据分析

(一)问卷设计

本研究的研究对象为三所国家“双一流”建设高校理工类专业大学生,抽样方法为随机抽样,同时考虑专业、年级、性别、成绩等类别的影响因素。问卷设计依据学生发展理论和学生投入理论,将学生作为研究的主体,认为大学生是教育中的主动参与者,只有大学生对教育活动积极投入时间和精力,学习成绩才能符合发展预期。结合院校实际,根据学生座谈情况、征询专家意见,修订了问卷设计内容,而后通过选取50名学生对问卷设计的有效性进行验证,初步验证问卷内容设计可行性。问卷从内在动机——职业生涯规划、自我控制力——自律意识、环境适应力——网络利用能力等三个维度入手,研究大学生学习投入影响因素,具体详见表1。

表1 问卷测量条目

项目	条目
内在动机——职业生涯规划	01:是否经常受到职业规划教育
	02:是否有明确的职业发展规划
	03:是否能将职业发展和所学专业紧密结合
	04:是否能根据现实变化调整职业发展目标
	05:是否能很好地执行确定的职业发展规划
自我控制力——自律意识	01:是否能够合理安排时间
	02:是否有正常的生活规律
	03:是否有理性的消费观
	04:是否能够认真对待课程学习
	05:是否有良好道德观念并严格执行
环境适应力——网络利用能力	01:是否能有效利用网络辅助课堂学习
	02:是否存在“手机不离手,眼睛不离屏”的情况
	03:是否能抵御网络负面信息
	04:是否能够不沉迷于网络游戏

(二)样本基本分析

本次调查对象涉及三所院校测控技术与仪器、电气工程及其自动化、电子信息工程、机器人工程、计算机科学与技术、控制科学与工程、数学与应用数学、信息与通信工程、仪器科学与技术、自动化等25个理工科专业各年级学生,共收到问卷1600份,其中有效问卷1573份,无效问卷27份,问卷有效率为98.31%,数据来源广泛,具有一定的代表性。

在1573份有效问卷的填写对象中,男生占比71.60%,女生占比为28.40%,基本符合三所高校理工科专业男女比例7∶3的实际情况。样本中成绩在85～100分、70～85分、70分以下的学生所占比例分别为19.40%、51.70%、28.90%,基本符合学习成绩整体上的正态分布情况,具体情况详见表2。

表2　样本基本情况

类别		问卷数量	占比
性别	男	1126	71.60%
	女	447	28.40%
年级	大一	486	30.90%
	大二	609	38.70%
	大三	267	17.00%
	大四	211	13.40%
学习成绩情况	85～100分	305	19.40%
	70～85分	813	51.70%
	70分以下	455	28.90%
专业大类	工学	1101	70.00%
	理学	472	30.00%

学生成绩数据统计分析结果见表3和图1。由表3可知,在调查样本中学生成绩的最低分为40分、最高分为100分、平均分为75.77分,表明学生的整体成绩较好。学生成绩的方差和标准偏差分别为231.399和15.212,这说明数据集的离散程度较大,学生的成绩分布较为广泛,在接下来的统计分析中能充分地反映各个成绩段的学生情况,具有代表意义。由图1可知,调查样本中学生成绩的中位数在76分左右,反映了学生成绩的平均水平;学生成绩的上四分位数在87分左右,下分位数在66分左右,因此箱子的整体宽度较大,与标准方差数值所反映的情况相契合;同时在我们得出的箱线图中并不存在多余的点,即不存在异常值,说明学生的成绩具有统计学意义。

表 3　学生成绩数据基本情况

	学生个数	最小值	最大值	平均值	标准偏差	方差
学生成绩	1573	40	100	75.77	15.212	231.399

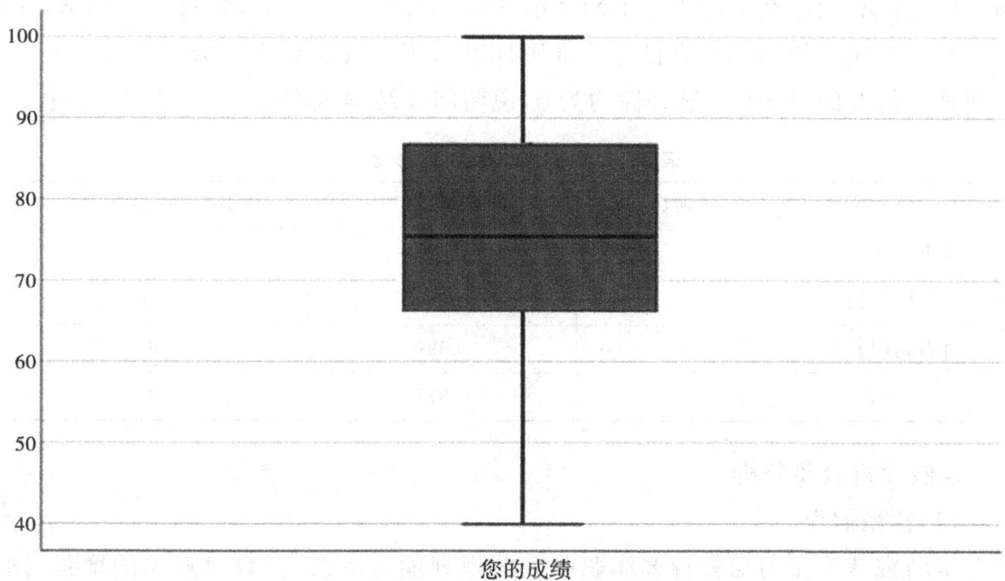

图 1　学生成绩等级箱线图

(三)数据分析

1.信度分析

本研究采用克朗巴哈系数(Cronbach's α)来检验调查问卷的信度,利用 SPSS25.0 进行信度检验,结果见表 4。检验结果显示,职业生涯规划、自律意识、网络利用能力的信度系数 α 值分别为 0.663、0.710、和 0.683,总量表的信度系数 α 值为 0.706,效度系数 α 值均介于 0.6 至 0.8 之间且均在 0.6 以上,被认为可信度很高。

表 4　信度检验结果

	项数	克朗巴哈系数	标准化克朗巴哈系数
职业生涯规划	5	0.661	0.663
自律意识	5	0.706	0.710
网络利用能力	4	0.680	0.683
总量表	14	0.709	0.706

2.效度检验

本研究效度检验采用 Bartlett 球形检验方法，测量量表包括职业生涯规划、自律意识、网络利用能力三个维度，效度检验结果见表 5。表 5 显示，职业生涯规划、自律意识、网络利用能力的 KMO 值均在 0.599～0.767 之间，总量表的 KMO 值为 0.877，说明该问卷具有良好的准则标准。用于检验数据的分布以及各个变量间独立情况的 Bartlett 显著性均为 0，说明问卷结构效度高，适合做因子分析。

表 5　KMO 和 Bartlett 球形检验

	项数	KMO 值	Bartlett 显著性
职业生涯规划	5	0.631	0.000
自律意识	5	0.767	0.000
网络利用能力	4	0.599	0.000
总量表	14	0.877	0.000

3.假设检验及分析

(1)模型假设

本研究认为作为受教育客体职业生涯规划能力的改善、自律意识的增强、网络利用能力的提升，可能直接或间接地促进学生学习态度和学习时间投入的改善，从而直接影响学习效果和学习成绩的提升。基于实践可能性分析，本研究提出影响学生学习投入度的以下假设。

表 6　学习投入度影响因素假设模型

假设一	职业生涯规划与学生学习投入度正相关
假设二	自律意识与学生学习投入度正相关
假设三	网络利用能力与学生学习投入度正相关

(2)相关性分析

本研究采用层次回归来分析三个假设模型变异量之间的显著性。回归显著性检验概率 P 值＜0.05，代表着可信，其值越小表明可信度越高；标准化回归系数 Beta 值＞0 代表着正相关性，其值越大表明自变量与因变量学业投入度正相关性越强。表 7 显示出：(1)控制变量职业生涯规划对学生学业投入度的标准化回归系数 Beta＝0.105＞0，说明职业生涯规划与学生学业投入度是正相关的，回归显著性检验概率 P＝0.003＜0.05，这表明职业生涯规划在 95％的置信水平下与学生学业投入度正相关;(2)控制变量自律意识对学生学业投入度的标准化回归系数 Beta=0.150>0,说明自律意识与学生学业投入度是正相关的,回归显著性检验概率 P=0.000<0.05,这表明自律意识在 95%的置信水平下与学生学业投入度正相关;(3)网络利用能力对学生学业投入度的标准化回归系数 Beta=0.109>0,说明网络利用能力与学生学业投入度是正相关的,回归显著性检验概率 P=0.000<0.05,这表明网络利用能力在 95%的置信水平下与学生学业投入度正相关。

表 7　基于层次回归分析的研究假设验证

变量	学习投入度						结论
	模型 1		模型 2		模型 3		相关
	Beta	T(P)	Beta	T(P)	Beta	T(P)	
职业生涯规划	0.181	7.282 (0.000)	0.134	4.910 (0.000)	0.105	3.748 (0.003)	支持
自律意识			0.110	4.052 (0.000)	0.150	5.220 (0.000)	支持
网络利用能力					0.109	4.152 (0.000)	支持

从表 7 模型 3 可以得出如下结论,控制变量自律意识标准化回归系数 Beta 值为 0.150,在三个控制变量中最高,表明自律意识对于学生学业投入度的相关性最强,意味着对学生学业投入度影响也最大;回归系数检验结果 T 值越大则显著性 P 值越小,控制变量自律意识 T 值在三个控制变量中最高,表明自律意识对学生学习投入度的影响最为可信。综上所述,职业生涯规划、自律意识、网络利用能力对学生学习投入度的影响可信度高、相关性强,特别是自律意识、自律能力是制约学生学习投入的最重要因素。

四、困境分析

习近平总书记指出,大学生要善于明辨是非,善于决断选择。根据问卷调查研究结果可以看出,大学生学习投入面临着职业生涯规划意识缺失、自律意识能力偏弱、过度依赖网络使用等方面现实困境,分析归因、找准症结、开好药方,方能提升大学生学习投入效果。

(一)职业生涯规划教育面临的现实困境

职业生涯规划教育是促进新时代大学生确立职业发展目标的重要手段,对解决大学生职业规划意识缺失、自身能力认知模糊、发展目标定位虚化等具有重要意义。没有远大职业发展目标的牵引就会失去奋斗的强大动力,会严重制约大学生对学习的投入①。当前职业生涯规划教育面临的困境主要包括三个方面。一是信息大爆炸严重干扰着大学生职业发展目标的确定。大学生正处于世界观、人生观、价值观形成的关键时期,具有认知不稳定、心理不稳定、价值判断不稳定的特性,极易受到社会上、媒体上、家庭里、朋辈间各种大量复杂信息的冲击,对自身未来发展方向、职业观念摇摆不定、困惑彷徨,进而内心空虚无助、混沌度日。二是部分大学生所学专业、就业方向与兴趣相悖影响着职业生涯规划。这类大学生对大学专业认知匮乏、被动填报志愿、排斥调剂专业,进入大学变得茫然不知所措,注意力和精力多用在被动应付考试、生活娱乐消遣上,厌学弃学、发展动力不足。即使是所学的专业与兴趣相投,在择业过程中也存在着过分关注个人发展志趣,而忽视了自身社会责任、国家发展需要的就业领域,严重影响着自主确定、调整职业发展规划能力。三是大学职业生涯规划教育体系不完备②。很多高校虽开设了职业生涯规划课程,但存在着重理论知识轻实践体验、专职教师少且缺乏实战经验、课程学时少讲座形式多等问题,造成课程教学模式单一、教师能力胜任度低、学生学习热情低、社会实践互动环节少、解决学生困惑能力弱等现象,使职业生涯规划教育体系不完备、流于形式,没有发挥出高校职业生涯规划教育应该发挥的效用。

(二)自律意识与自律能力培育面临的现实困境

自律意识与自律能力是大学生成为新时代合格的建设者和可靠接班人的重要影响因素③,是高校思想政治教育工作的重要目标和学风建设的重要任务。当前自律意识与自律能力培育面临的现实困境主要包括三方面。一是传统应试教

---

① 郑浩.大学生理想信念与学习动力协同促进机制研究[J].当代教育实践与教学研究,2019(9):90-91.

② 李颖,高春娣.基于生涯发展理论的大学新生教育对策研究[J].黑龙江高教研究,2017(6):147-149.

③ 张中科,成红坤.基于专业认同的大学生自主学习改进策略研究[J].教育现代化,2017(19):84-85.

育忽视了素质教育培养、自律能力培育。在大学前教育唯分数论、唯升学率的强力目标导向下，重分数的规范教育和轻素质的实践教育，造成了学生集体观念淡薄、社会公德意识薄弱、功利主义色彩浓厚，学习生活严重依赖他律而主体的自律意识与自律能力偏差，定式化、习惯化的安排让学生无法做到校内与校外、有人监督与无人监督的一致性，逐渐丧失了自我主体意识的独立性、创造性和自律性[①]。二是大学学分制教学模式为依赖他律学生带来挑战。大学改变了原有的封闭式管理、循规蹈矩式学习生活、家庭学校社会高度聚焦于成绩的状态，取而代之的是完全学分制模式下“自我管理、自我教育、自我提高、自我监督”的学习生活环境，造成自律能力差的学生无法快速适应大学学习生活，导致其在自主学习、道德诚信、遵守校纪校规等方面问题时有发生，为培育自律意识与自律能力带来了挑战。三是缺乏大学生自律意识与自律能力有效提升模式。大学教学工作与学生思想政治工作缺乏有效衔接，思政课程和课程思政并未深入融合同向而行，无法形成思政协同育人模式；学生工作重校纪校规规范和问题管理的被动教育，忽视思想工作主动的疏导教育，重他律轻自律现象仍然存在，引领学生思想、价值塑造能力明显不足；很多高校德育课程浮于学习内容的形式，轻视或者放纵了对道德内容内化成学生道德品质、自律行为的要求，降低了德育课程的效果，无法有效提升大学生自律意识和自律能力。

(三)合理利用网络教育面临的现实困境

提升大学生网络素养是高校立德树人工作的重要任务，在网络与大学生学习生活密不可分的今天，能够正确合理地对待、使用网络对大学生学习投入影响非常深刻。目前合理使用网络面临的现实困境主要包括四个方面。一是匿名化网络满足学生随意表达观点的需要。借助网络技术的赋权，大学生可以在网络虚拟世界中表达或者组织表达自己的观点，而不必为观点正确与否、是否经过核实和所造成的社会影响负责。他们渴望将自身想法外在化，把虚拟的网络世界当成情绪宣泄的重要渠道，表达现实生活中难以表达的诉求和实现自我满足的需求，因而将更多时间分配到畅游网络虚拟世界表达自我[②]。二是网络资源丰富基本满足学生学习生活情感的需要。大学生成长环境与过程决定了其对网络依

---

① 兰桂萍.试论生命教育视野下的大学生自由缺失[J].探索，2014(2)：131-134.

② 李洁.基于管理育人视角的大学生自律能力培养的研究与探讨[J]中国林业教育，2019(7)：34-39.

赖的必然性。网络上学习资料、生活消费、游戏娱乐、新闻热点、交际软件等资源非常丰富，为大学生学习生活提供了便捷的同时，因其价值观未定型容易导致大学生是非判断能力弱化、从众心理严重，造成他们沉迷于网络而不能自拔，以寻求精神上的安慰以及心理上的慰藉，严重影响了大学生个人成长。三是校园文化缺乏特色和吸引力难以满足学生的精神需求。缺乏特色与内涵的校园文化难以使学生产生强烈的归属感和荣誉感，缺乏大众化的文化活动载体难以形成学生参与校园文化建设的共振和共鸣，缺乏互动性特色的校园网络文化和网络意见领袖难以在新媒体时代主导学生的时间真空和引领核心价值。四是思想政治教育工作者对网络思政工作缺乏重视。教育者缺乏对网络热点问题的关注、网络舆情的判断、网络手段的创新，不能很好地用学生易于接受的网络语言去做网络思想政治教育工作，做不到网络上主动发声弘扬正能量、及时纠正错误声音，从而在潜移默化中引导大学生建立一个正确的使用网络价值观。

五、策略建议

(一)建立职业生涯规划教育运行机制，客观全面评价自我，点亮学习投入目标引领导航灯

职业生涯规划教育是大学生明确发展定位、合理规划时间、提升竞争力的重要教育内容，有助于维护社会和谐稳定和高校提升人才培养质量，关乎长远育人目标的实现。高校必须高度重视职业生涯规划教育运行机制建设，充分发挥课程建设是基础、师资队伍建设是先导、社会实践是保障的体系化作用，推动大学生认知定位自我，磨炼自身品性心性，擘画发展蓝图，点亮大学生学习投入价值引领导航灯。一是职业生涯教育融入人才培养方案，按照人才培养规格合理设置课程内容。根据研究型、技术型、应用型等不同人才培养类型定位和学科专业特点，规定合理适度的必修课程学时，设计有学校特色、专业内涵的课程教学内容，使课程内容符合时代要求、满足学生需求，打造“金课”。让学生在充分了解社会环境、适应社会发展变化、满足国家发展需求过程中，逐渐确定“我要成为什么样的人”，进而实现自身价值塑造，激发自身发展动力。二是配备专兼职师资队伍，提高职业生涯教育的专业化水平。鼓励成立职业生涯规划教育研究机构，适度增加专职教师规模，挖掘校内兼职教师资源，充分发挥朋辈教育优势，聘请有丰富社会经验的高级专门人才，构建一支理论基础扎实、实战经验丰富、教育

效能优良的教育队伍。同时,大力开展职业生涯规划教育研究,强化师资队伍培训,搭建教学内容和教学方法交流平台,提高教师职业生涯规划教育教学能力。三是整合社会实践教育资源,搭建职业体验平台。开展以创新创业为平台的职业生涯规划教育,让学生在创新中主动获取知识、在创业中历练成长获取自我发展能力,提升学生的综合素质和实践能力。开展职业生涯社会实践、职场体验等活动,通过支教活动、企业实践、走访调研等外部体验活动,使学生磨炼心智、锻造品格、思考人生、衡量自我,坚定理想信念、规划发展路径,从而升华人生境界,实现全面发展。

(二)培育自律意识与自律能力,提升学校供给侧质量,清除学习投入滩头障碍

培养自律意识和自律能力是时代发展、高等教育改革的必然要求,对于实现高校人才培养目标具有重要的现实意义,是大学生提升综合素质、实现远大抱负的基础条件。高校需在专业兴趣培育、规章制度严格规范执行、提高学习生活供给侧质量等方面加以改进,培养具有高度自律意识和能力的大学生。一是注重培育学生专业兴趣。开展专业认知、专业导论教育,就学生关心的专业发展前景、学术成长路径进行互动式解答,同时定期开展分类指导,提供专业学习思路借鉴,提高学生专业认同感[①],实现专业兴趣与专业成长的完美权衡,提高专业学习投入。二是完善规章制度强化执行。建立完善的校纪校规,通过严谨生动的宣传、严格的督查、严厉的奖惩,规范大学生道德行为准则、学习生活秩序、文明礼仪标准,营造积极向上、文明健康的环境氛围,促进养成良好的自律意识和自律习惯。三是发挥课程思政育人功效。提高授课教师的课程思政能力,在传授知识的过程中引导学生培育品德修为、家国情怀、核心价值,帮助学生解思想之惑、答情感之忧、启价值之旅、树报国之志,激发学生学习的热情和动力。四是调动学生骨干自律意识与能力的模范示范作用。开展学生骨干教育培训工作,使其高尚的情操和高度的社会责任感,在自我管理、自我教育、自我发展过程中起到模范带头作用,引领身边的学生在互相效仿、互相监督、互相赶超中,增强自律意识和自律能力。五是提高学习生活供给侧质量。学生学业成就提高少不了供给侧改革。提供优质的实验室环境和配置优质的教育资源,提供学生易于接受

① 胡余波,潘中祥,范俊强.新时期大学生网络素养存在的问题与对策:基于浙江省部分高校的调查研究[J].高等教育研究,2018(5):96-100.

的严肃活泼高效的授课方式,创新人才培养模式使其符合社会需求、学生期待,让学生学习有方向、实践有平台、发展有指向。

(三)树立正确使用网络意识,建立线上线下疏导教育体系,扶正学习投入网络价值取向

正确使用网络是大学生抵制诱惑、判断信息真伪、做好网络主人的重要前提。高校必须高度重视充分发挥各教育主体、各文化载体的作用,运用好线上线下疏导教育机制,引导大学生合理使用网络、利用网络,扶正学习投入网络价值取向。一是树立大学生正确使用网络意识。高校教育工作者应充分利用微信群、QQ 群、公众号等媒介加强宣传网络利弊,树立正确网络观念,合理引导学生适应网络时代环境变化,选择正确的网络使用途径。对于严重依赖网络的学生及时进行心理疏导,建立一对一帮扶机制、进行团体辅导,增强学生网络自控能力,帮助其逐渐摆脱网络依赖,回归正确使用网络轨道。二是开展丰富多彩校园文化活动满足大学生的精神需求。凝练校园文化特色,开展有感召力的文化活动,逐渐吸引学生将学习生活重心从线上适度转移到线下,减少学生不必要的上网时间,减轻严重的网络依赖习惯,让更健康的校园文化活动覆盖更多的学生、丰富更多学生的精神世界。三是充分发挥校园网主渠道主阵地作用。做好校园网顶层设计,运用社会网站成功经验,设立网络交互平台,实时推送好文章好故事,实时将学生关注的内容推送到“学生面前”,实时收集学生所思所想所盼,让社会主义核心价值观潜移默化地落到校园网络平台、落到学生心里并外化为行动,从而引导学生接触正能量网络内容、树立正确使用网络习惯;建立校园网络学习讨论区、理论学习区等专题活动区,既能让学生获取学习资源、掌握网络学习技能,又能有效把握校园舆情、使校园环境和谐。四是规范大学生网络道德和行为准则。思政工作者充分发挥好自身理论优势、经验优势,做好网络思政工作,制定宣传网络道德公约、行为准则,用网络语言关注解决网络舆情,做网络正能量的弘扬者、网络热点的解读者、网络问题的疏导者,在潜移默化中引导大学生建立一个正确的使用网络价值观。

Research on the Influencing Factors of College Students' Learning Engagement from Educational Object Perspective

Men Zhiguo
(Harbin Engineering University, Harbin 150001, China)

Abstract: The degree of learning engagement of college students is the key factor restricting the quality of personnel training, and it is an important basis for the construction of "double first-class" Chinese universities. On the basis of previous studies, this paper conducts an empirical analysis of science and engineering students in three "double first-class" universities in Heilongjiang Province. It is found that career development planning, self-discipline awareness, and network value orientation are significantly positively correlated with learning involvement. It further explains the practical difficulties faced by overcoming negative attribution, and puts forward the improvement strategies of lighting the target navigation lights of learning involvement, removing the self-discipline barriers of learning involvement, and strengthening the network value orientation of learning involvement, so as to serve the fundamental task to strengthen moral education and cultivate people.

Key words: educational object; learning engagement; influencing factors; promotion strategy

民办高等教育

我国民办高等教育发展成就、问题与展望

——《国家中长期教育改革和发展规划纲要(2010—2020年)》实施效果分析

阮 慷 陈武元*

(厦门大学 教师发展中心,福建 厦门 361005)

摘 要:《国家中长期教育改革和发展规划纲要(2010—2020年)》的颁布,标志着我国民办高等教育发展进入新阶段,相关政策思路也力图从以"管"为主向"管扶并举"转变。十年间,我国民办高等教育发展规模稳步扩大、质量显著提升,成为高等教育事业发展的重要增长点和促进高等教育改革的重要力量并开启分类管理新探索。但在肯定成绩的同时,也要认识到民办高等教育发展仍存在着质量发展滞后于规模发展、平等法律地位尚未落实、法人治理结构不完善、分类管理推进受阻等问题。展望未来,我国应以抓好民办高校党建工作为根本、以树立高质量发展民办高等教育的正确观念为前提、以打通新政落地"最后一公里"为关键、以秉行"管扶结合"的政策发展思路为重点,进一步谋求民办高等教育更好的发展。

关键词: 民办高等教育;管扶并举;分类管理;问题与展望

私立高等教育在世界范围内持续活跃,发挥着扩大高等教育机会、缓解政府高等教育财政紧张和促使公、私立高等教育相互竞争、相互依存,满足求学者多样化需求等积极作用,成为高等教育系统的重要组成部分。在我国近代,私立高等教育与公立高等教育几乎同时起步,并涌现出像南开大学、厦门大学、燕京大学、大同大学等起点较高的私立高校。但这些私立高校在中华人民共和国成立初期因国家经济、政治制度变革而全部改为公立,在中国存在了近半个世纪的私立高等教育全部销声匿迹。当代民办高等教育是伴随着改革开放政策的实施而

* 作者简介:阮慷(1991—),女,安徽安庆人,厦门大学教师发展中心博士生,研究方向为民办高等教育研究;陈武元(1963—),男,广东普宁人,厦门大学教师发展中心教授,研究方向为民办高等教育、教育经济与管理研究。

兴起的，并随着高校扩招政策的不断推进而日益壮大。纵观世界高等教育，大致存在市场主导型和国家主导型两种制度安排。在国家主导型的高等教育系统中发展私立高等教育，政府往往都会有从“排斥”到“不得已接受”再到“接受乃至完全接受”的历程。[①] 当前，我国政府对民办高等教育态度已由“不得已接受”转为“接受”，由“要不要办”“能不能办”转为“怎么办”“怎么办好”。2010 年 7 月，《国家中长期教育改革和发展规划纲要（2010—2020 年）》（以下简称为《教育规划纲要（2010—2020 年）》）明确提出民办学校分类管理，更是标志着我国民办高等教育进入发展新阶段。

现如今，《教育规划纲要（2010—2020 年）》已完成自身使命。回望过去十年，我国民办高等教育发展取得了什么成绩？尚存什么问题？仍需怎样完善？理清这些问题对我国民办高等教育下一阶段的发展及相关政策完善大有助益。

一、管扶并举：我国民办高等教育发展的阶段性政策思路

政策，尤其是国家层面的政策对民办高等教育发展的影响不言而喻。任何政策都具有阶段性，在不同发展阶段有着不同的政策思路和需求，民办高等教育政策也不例外。[②] 在“接受”民办教育的基础上，《教育规划纲要（2010—2020 年）》明确提出要大力支持和依法管理民办教育，这标志着我国民办高等教育发展政策思路从以“管”为主向“管扶并举”转变，民办高等教育发展制度环境的改善达到了一个新的水平。

（一）“管”乃讲求规范之举

经历了初期十年左右的置之不管、放任自流，20 世纪 90 年代我国对民办高等教育发展确立起以“管”为主的政策基调，如 1993 年颁布的《民办高等学校设置暂行规定》中用极大篇幅规定了民办高校“应当做什么”“不得做什么”“必须做什么”。由“不管”到“管”是一次重大转折，政策规范的指导和约束非但没有限制民办高等教育的发展，反而为其注入一种正向的推动力，在“法无禁止即可为”的理念下我国民办高等教育发展驶入了快车道。

---

① 陈武元.私立高等教育研究：理论与政策[M].厦门：厦门大学出版社，2019：1.

② 徐绪卿，王一涛.论我国民办高等教育政策从“规范”向“扶持”的转型[J].高等教育研究，2013，34(8)：42-48.

“管”即依法管理，意在规范。当代的民办高等教育发展仅40年左右，仍属新生事物，相关规范体系仍待建构、检验与完善，相关办学实践仍待进一步摸索和确认。再加上民办高等教育具有较为鲜明的市场属性，其伴随市场经济崛起而产生，并以市场需求为导向进行办学，高度的市场依赖性使之较易受到市场负面效应的侵染。现实中不难发现一些民办高校存在着功利至上、盲目跟风发展等不规范办学、非理性办学的现象，且历史上因不规范办学导致的学生群体性事件也确有发生，这些都亟须以政策杠杆予以规范和管理。

因此，以“管”为政策思路是符合我国民办高等教育发展实际的，直至今日其仍是民办高等教育政策制定和实施的逻辑起点。在《教育规划纲要(2010—2020年)》有关民办教育发展的章节中对依法管理亦着墨较多，且内容颇为细致，如提出教育行政部门要切实加强民办教育的统筹、规划和管理工作，要积极探索营利性和非营利性民办学校分类管理，规范民办学校法人登记、完善民办学校法人治理结构等10余项内容。即使未来进入以“扶”为主、兼顾“管”的阶段，民办高等教育发展政策仍应重视依法管理的完善与优化，发挥良法善治的效力。

(二)“扶”即大力支持之意

《教育规划纲要(2010—2020年)》明确指出要大力支持民办教育，并在文本内容表述中将其置于依法管理民办教育之前。此后的相关政策开始呈现出明显的“扶”之导向，强调支持民办高等教育的兴办、规范与发展，政府对民办高等教育的“接受”程度进一步提升。“扶”即大力支持，发展私立高等教育已是世界各国高等教育发展的必然趋势，即便是素有政府办学传统的德国也开始重视私立高等教育的发展。[①] 民办高校是我国高等教育大众化、普及化的重要承担者，为人民提供了更多的接受高等教育的机会，为国家、社会培养了一大批具有高等教育层次水平的人才。当前，我国社会主要矛盾已经转化为人民日益增长的美好生活需要和不平衡不充分的发展之间的矛盾，反映在高等教育领域，则是人民对高等教育质量提出了更高更多的期待和要求，即从想“上大学”到想“上好大学”。这些期待倒逼着国家及政策层面注重民办高等教育质量和水平的提升，通过大力支持进一步推动其发展，以满足人民日益增长的高等教育需求。

从“扶”到实现发展的具体政策行动路径有二：一是提高效率，二是达到高层次的公平。前者在政策文本中表现为：将民办教育作为教育事业发展的重要增

① 陈武元.私立高等教育研究：理论与政策[M].厦门：厦门大学出版社，2019：10.

长点和促进教育改革的重要力量，要健全公共财政对民办教育的扶持政策、保障民办学校办学自主权、办好一批高水平民办学校等；后者表现为：依法落实民办学校及师生与公办学校及师生平等的法律地位等。其中，一些政策举措同时兼具效率获得与公平实现两种效用。

（三）"管扶并举"内含"管扶结合"之义

虽然政策文本中多将"管""扶"分开表述，但实则内含着"管扶结合"之义，主要表现为两点：首先，两者相互促进。如完善法人治理结构是为了规范民办高校的内部管理体制；建立财会和资产管理制度是为了规范民办高校的财务运作；建立办学风险防范机制、信息公开制度以及加强评估是为了规范民办高校办学运作，监督民办高校办学质量并提高水平。以上规定虽都是依法管理民办高等教育之举措，但其同时也通过规范民办高等教育发展直接或间接落实了对民办高等教育相关体制机制建设的扶持。况且，规范是扶持的前提，民办高等教育只有步入规范发展才有可能得到国家政策的扶持，这是由教育资源有限性和获得程序必须合法合规所决定的。反过来，扶持之策也推动了管理与规范，一来政策本身就是一种规范、一种管理，扶持之策制定越多，管理与规范力度越强，二来扶持类政策若要真正满足预期，势必是以科学、规范为前提的，进而践行并强化了依法管理的理念。其次，两者目标一致。不管"管"抑或"扶"都是政府"接受"民办高等教育的态度反映，两者最终都是旨在推动民办高等教育健康、有序、持续发展的。最后，两者在具体政策举措中有机统一。近十年来，我国民办高等教育发展最受瞩目的改革项目莫过于营利性与非营利性分类管理这一新政，分类管理改革即是融合支持与规范的综合改革，是对原有规则体系的转换，既包括政府对民办高等教育发展的鼓励支持，也涵盖对民办高等教育发展的监管规范。[①]"管""扶"有机结合将成为民办高等教育政策发展的重要走向和落实的重要途径。

---

① 周海涛，闫丽雯.支持和规范社会力量兴办教育的新作为[J].教育与经济，2019，35(1)：3-6，11.

二、我国民办高等教育发展的阶段性成就

(一)规模稳步扩大

与其他同属于后发外生型、国家主导型高等教育系统的国家一样,我国民办高等教育一开始走的也是不断扩张规模的发展路径。① 本世纪初的第一个十年是我国民办高等教育规模快速扩张期,2000 年时仅有民办高校 43 所,在校生 14 万人,②十年之后便壮大到民办高校 676 所,在校生 476.69 万人,③十年增长率分别高达 1472.09%、3304.93%。步入第二个十年,我国民办高等教育开始进入规模稳定增长期,十年间学校及在校生数量增长率分别为 14.05%、66.01%。

由表 1 可知,2010 年至 2020 年间我国民办高等教育自身的绝对规模仍在持续扩大。相对规模方面,民办普通高校数一直稳定在全国普通高校总数的 28% 左右,接近于世界民办高等教育 30.62%这一比例;④由表 2 可知,民办高校的在校生数占比则有所增长,从 2010 年的 21.36%增长到 2020 年的 24.09%。也就是说,当前我国平均每 4、5 名学生中就有 1 名在民办高校就读。在广东、浙江、陕西等地,民办高等教育所占的份额更大,在这些地方高等教育体系中的地位更为显著。民办高等教育发展促进了我国高等教育大众化、普及化进程,在我国高等教育整体事业发展中发挥着不可忽视的作用。

表 1 2010—2020 年我国民办普通高校、全国普通高校学校数

年份	2010	2011	2012	2013	2014	2015	2016	2017	2018	2019	2020
民办	676	698	707	718	728	734	741	746	749	756	771
全国	2358	2409	2442	2491	2529	2560	2596	2631	2663	2688	2738
占比/%	28.67	28.97	28.95	28.82	28.79	28.67	28.54	28.35	28.13	28.13	28.16

数据来源:教育统计数据[EB/OL].[2021-10-16].http://www.moe.gov.cn/s78/A03/moe_560/2020/.

① 陈武元.从补充教育走向选择教育:我国民办高校发展的必然选择[J].教育研究,2008(5):16-20.

② 阙明坤,费坚,王慧英.改革开放四十年民办高等教育发展回顾、经验与前瞻[J].高校教育管理,2019,13(1):11-18,35.

③ 中华人民共和国教育部.2010 年教育统计数据[EB/OL].(2021-08-30)[2021-10-16].http://www.moe.gov.cn/s78/A03/moe_560/s6200/201201/t20120117_129614.html.

④ 闫丽雯.优化与新发展格局相适应的高等教育结构:基于对民办高等教育结构的分析[J].中国高教研究,2021(6):23-29.

表2　2010—2020年我国民办普通高校、全国普通高校(本专科)在校生数

单位:万人

年份	2010	2011	2012	2013	2014	2015	2016	2017	2018	2019	2020
民办	476.69	505.07	533.18	557.52	587.15	610.9	616.2	628.46	649.6	708.83	791.34
全国	2231.79	2308.51	2391.32	2468.07	2547.7	2625.3	2695.84	2753.59	2831.03	3031.53	3285.29
占比/%	21.36	21.88	22.30	22.59	23.05	23.27	22.86	22.82	22.95	23.38	24.09

数据来源:教育统计数据[EB/OL].[2021-10-16].http://www.moe.gov.cn/s78/A03/moe_560/2020/.

(二)质量显著提升

质量很难以确切的指标进行衡量,但从办学层次跃升、办学定位明确、师资结构优化等方面我们能够明显感知到民办高等教育的显著性成长。

在办学层次上,现阶段我国民办高校的本科资源总量增势明显,一些民办高职学校在政府及"探索发展本科层次职业教育"等政策的大力扶持下纷纷升为本科学校。因此,在近十年民办高校总数增加不多的情况下,出现这样的统计结果:民办普通专科在毕业生数、招生数、在校生数上增长缓慢,甚至出现了零增长和负增长的现象;民办普通本科的发展规模则相对更快,[①]2/3省份的民办本科数量超过民办专科数量,体现出民办高校内部质量与结构的优化。2011年,北京城市学院、吉林华桥外国语学院等5所民办高校正式获得首批民办高校研究生招生试点资格,旨在培养紧密结合社会需求的高层次实践型人才。至2020年,这5所民办高校已培养研究生毕业生数560人,现有在校研究生数2556人。[②] 2018年,西湖大学在杭州成立,并以博士生培养为起点,致力于培养复合型、拔尖创新人才,再度刷新了民办高校的办学层次及质量上限。在办学定位与专业设置上,民办高校较少有"向清北看齐"的执念,大多定位于应用型或职业技术型高校,利用自身体制机制优势,主动对标地方社会经济发展需求灵活设置专业,于特色处寻求错位竞争,创造高质量。在人才培养上,民办高校培养了一大批应用型、技能型人才,通过为地方经济社会发展提供人力资源上的保障来彰显自身实力与优势。在师资队伍上,教师学历结构进一步优化,很大一部分民办高校在招聘专

① 方芳.中国民办高等教育发展之考析[J].中国高等教育,2017(Z1):47-50.

② 教育部.2020年教育统计数据[EB/OL].(2021-08-30)[2021-10-16].http://www.moe.gov.cn/s78/A03/moe_560/2020/quanguo/202108/t20210831556361.html.

任教师时要求应聘者已获得硕士及以上学位，经济发达地区的民办高校则要求更高。师资学历水平提高在很大程度上提升了民办高校教学、科研、社会服务的整体实力与质量水平。

(三)成为高等教育事业发展的重要增长点和促进高等教育改革的重要力量

除了在相当程度上满足了民众日益增长的高等教育需求，促进了高等教育大众化、普及化进程外，民办高等教育发展对整个高等教育事业发展的推动还表现在以下各方面。

首先，深化了办学体制改革，形成了高校办学发展新格局。民办高等教育的发展与壮大打破了计划经济体制时代以来的公办高等教育“一统天下”的局面，形成了以政府办学为主体、社会力量参与的民办高等教育与公办高等教育共同发展的新格局。

其次，创新了高校管理机制，为我国高等教育发展注入活力。民办高校发挥自身体制机制优势，开展了人才培养、师资建设、学校管理、教育教学等方面的改革创新，通过释放“鲶鱼效应”的作用力，为公办高校提供了观念上的刺激和操作上的借鉴。

再次，促进了教育公平，分担了公办高等教育系统的压力。民办高校通过吸纳社会资金发展教育，缓解了政府及公办高校的压力，通过为民众提供更多的高等教育就学机会，促进了教育公平。

民办高等教育的作用日益彰显，在此背景下，民办高等教育被纳入国家及地方经济社会发展规划和高等教育事业发展规划当中。

(四)开启分类管理新探索

营利性是以投资办学为基本特征的民办高校的必然属性。[①] 民办高校的营利诉求和行为伴随着民办高等教育的出现而产生，让全部民办高校都选择非营利性是不现实的，正确处理其中的营利性问题，关系到民办高校举办者的积极性，关乎民办高等教育的健康发展。营利性与非营利性民办高校“分类管理”的想法并不是近十年才有的，早在2002年《中华人民共和国民办教育促进法》制定过程中它就已经是一个重要议题，只是由于“合理回报”的提法占了上风而没有

① 潘懋元，别敦荣，石猛.论民办高校的公益性与营利性[J].教育研究，2013(3)：25-34.

被采纳。[①] 2010 年,酝酿已久的"分类管理"最终在《教育规划纲要(2010—2020年)》中正式亮相,2016 年,全国人大常委会审议通过了《关于修改〈中华人民共和国民办教育促进法〉的决定》,从法律层面进一步明确了分类管理。此后,国家层面又陆续出台了《国务院关于鼓励社会力量兴办教育促进民办教育健康发展的若干意见》《民办学校分类登记实施细则》《营利性民办学校监督管理实施细则》《关于营利性民办学校名称登记管理有关工作的通知》《中华人民共和国民办教育促进法实施条例》等一系列配套政策,民办高校分类管理的政策体系基本形成。

分类管理的确立为"是否允许民办高校营利性办学"这一多年争论不休的问题画下句点,为民办高校的营利性与民办高等教育的公益性创造了良好的制度并存空间,维护了民办高校营利性办学的合理性并加以规范,标志着我国民办高等教育发展进入新阶段。将民办高校分为营利性和非营利性,既有利于从法律上破解法人属性不清、产权模糊等瓶颈性问题,亦有利于从行政管理上对两类民办高校实行不同的规范措施,采取差别化扶持政策,有针对性地拓宽其发展空间。

三、我国民办高等教育发展存在的问题

(一)成长步伐不协调:质量发展滞后于规模发展

在很大程度上可以说,高等教育变革与发展正是围绕数量和质量这两个基本点进行的。受高校扩张、投资办学等多因素驱动,当前我国民办高等教育已形成较大的稳定规模,质量上虽有提升但并未与规模发展相同步,且落后较多,这严重限制了民办高等教育进一步发展的空间。

民办高等教育质量发展问题具体到人才培养上首先表现为较高的生师比。2020 年,民办高校专任教师数为 36.89 万,[②]生师比为 21.45∶1,明显高于 17.92∶1 的全国平均水平,过高的生师比与过低的生师比均是低质量的象征,过高的生师

① 阎凤桥.民办教育政策推进为何缓慢?:基于组织行为决策视角的考察[J].华东师范大学学报(教育科学版),2017(6):11-17,152.

② 教育部.各级各类民办学校校数、教职工、专任教师情况[EB/OL].(2021-08-30)[2021-10-16].http://www.moe.gov.cn/s78/A03/moe_560/2020/quanguo/202108/t20210831_556363.html

比会使师生直接交流的机会减少，难以实现因材施教，也使教师负担加重，滋生负面情绪，进而影响教学激情与教育质量。其次表现为偏低的就业质量。2015年的一项全国性大学生就业状况调查结果显示，应用性较强的民办高校毕业生在就业市场上具有一定的竞争力，工作落实率为 80.6%，但在工作起薪上，重点本科院校生为 5571 元，一般本科院校生为 3944 元，民办高校和独立学院的毕业生则为 2993 元，[①]较低的工作起薪既与当前招聘部门学历关联薪酬的设定有关，也映射出大部分民办高校毕业生较难担任"高技术－高薪酬"职位的现实。

在师资队伍建设上表现为：很大一部分民办高校的兼职教师数直逼甚至超过了本校专任教师数，兼职教师具有不稳定性、质量参差不齐等特性，但民办高校对兼职教师的依赖短期内难以阻断；"金字塔"形职称结构，拥有正高级、副高级职称的专任教师仅 30.9%，显著低于公办新建本科院校 36.6%的水平；[②]显著的流动特征，并且流动、流失群体多为中青年骨干教师，在一项对 2016—2019 年部分民办高校教师离职去向的调查中，具有高级职称的离职教师占比竟然达到 30%，主要流向为企业、公办高校，[③]剩下的"老的老、小的小"，呈现"塌腰式"师资结构，这些都严重制约着民办高等教育的质量发展。

在专业建设上易受办学成本限制，但为招揽生源保证办学规模及经费，开设了诸多如管理学、文学、外语等建设成本较低的专业，并以发展社会需求专业为重点和偏好，下大力气组建条件开办计算机类、金融经贸类、护理类、学前教育等热门专业，造成了专业设置同质化现象。由于普遍缺乏着眼于长远发展的战略规划，民办高校的专业设置相对于传统公办高校虽然更能定位于地方性应用型，但多是被动跟跑，尚处于低水平层次的面向地方的应用型办学，在专业结构和建设水平上都有待改善。当然，问题不单根源于民办高等教育发展内部，具有学历资格的民办高校专业设置与调整实质上仍执行审批制，其所导致的民办高校专业设置自主权低等外部限制也令民办高校专业建设应有的亮点变得黯淡。

在学校管理上，"家族式治理""粗放式经营""科层式管理"的烙印依然明显，阻碍着民办高校管理专业性、高效性、科学性、民主性的提升，阻滞着民办高校的

① 岳昌君，周丽萍.经济新常态与高校毕业生就业特点：基于 2015 年全国高校毕业生抽样调查数据的实证分析[J].北京大学教育评论，2016，14(2)：63-80，189.

② 教育部高等教育教学评估中心.中国民办本科教育质量报告(2016 年度)：中国民办本科教育质量的全景与深析[M].北京：教育科学出版社，2017：111.

③ 于谨.师资队伍流失严重，2020 年民办高校的出路在哪里？[EB/OL].(2020-11-20)[2021-10-16].https://www.huaon.com/channel/trend/665448.html.

改革创新和质量发展，民办高校呼唤现代管理制度。

(二)公平竞争环境缺失：平等法律地位尚未落实

《教育规划纲要(2010—2020年)》强调要"依法落实民办学校、学生、教师与公办学校、学生、教师平等的法律地位，保障民办学校办学自主权""清理并纠正对民办学校的各类歧视政策"，[①]为民办高等教育争取到与公办高等教育平等的法律地位、公平的制度发展环境提供了政策依据与支持。民办教育具有源于社会力量、依靠体制灵活、吸纳社会要素能力强的天然优势，清理和废除妨碍民办教育发展的歧视性政策，将能更充分释放其扩充资源、优化结构、增强效率、培育增长点的效能。[②]

但现实中，民办高校法人属性不清等问题导致民办高校，无论是营利性还是非营利性、民办本科还是民办专科，都难以获得与同级同类公办高校同等的招生、财政、税收以及土地等方面的支持。公办、民办高校教师在编制、职称、培训、社保等多方面存在较大差异，从这些差异中生成的"相对剥夺感"导致了优质人才从民办向公办的单向流动。近年来随着国家对公办高校教师发展条件的进一步完善，民办高校对教师的吸引力再度被削弱，民办高校教师流失问题再度加剧，成为制约民办高等教育发展的棘手问题之一。民办高校学生在奖助学金、助学贷款等方面也尚未受到与同级同类公办高校学生同等的对待。

当前的公平缺失实则是对教育权、教育资源合理分配、学生受教育权的侵害，反映了政府存在管理上"越位"、财政上"缺位"、政策上"虚位"、服务上"空位"等问题。[③] 外部发展环境的限制抹杀了民办高校与公办高校间的公平竞争，进一步加固了公办高等教育的垄断地位，放大了"马太效应"的负面影响。不公平的制度环境、不平等的法律地位不仅会打压社会力量参与高等教育发展的决心与积极性，损害民办高等教育持续健康发展的基石，还有可能使已取得的努力功亏一篑。

---

① 教育部.国家中长期教育改革和发展规划纲要(2010—2020年)[EB/OL].(2010-07-29)[2021-10-16].http://www.moe.gov.cn/srcsite/A01/s7048/201007/t20100729_171904.html.

② 周海涛.清除民办教育参与公平竞争的阻碍[J].中国高等教育,2017(5):45-46.

③ 王旭.民办高等教育公平缺失:政府的角度[J].教育发展研究,2006(18):26-30.

(三)学校制度转型未完成:法人治理结构不完善

当前,我国民办高等教育正面临着向现代学校制度的战略转型,[①]但从大部分民办高校仍然显露着传统学校制度的弊端来看,这一转型尚未完成。其中,法人治理结构不完善是造成转型困难的一大主障碍。

受法人属性不清、产权制度不明、利益相关者权责利关系不顺、政府角色定位不细等[②]因素影响,我国民办高校法人治理结构普遍存在政治权力、资本权力、行政权力、学术权力等权力间失衡现象。首先,表现为民办高校党建工作相对薄弱,即便设立了党组织,地位也往往低于董事会,主要领导也往往由董事长兼任,难以发挥党组织对民办高校的政治指导与监督作用。从资源依赖理论的视角来看,高校是高度依赖和高度消耗资源的组织,提供或控制资源的个体或组织对高校的运行与发展有着较大的话语权。其次,表现为举办者权力过大。不同于国外私立大学常见的“专家型董事会”和“代表型董事会”,我国民办高校多为“举办者控制型董事会”。[③] 举办者通过加强对董事会的控制来控制整个学校,并且多安排家属成员进入董事会,使得学校成为“家族产业”,从而导致整个学校管理专业性不足,易受资本逐利性驱使,最后弱化了办学的社会公益性,在背离教育发展规律的路上越走越远。其三,表现为校长权力行使受限。几乎所有民办高校都声称实行董事会领导下的校长负责制,但在现实中由于举办者掌控学校实际决策权力,校长一般难有重要职权,更遑论与董事会相互制衡。而且不少民办高校由举办者兼任校长之职。其四,表现为教职工、学生、社会等利益相关者参与度不高,缺乏共同治理学校的渠道与动力。其五,表现为监督机制不健全,监督机构缺失,或作用被压制成为董事会的附属部门。

民办高校是民办高等教育发展的主要承载实体,但因法人治理机制的混乱及内部权力失衡、冲突频起产生的内耗,抬高了治理成本,降低了治理效率,给民办高校及整个民办高等教育的当前转型与长远发展造成极大的负面影响。

---

① 沈剑光.民办教育发展的战略转型与政策应对[J].教育研究,2009(8):83-87.

② 周海涛,施文妹.完善民办高校法人治理结构的难题与策略[J].江苏高教,2015(4):13-16,95.

③ 王一涛,刘继安.中国民办高校董事会规范结构和行为结构偏差的实证分析[J].复旦教育论坛,2015,13(4):75-81.

(四)改革面临新形势新问题:分类管理推进受阻

分类管理政策确立后,选择营利性还是非营利性办学成为摆在民办高校面前的一道必选题。就目前来看,政策推进状况尚不理想,举办者面对抉择多半踌躇不前。这其中主要的制约因素有:第一,"同等法律地位"与"差别化扶持"政策的具体实施方案未明确是最关键的制约因素。[①] 分类管理政策应是管扶并举的,"扶"的缺位、虚位使得民办高校对政府难有充分的信任,进而选择观望。第二,选择非营利性意味着捐资办学,举办者将不能获取办学收益,办学结余将全部用于办学,再加上当前对如何奖励或补偿非营利性民办高校举办者的政策尚不明确,在相关利益落实之前,大部分民办高校都很难踏出选择这一步。第三,受儒家传统"重义轻利"思想的长期影响,民众对教育营利行为多有抵触,一些民办高校在"道德人"的压力下,有心但怯于选择营利性道路,担心陷入"道德洼地"。第四,非营利性民办高校监督机制尚不健全,为"打着非营利之名行营利之实"留下"可操作"空间,使得部分既想营利又想赚取政府更多优惠政策的民办高校试图以非营利性身份注册后再从中取巧。这将使分类管理改革失去应有的意义。第五,民办高校类型多样,情况复杂,如独立学院转设工作遭遇极大的瓶颈,更遑论在此时进行分类选择。第六,新修订的《中华人民共和国民办教育促进法》于2017年9月1日起实施,但《中华人民共和国民办教育促进法实施条例》直至2021年才修订完成,后者是前者条文的具体化,具有操作性更强、直接指导实践等特征。重要指导文件的缺位也使得地方推进行动延缓。第七,分类管理之后的未来政策及发展预期尚不明确也使得民办高校面对抉择犹豫不决,如:若选择非营利性办学,原举办者就与民办高校划清了界限,此时由谁来对学校发展负责?学校会不会被公办化改造,限制体制机制优势,失去原有特色?在公办高校办学经费尚且紧张的情况下,民办高校能否得到政府的专项资金支持?若选择营利性办学,等于是在国内开辟新举,难度不可谓不大,国家能否保证有相关政策跟进?是否有合理的变更、退出机制?

一言以蔽之,分类管理推进的顺利与否直接关系着我国民办高等教育发展的政策成效与下一步行动走向。

---

① 杨程.民办学校分类管理"同等法律地位"与"差别化扶持"政策研究[J].教育科学研究,2019(10):21-26.

四、展望：进一步发展我国民办高等教育的建议

(一)以抓好民办高校党建工作为根本

近年来，政策层面不断强调加强民办高校党建工作的重要性紧迫性。《教育规划纲要(2010—2020年)》提出要"积极发挥民办学校党组织的作用"。① 2016年，在进行第二次《中华人民共和国民办教育促进法》修改时，新增的第一条便是关于加强民办学校党建的内容。同年，中共中央办公厅印发了《关于加强民办学校党的建设工作的意见(试行)》的通知。加强民办高校党建工作成为新时期民办高等教育发展的重要工作之一。抓好民办高校党建工作，对于在民办高校中全面贯彻党的教育方针、坚持社会主义办学方向、优化民办高校法人治理结构、提高民办高校治理水平、落实民办高等教育公益属性以及促进民办高等教育转型等，具有十分重要的意义。

相比于公办高校，民办高校发展时间短，党建工作基础相对薄弱，而且不同于公办高校的党委领导下的校长负责制，民办高校实行的是董事会领导下的校长负责制。民办高校与公办高校在管理体制、领导体制、运行机制等方面的种种差异使得要想抓好民办高校党建工作，不能照搬传统公办高校党建工作的做法。在倡导加大民办高校党组织建设力度的同时，还应采取更有针对性的措施和方法，如：将党委书记队伍建设作为抓好民办高校党建工作的重中之重，推行党委书记选派制度，目前相关实践已经铺展，未来还应在人员选派标准、职责规定以及培训和管理机制方面进一步完善；明确党委在学校法人治理结构中的地位，通过党委主要负责人进入学校决策层和行政管理层、健全党委参与决策和监督制度等方式来保证党委在民办高校重大事项决策、执行、监督各环节有效发挥政治核心作用。

(二)以树立高质量发展民办高等教育的正确观念为前提

国际经验以及我国民国时期的私立大学兴亡表明，政府的态度、观念及其由

① 中华人民共和国教育部.国家中长期教育改革和发展规划纲要(2010—2020年)[EB/OL].(2010-07-29)[2021-10-16]. http://www.moe.gov.cn/srcsite/A01/s7048/201007/t20100729_171904.html.

此形成的制度环境极大地影响着民办高等教育的生存与发展。因此，各级政府应自觉排查并疏通观念上的“堵点”，通过树立高质量发展民办高等教育的正确观念，助力民办高等教育更好更快发展。

首先，树立正确的平等观。营利性、非营利性民办高校与公办高校只是组织形态、运行模式方面的区别，不能因此就采取差别对待，更不能在政策上进行歧视。当然，“平等”不等于“平均”，正确的平等观应是建立营利性、非营利性民办高校及师生与公办高校及师生在基本权利一致基础上的差别化政策。其次，树立正确的质量观。伴随着高等教育入学机会供给矛盾的明显缓解，民众对优质高等教育的追求日益增长，质量在学校竞争发展中的决定性影响作用进一步凸显。从补充教育走向选择教育是我国民办高校发展的必然选择，也是其实现可持续发展的关键。[①] 与向选择教育转型的发展战略相对应，各级政府在推动民办高等教育质量提升的同时，应注意树立民办高等教育发展的多元质量观，谨防传统单一质量观对其变革发展的限制。最后，树立正确的创新观。后发借鉴模式存在一定的阈值，在与高水平有相当距离时，模仿可能获利最大；在追赶、逼近阈值后，模仿的成本越来越高，尤其是整体转型时，若拘泥于模仿借鉴会致使其锁定在低价值链环节。[②] 我国民办高等教育发展问题复杂，如独立学院转设目前就没有可完全套用的解决方案，这些问题倒逼着民办高等教育发展要创新。与此同时，民办高等教育相对于公办高等教育体制机制更加灵活，其发展可创新且大有可为。要想实现民办高等教育从跟跑到并行甚至领跑，政府层面首先应守正创新，引领民办高等教育走出一条自己的特色创新之路。

(三)以打通新政落地“最后一公里”为关键

事实证明，理想的政策文本并不一定就会带来预期政策效果的呈现，新政推进受阻提示着政策过程不能止于政策制定，还应将注意力延伸至政策执行、政策评估等，关注执行过程中存在着的来自政策本身、政策执行主体、目标群体、政策环境等方面的问题并破解。

政策本身方面，虽然分类管理已得到了从国家层面的法律、行政法规、部门规章到地方性法律和地方政府规章的政策强供给，但仍存在不少待填补或完善

① 陈武元.从补充教育走向选择教育：我国民办高校发展的必然选择[J].教育研究，2008(5)：16-20.

② 周海涛，廖苑伶.民办高校高质量发展的基础[J].复旦教育论坛，2021，19(3)：69-74.

之处，如对于像法人属性、税收减免等一些重大的原则性问题，应由国家层面做出尽可能明确的规定，一来这些问题只有国家层面的立法才能解决，二来国家层面的明确可以避免因各地操作不统一导致的举办者等利益相关者对新政推行的不满与不配合。政策执行主体方面，提高地方政府这一关键主体的配合度、能动性与执行能力是关键，如在上位政策制定时应充分考虑地方的意见与实际，防止执行中出现"上有政策、下有对策"的非合作博弈；以高位推动、信息交流等方式促进各职能部门与地方执行主体间的协同合作，避免执行中出现"孤岛现象"；鼓励各地在现有法律框架内积极有为，探索符合本地实际的分类管理办法。目标群体即民办高校的举办者、师生等利益相关者，其中举办者是影响分类管理落实的最关键性目标群体，推动政策的执行，首先势必要提高这一群体对分类管理政策的理解与认同、接受度。政策环境方面，除政治、经济环境外，还应重视对社会环境的优化，通过宣教等手段加强全社会对分类管理的认同，为分类管理的落实营造观念氛围。

虽然各界对于分类管理的质疑仍未停息，反对者主要是持时机未成熟以及法律未修改等观点，但是从政策制定和实施的角度看，既然当前法律已做修改，必须根据新的法律法规予以推行[①]。对于像"清理并纠正对民办学校的各类歧视政策""制定完善促进民办教育发展的优惠政策"等一些公认且比较清晰的政策，应通过制定明确的时间表、在一些地区先行试点等方式加快行动。但总体来说，分类管理是一项颇为复杂且影响面相当广的事务，应在顶层设计与摸着石头过河相结合中稳步进行，渐进调适或许是落实这项新政的科学步调。林德布洛姆曾言，面对复杂政策问题，应承认人的"有限理性"，"按部就班，修修补补的渐进主义者或安于现状者，或许看起来不像个英雄人物，但却是个正在同他清醒地认识到对他来说是硕大无朋的宇宙进行勇敢的角逐的足智多谋的问题解决者"[②]。落实分类管理虽是当前的工作重点，但最终的目的仍在于发展民办高等教育，一切都仍应以实现民办高等教育的健康发展为旨归。

(四)以秉行"管扶结合"的政策发展思路为重点

民办高校通过人才培养等途径为社会经济发展做出了持续性的显著贡献，

---

① 王一涛.民办教育分类管理需要解决好五大关系[J].华中师范大学学报(人文社会科学版),2018,57(4):164-171.

② 查尔斯·林德布洛姆.决策过程[M].上海:上海译文出版社,1988:43.

根据“谁受益谁付费”的原则，政府应该合理分担民办高等教育的成本，再加上从效率的角度来看，民办高校在社会收益率上普遍高于公办高校，[①]对这一群体进行相应的扶持实属应当且大有裨益。未来，分类管理将进一步推进，差异化扶持理应尽快落实。民办高等教育扶持可以选择性借鉴职业教育、公办高等教育以及国际私立高等教育的有效经验，并结合自身实际与所需加以改造运用，如在扶持政策体系构建上，以财政扶持为重点，加强扶持策略间联动，建立多元、系统的扶持体系；在扶持方式上，除直接资助外，积极开展购买服务等间接扶持方式的探索；在扶持价值取向上，从普惠式扶持转向探索择优和重点扶持，着力建立起一批高水平民办高校；在扶持内容上，以师资建设为重点，从源头处改善民办高校师资队伍不稳定、办学竞争力不足等系列问题，当然，每所学校的“短板”不同，应根据实际具体对待。

改革开放以来，寻求经济逻辑与教育逻辑之间的平衡一直是我国民办高等教育发展的一个关键性问题。随着分类管理的推进，在使民办高等教育的教育逻辑得到突显的同时，也使经济逻辑有了新的表现，资本运作呈不断扩大之势，因此，民办高等教育发展仍应加强规范管理，在充分保证民办高校办学自主权的前提下，建立必要而科学的监督和评估机制。在美国，只有通过了评估机构评估的私立高校才有机会获得联邦政府贷款，[②]这为我国实现对民办高等教育的有效扶持、实施“管扶结合”提供了很好的思路。此举既可以促使民办高等教育为获得政府资助而重视自身的规范发展，评估结果也可以成为民办高等教育规范化发展的证明，进而使民办高等教育赢得各方认可，获得更多发展资源。

---

① 柯佑祥.新时期我国民办高等教育的发展[J].高等教育研究，2002，23(4)：32-34.

② 王一涛.民办教育分类管理需要解决好五大关系[J].华中师范大学学报(人文社会科学版)，2018，57(4)：164-171.

The Development of Private Higher Education in China: Achievements, Problems and Prospects

—Analysis of the Implementation Effect of the National Outline for Medium and Long-term Educational Reform and Development (2010—2020)

Ruan Kang, Chen Wuyuan
(Center for Teaching and Learning Development, Xiamen University, Xiamen 361005, China)

Abstract: The promulgation of the National Outline for Medium and Long-term Educational Reform and Development (2010—2020) indicates that the development of private higher education has entered a new stage, and the relevant policy ideas are also trying to change from "management" to "management and support". During the past ten years, private higher education has steadily expanded its development scale, significantly improved its quality, become an important growth point of higher education development and an important force to promote the reform of higher education, and opened a new exploration of classified management. However, while affirming the achievements, we should also recognize that there are still some problems in the development of private higher education, such as the quality development lags behind the scale development, the equal legal status has not been implemented, the corporate governance structure is far from perfect, and classified management is blocked. Looking forward to the future, We should further seek the better development of private higher education by focusing on the party construction of private colleges, establishing the correct concept of high-quality development of private higher education, opening up the way for the implementation of the new deal, and adhering to the policy development idea of "combination of management and support".

Key words: private higher education; combination of management and support; classified management; problems and prospects

国际与比较高等教育

历史语境下日本高等教育学科理念的沉思与反省

熊娟[1]　吴光辉[2*]
（1.厦门理工学院 外国语学院，福建 厦门 361024；2.厦门大学 外文学院，福建 厦门 361005）

摘　要： 自1868年明治维新到1886年《帝国大学令》颁布这一时期，与日本自传统的东方向近代的西方过渡的时代趋势几乎一致，日本高等教育的学科理念亦出现了糅杂、无序的过渡状态。儒教主义者的折衷主义趋向、西化主义者的实用主义趋向、启蒙主义者的合理主义趋向成为这一时期日本教育理念的代表性思想。这样的一系列思想各自提出了独特的学科观念或者体系，构成了日本近代高等教育学科前史阶段的一大思想论争。沉思与反省这一思想论争的诸多问题，既可以认识到历史演绎潜藏着无数的、多样性的发展契机，也有助于我们深刻反思近代高等教育学科体系的合理性与现实性。

关键词： 学科；折衷主义；实用主义；合理主义

提到当下世界的流行思想或前沿理论，或许我们可以联想到法国社会人类学者列维·布留尔（L. Lévy-Bruhl，1857—1939）的“思维模式”①的问题、美国流

* 作者简介：熊娟（1981—　），女，湖北武汉人，厦门理工学院外国语学院讲师，研究方向为日本文化；通讯作者：吴光辉（1970—　），男，湖北武汉人，厦门大学外文学院教授，博士生导师，研究方向为日本高等教育、日本哲学。

① 列维·布留尔在《原始思维》一书中创新性地提出了原始思维的本质特点，即不同于现代文明思维的，原逻辑、神秘的思维方式，引起了学术界的广泛讨论。参见列维·布留尔《原始思维》（北京：商务印书馆，1981年）。

行的“全球化历史学”[①]的问题、中国如今盛行的“概念史”[②]研究。站在教育学的视角来审视这样的一系列新理论，可以说皆指向一个共同的焦点问题，即教育学科的核心概念，同时也是作为逻辑起点的“学科”这一范畴。近代东亚的学科制度应该说来自东亚最早地实现了近代化的国家——日本，且以日本为嚆矢而传播到了朝鲜、中国，从而构筑起极为独特的东亚教育的“型”(Pattern)。这样的“型”究竟是什么，究竟如何，需要我们进一步深入研究。围绕这一问题，本人将撰文再述。不过，站在发生学的视角来审视东亚的“学科”范畴的形成与演绎，可以为我们如今思索东亚地域性的高等教育的发展历史，把握这一发展进程的本质与真相，探究未来东亚教育走向何处而提供参考与借鉴。

众所周知，自1853年日本被迫打开国门，至1868年锐意推行“明治维新”以来，西方的政治制度、文艺思想，尤其是教育制度就一直被日本政府的领导者所推崇，一批处在文明开化前沿的开明知识分子，亦对西方的学科体系抱有持续的、莫大的关心。尤其是面对外国武力的压迫与自身改革的要求，他们希望能快速地输入西方的近代科学技术，而这一点最为直接地落实到了教育的近代化与制度化之中。因此，一方面，日本政府大量聘请外国学者，即所谓的“お雇い外国人”(外国教习)来到日本，从事实用型知识的传授与研究，力求快速地培养一批实用型的本国人才；一方面，日本政府在这一时期的国学、洋学、儒学的论争之中，采取了打击儒学、安抚国学、宣扬洋学的立场，急速地确立了以文明开化为目标的“西洋学问”的主导地位，为近代科学进入日本扫清了思想上的障碍，也打开了日本大力移植西方高等教育“学科”体系的序幕。

正如日本高等教育的研究者臧佩红所指出的，日本近代教育的“原点”在于

---

① 美国历史学家阿尔弗雷德·E.伊克斯和托马斯·W.齐勒在《全球化和美国世纪》一书中，以美国化的全球史观来研究历史，在美国各界都引起了极大反响，也引起了其他国家历史学者的广泛讨论、批评。参照：Alfred E.Eckes & Thomas W.Zeiler. *Globalization and the American Century*(London:Cambridge University Press,2003)、李世安《全球化与全球史观》(《史学理论研究》，2005年第1期)。

② “概念史”作为一种研究认知转型期历史的独特视角和方法，发轫于德国，以十三卷本《哲学历史辞典》(1971—2007)、八卷本《历史的基本概念：德国政治一社会语言历史辞典》(1972—1997)、十五卷本《1680—1820法国的政治一社会基本概念手册》(1985—2000)为滥觞，发展于英国，以斯金纳为代表的剑桥学派为代表。后来被广泛运用于中国近代史各领域研究。参照：黄兴涛《概念史方法与中国近代史研究》(《史学月刊》，2012年第9期)、李里峰《概念史研究在中国：回顾与展望》(《福建论坛(人文社会科学版)》，2012年第5期)。

“学制”的确立[①]，也就是1872年颁布的《学制令》这一日本近代第一个教育改革法令。不过，提到日本高等教育的“原点”，则是1886年颁布的《帝国大学令》。《帝国大学令》的颁布象征着日本迈出了以欧美为蓝本的高等教育近代化的重要一步，其核心就在于它成功地确立了近代日本高等教育的“学科”体系。那么，这一学科体系究竟是基于什么样的一个理念而得以树立起来的，也就成为本论尝试探讨的重大问题。事实上，在《帝国大学令》颁布之前，也就是“前近代(Pre-Modern)”语境下的日本，日本高等教育的学科理念已经在不断被酝酿、思索、讨论，可以说大致存在三大趋向。首先，是儒教主义者的折衷主义趋向。针对国学者们排斥儒学、提倡国学的态度，儒教主义者站在东方、西方、日本的三元立场，提倡以日本的国体为回归的学科的融合与创新；其次，是西化主义者的实用主义趋向。他们根据西方国家的学科优势，制定了留学国别与学科系统，力图跨越式地移植西方的近代科学并将之实践于高等教育之中；第三，则是启蒙主义者的合理主义趋向。一批启蒙主义者站在新的哲学立场，对西方的“百科全书式”的学科体系进行研究，以树立哲学逻辑与合理主义为基础，谋求树立以近代的知识体系为内核的学科体系。就是这样的三大趋势，构筑起明治前期日本高等教育学科体系的一大图景，也彰显出为后世所沉思、反省的巨大而深刻的文化素材的价值。

一、儒教主义者的折衷主义趋向

众所周知，以5世纪前期自朝鲜百济渡来的“五经博士”——王仁为肇始，中国儒学经朝鲜半岛传入日本，由此日本接受了原始儒学、正统儒学，尤其是进入江户时代以后，日本不仅接受了作为正统儒学的朱子学，也接受了作为在野的学问的阳明学，从而形成了儒学在整个日本的滥觞。但在作为中国传统学术的儒学步入近代之后，在日本逐渐走向衰败，失去了主导性思想的地位，这是一个不争的事实。

事实上，日本针对儒学的批判与否定绝非起步于近代。不过，就在明治维新之初，明治新政府就试图模仿过去的大学寮，创建专门培养官吏的“大学校”。1868年2月，新政府任命平田派国学的代表人物平田铁胤(1799—1880)、矢野玄

① 臧佩红.日本近现代教育政策研究[M].南京：江苏人民出版社，2019：20.

道(1823—1887)、玉松操(1810—1872)三人为“学校挂”(负责人),研究制定培养公卿的学校制度。3月,他们制定了新学制案——《学舍制》,提交最高决策机构总裁局。《学舍制》虽然取法于平安时代的“大学寮”制度,但是它对1792年幕府施行“宽政异学之禁”以来的、以朱子学为中心的儒学式的学科体系进行了改革。

具体而言,第一,《学舍制》推翻了大学寮的核心——“明经道”的主导地位,以所谓的“本教学”取而代之,强调它是“上奉神圣之大道,教授学生修身齐家及显幽分二之微旨、天地之大义”①。第二,它下设“经世学”“词章学”“方伎学”“外藩学”,幕府时代居于统治地位的儒学,则被贬斥为“外藩学”的一部分。第三,《学舍制》废除了自古以来的祭祀孔子的古代制度,提倡供奉“皇祖天神”,也就是日本自身的神道教的主神。换言之,《学舍制》的本质意图在于排斥儒教倾向,树立神道主义的教育观念。回归历史轨迹,《学舍制》尽管没有得到具体实施,但是它所提出的抽象化的学科体系,开启了近代日本学校教育排斥儒教主义的思潮。不仅如此,它蕴含的站在所谓国别主义立场重新规划“学科类别”这一思维方式,也对后世日本的学科设置提供了一定的参考。

1869年,日本新政府太政官宣布,“自今大学校改称大学,开成所为大学南校,医学所为大学东校”。与此同时,太政官指令大学以“公选投刺之法”决定“教官”人选。选举的结果令国学派与儒学派两败俱伤,逐渐丧失了在教育体制中自身的地位与优势。1872年《学制令》的颁布,则进一步将儒学推到了历史的边缘地位。《学制令》的执行原则之一,即强制性地要求一批旧的学校必须讲授以西方进步知识为基础的实用学科,代替不切实际的儒教学说。② 由此,江户时代以来的体制化儒学,即作为官学的朱子学不仅被排斥出旧有的官立教育机构,也被排斥在近代日本的新型学校教育之外。

不过,经历了十多年的崇尚西学、排斥儒学的狂潮之后,日本逐渐发现自身的学问传统遭遇了“断裂”的危机。借助实学派儒学者元田永孚(1818—1891)的阐述,“维新以来,俄而模仿欧美文明,教育方法亦用其规则,学科精密,生徒增多,全国面目一变,至近年,法律、理学、经济、工艺,博识多艺之人胜维新之前百倍。然皆外面之装饰,长于才思技能之动而我邦之精神魂性乏,道德义勇之根柢薄,虽欲养成国家柱石之才而不复可得。……本举国将成为欧美之粉饰人,是皆

① 文部省教育史编撰会.明治以降教育制度发达史:第1卷[M].日本:教育资料调查会,1938:89.

② 日本国立教育研究所.日本教育的现代化[M].北京:教育科学出版社,1980:27.

教育误于本末之故也。”①基于此，元田主张教育必须“阐明祖宗之谟训，继述代代之令典，准由国体风俗，养成日本人之魂性”，为此“不可不首以孔子之教资之”。②换言之，这一时期的日本必须在西学与东方之学，或者日本之学之间建立起一个平衡的支点。就在这一背景下，儒学开始逐渐复兴起来。

1880 年，以重野安绎(1827—1910)、三岛中洲(1831—1919)为核心的一批传统的知识分子组织发起了“斯文学会”。斯文学会积极开办学校，组织演讲会以集中学生，其根本目的在于：“我邦礼仪廉耻之教，与彼欧美开物成务之学，并行不悖，众美骈进，群贤辈出，以望赞翼明治之太平。”③斯文学会强调众美骈进，推动东西融合，带有这一时代极为流行的“和魂洋才”的色彩。不过，如何就所谓的学问进行合理配置，使之发挥出积极效应，应该说是到了之后才有所考虑。1886 年，一批反对偏重洋学，主张研究中国、日本、印度学说的人士发起成立“东洋学会”，儒教主义者西村茂树(1828—1902)担任会长，发表了题为《东洋学会的前途》的演讲。西村在突出了“东洋”这一范畴的同时，也围绕“学科”的问题进行了具体阐述。

在这篇演讲中，西村茂树首先站在东、西两洋关系的视角指出：“凡学科可分为三类，其一，通东西之学而能发挥其中真理者；其二，依西洋之学而能发挥东洋之事理者；其三，东洋自身之学问。”④而且，西村还指出，政治、经济、道德、心理、理学等为第一类学科；化学、物理、地质、诗歌、音乐等为第三类学科；至于医学、兵学一类的实用科学，大概也就属于第二类学科。这一划分与当下的学科分类亦有所不同，反映出了西村茂树的学科理解的“边界”之所在。那么，西村茂树究竟是基于什么而确立了划分的标准？对此，西村在演讲之中进一步指出，学问的标准“凡学术界必要者，第一为精密，第二为博大，第三为结构完全，第四为顺序整齐，第五为少劳多功。以此五条定学问之等级，则本邦之学问不及中国学问，中国之学问又不及西洋。是乃于古代，国民专务中国之学，而不务本国之学。时至今日，专务西洋之学，而不务东洋之学”。⑤ 在此，西村就学问的标准进行了划

---

① 元田竹彦，海后宗臣.元田永孚文书：第 2 卷[M].东京：元田文书研究会，1969：159.

② 元田竹彦，海后宗臣.元田永孚文书：第 2 卷[M].东京：元田文书研究会，1969：159.

③ 山室信一.明治儒学的存在形态及其意义[M]//浙江大学日本文化研究所.明治时代的儒学国际学术研讨会.2004：21.

④ 松本三之介，山室信一.日本近代思想大系学问与知识人[M].东京：岩波书店，1988：95.

⑤ 盛邦和.近代日本文教体系重建分析[M]//浙江大学日本文化研究所.“明治时代的儒学”国际学术研讨会论文集.[出版者不详].2004：7.

分，突出了向西方学习的基本目标。不仅如此，为了面向世界，西村茂树还主张新的学问不应该偏执一端，而应该将东洋之学与西洋之学置于同等的地位，折衷地加以摄取，以期待将它们加以综合，形成具有日本自身特性的近代学科体系。

概而言之，儒教主义者的立场从明治维新初期极力维护以儒教为主体的体制教学，一步步让步为东西折衷主义。一方面，可以说这一观念不过是幕府末期的“东洋道德、西洋艺术”观念的延续；一方面，我们由此也可以发现在日本亟须走向近代化之背景下，儒学教育不切合时宜必然走向弱化的趋势。尽管西村茂树提出了将东西之学同等对待的主张，但是日本的国家主义者似乎越来越不满足这样一种折衷的方式，开始站在日本自身的立场将它归化到国家主义体制之下。《教育敕语》(1890 年)颁布之后，以中国为发端的儒学最终退出了“学问”的舞台，完全成为国民教育的道德修养课程，更是成为日本高等教育一步步走向制度化，且落实到国民精神的一大“保障”。就这样，被改造了的儒学以一种“折衷”“退让”的方式，在日本近代初期的高等教育体制中得以维持下来。但是，如果这样的体制一旦崩溃，那么儒学在日本也就会陷入不可颠覆的深渊之中。近代日本的历史进程表明了一点，即日本的国家主义者并没有就此而止步，尤其是到了 20 世纪 30 年代之后，“东方之学”与“西方之学”二元对立的框架结构可以说进一步左右了日本的教育界，[①]即便是“科学”，也必须是“日本的”，而不能是“世界的”。[②] 在这样的一个非此即彼的激烈思想斗争中，折衷主义的声音也偃旗息鼓，几不可闻，日本的学术思想彻底地转向了国粹主义、法西斯主义的立场。

二、西化主义者的实用主义趋向

承前所述，明治维新提出了“殖产兴业、文明开化、富国强兵”三大口号，在这样的口号宣扬之下，日本高等教育也开始转向。1870 年 2 月，日本政府制定《大学规则》，提示了大学乃至整个教育的指导思想在于“道之体也，无物不在，无时不存，其理则纲常，其事则刑政。学校，所以讲斯道、施实用于天下国家者也。然则孝悌彝伦之教、治国平天下之道，格物穷理日新之学，皆宜穷究，其内外相兼，

---

① 中村春作.江户儒教与近代的“知”[M].东京：鹈鹕社，2002：191.

② 藤田正胜.日本文化、东方文化、世界文化[M]//卞崇道、藤田正胜、高坂史朗.东亚近代哲学的意义.沈阳：沈阳出版社，2002：21.

彼此相资，须合于所谓本天地之公道、求知识于世界之圣旨”。[①] 这样的思想一则落实在国家，即为了国家，尤其是继承了儒教的治国平天下思想的“斯道”；二则落实在了世界，即求知识于世界，也就是向西方学习。

就在这样的尝试构筑起“和魂洋才”的思想框架下，日本高等教育开始采取西方国家的学科分类与西方翻译著作中的学科名称，打破所谓的“汉土”“西洋”之分，师法西方，设置了具备一定体系的教科、法科、文学、理科、医科的课程类别。

表 1 《大学规则》之课程(1870)

学科	课程类别
教科	神教学、修身学
法科	国法、民法、商法、刑法、诉讼法、国际法、政治学
理科	地质学、金石学、动物学、植物学、化学、数学、机械学、建筑学
医科	预科、本科(解剖学、药物学、病源学、尸检学、各科治疗学、营养学)
文学	纪传学、文章学、性理学

资料来源：杨孔炽.日本教育现代化的历史基础[M].福州：福建教育出版社，1998：230.

事实上，一批自西洋归来的洋学者参与起草了《大学规则》，他们所制定的学科分类，可以说确立了日本近代学科体系的基本方向，具有长足而深远的意义。具体而言，首先，它具备打破东西、汉洋之分的潜在意义，使得近代学问可以不分地域、历史与传统，树立一个基础性的知识体系平台。所谓“近代”，就是一个东西方走向融合，世界开始真正地成为一个整体的时代。基于这样的一个思想愿景，西化主义者们需要打破传统的国别观念，站在“知识学”的基点来重新探讨与确立知识体系究竟是什么的问题。不过，我们必须认识到，如果只是知识体系的问题，那么东方在此或许还可以与西方一争长短。但是，一旦成为知识学的基点，即牵涉到所谓知识体系的问题，则必须存在一个最为根本的“坐标轴”。而这样的“坐标轴”，在西化主义者看来，绝对不在东方，而是在于西方。

---

① 文部省教育史编撰会.明治以降教育制度发达史：第1卷[M].日本：教育资料调查会，1938：139.

其次,《大学规则》效仿西方的大学设置了学科分类,这一规则具体的出发点来自欧洲,尤其是荷兰、法国,这一点与明治后期的日本全面接受来自德国的学问截然不同。不过,这一时期的欧洲也代表了世界最为前卫、最具科学的思想。因此,借助欧洲模式来构筑起大学规则,施行新型教育,既是对东方传统的学科分类——尤其是中国传统的四库全书式的经史子集的划分方式的挑战或者革命,更是推行文明开化政策的日本在经历了一段单一学科的模仿与移植之后,试图体系化地、全面性地接受西方近代科学知识的一个标志。《大学规则》针对新的学科体系与课程类别的划分,可以说是日本近代留学教育的一大结晶。

不仅如此,通过咨询幕府末期以来海外留学的日本人与延聘的一批西方知识分子,日本政府还在1870年12月颁布了《海外留学规则》。究其目的,即在于:“大兴遣欧学生之举,使之通达欧美国体、政治、风俗、人情,研究其制度、文物、学术技艺及其他百科,鼓舞日新之民,赞助开化之运,以辅弼国家之隆盛,实现天皇之远虑。”[①]为此,明治政府以欧美各国的学科发展为对象进行研究,整理归纳出欧美国家领先于世界的“学科目录”,为留学生选择留学国家和专业提供了一定的参考和指导。

《海外留学规则》的学科目录的特征,首先体现为它选择的对象是欧美的资本主义国家,尤其是荷兰。之所以如此,或许是源于自江户时代以来,日本就一直流行“兰学”,具备了直接接受其学问的潜在基础。由此也可以确认一点,即这一时期日本的高等教育立志走西化主义的道路。第二,学科目录大量地集中在所谓“理科”、实质是“工科”的近代科学技术领域,显著地反映了近代日本谋求快速学习与移植西方科学技术,推动日本殖产兴业、富国强兵的实用主义心理。第三,学科目录还大量地涉及国家的法制建设的内容,即商法、税法、万国公法、货币纸币制度、民法、刑律、诉讼法、国债法、诸学校之法、邮传法等一系列有助于国家建设的学科类别。究其目的,也就在于建立近代的法制国家,且为之培养实用型的人才。

① 遣欧学徒选举之议,大隈文书,4241·原本。转引自李文英.模仿、自立与创新:近代日本学习欧美教育研究[M].石家庄:河北教育出版社,2001:66-67.

表 2 《海外留学规则》之留学国别学科参考(1870)

国别	学科类别
英国	器械学(精细加工)、商法(贸易、金银汇兑、各种公司)、地质金石学(各种金石矿物、植物)、制铁法(制铁场方法、器械运用)、建筑学(各种施工)、造船学(船舰修缮方法)、畜牧学(水草适宜、六畜繁殖的方法和性体变化术)、济贫恤穷(幼院、贫院、病院和其他各院及其公私区别)
法国	法律(税法、民法、刑律、诉讼法)、交际学(万国公法)、利用厚生学(交通之道、生产之法、聚散之理、货币纸币制度)、动植学、国势学(通过有形物品的表现鉴别政治得失的方法)、星学(天文推算)、数学、物理学、化学、建筑
德国	政治学、经济学、物理学、星学、地质金石学、化学、动植学、医学、制药法、诸学校之法(各科公私塾)
荷兰	水利学(堤防桥梁、治河法)、建筑学、造船学、政治学、经济学(国债法)、济贫恤穷
美国	邮传法、工艺法、农学、畜牧学、商法、矿山学

资料来源:李文英.模仿、自立与创新:近代日本学习欧美教育研究[M].石家庄:河北教育出版社,2001:67-68.

不过,这一学科目录的根本意义,绝不仅仅在于为留学活动进行指导。首先,审视明治维新之后外国人被雇佣者的结构,可以发现这一学科目录同时也为日本有选择性地聘任外国人提供了一定参考。日本1872年颁布《学制令》不仅希望招徕欧美国家之"最善良者",也希望日本聘请的外国教习是欧美国家最为优秀的技术人才。其次,依据这一目录留学海外的一批日本知识分子回国之后,参与了东京大学的创建,并将西方的教育课程移植到了日本。而且,他们之中的大多数人成为日本最早的近代职业科学家。①

到了1880年,日本国内出现了一批反对留学派遣的声音,指出:"为了提高和完善文部省直辖大学的学科,应缩减外国留学生的人员和年限,……设立日语教学的大学。"②由此可见,派遣外国留学生的基本目的是提高与完善日本近代高等教育机构的学科体系,为建立"日本的大学"而培养人才。这一基本目的,可以说一直到了1893年帝国大学讲座制实施的时期才基本上得以实现。

概而言之,由西化主义者们所提倡并主导创建、最终得以落实的这样一个学科体系,具备了实用主义的基本特征,反映了明治维新时期日本最为朴素、最为直接的诉求。这一学科体系不仅对近代日本的留学教育,也对近代日本的大学

① 杉本勋.日本科学史[M].北京:商务印书馆,1999:343.

② 李文英.模仿、自立与创新:近代日本学习欧美教育研究[M].石家庄:河北教育出版社,2001:139.

教授集团的形成、规范性课程的树立，乃至之后的日本高等教育近代化历程产生了深远的影响。

三、启蒙主义者的合理主义趋向

明治时代初期是一个启蒙的时代，承担这一启蒙的历史使命的代表性学术团体，即1873年创立的“明六社”。作为近代日本的第一个学术团体，明六社本着“以卓越高论唤醒愚民”的宗旨，谋求日本之进步，集合有志之士，推动近代日本人的文明启蒙。自1874年3月至1875年11月，明六社累计出版了43期《明六杂志》，内容涉及西方的政治、经济、社会、宗教、教育、妇女、语言等诸多领域，其主旨在于积极鼓吹文明开化与自由平等的思想，成为这一时期启蒙思想的航标，也受到了日本民众的极大欢迎。不仅如此，以西周（1829—1897）、福泽谕吉（1835—1901）、加藤弘之（1836—1916）、森有礼（1847—1889）为代表的一批明六社成员还翻译了大量的外国著作，详细介绍西方的民权思想与科学精神，成为明治时期文明开化运动之中传播西方思想与进步观念的启蒙旗手，对后世也产生了极为深远的影响。就这样，通过这一团体的知识分子的介绍与启蒙，西方的学术思想大量地输入到日本，其中亦包括了关于高等教育的学科理念。那么，如何将之加以归纳，确立起一个合理的学科系统，也就成了这一时期日本启蒙主义的知识分子所关注的一大问题。

在此，被誉为“近代日本哲学之父”的西周提出的“百学连环”（Encyclopedia），可以说正是通过对西方百科全书式的解释活动，而建立起来的一个典型的学问体系。西周提倡“百学连环”的根本目的，诚如日本学者高坂史朗所指出的，“与欧洲将学问从神的权威之中解放出来一样，西周的意图在这里也就是使学问从先王之道、孔子孟子的权威之中解放出来，通过弄清学问的整体结构，使各个学问得以区分明了各自所处的位置”。[①] 一方面，也在于试图将复杂纷纭的输入到日本的西方学术以日本为核心来重新加以整理归化，进而提出一个更具合理性、更适应日本的基准。

---

① 高坂史朗.从儒学到哲学[M]//卞崇道，藤田正胜，高坂史朗.东亚近代哲学的意义.沈阳：沈阳出版社，2002：68.

表 3　西周的“百学连环”式的学问体系(1870)

类别		学科
普通学 (common science)		历史学(history) 地理学(geography) 文章学(literature) 数学(mathematics)
殊别学 (particular science)	心理上学 (intellectual science)	神理学(theology) 哲学(philosophy) 政事学、法学(politics science of law) 制产学(political economy) 计志学(statistics)
	物理上学 (physical science)	格物学(physics) 天文学(astronomy) 化学(chemistry) 造化史(natural history)

资料来源:高坂史朗从儒学到哲学[M]//卞崇道,藤田正胜,高坂史朗.东亚近代哲学的意义.沈阳:沈阳出版社,2002:68.

首先,西周将所谓“学问”分为普通学(common)与殊别学(particular)两大类别,认为普通学乃是“理”与“万事”彼此关联的基础学问,殊别学则是以“事”为主的学问。所谓“理”的学问,也就是纯粹理论的存在,作为学科基础的存在;所谓“事”的学问,也就是实用性的学问、普适性的学问。就此而言,西周的学科划分的逻辑基础,依旧是延续了朱子学的“事理”之分,换言之,也就是以朱子学为核心,将西方学问嫁接在东方的学问的主干之中。历史上,西周被称为西方化的学者,但就其提出的这一学问体系而言,我们可以认识到其根本逻辑依旧停留在东方的传统学问。

其次,西周将殊别学进一步分为心理上学与物理上学,下辖各个学科。这一划分方法,尽管依旧是来自朱子学的“理事”(一即多)逻辑,依旧采取了“心与物”的二分法,但是,就西周的学问体系而言,如果说普通学构筑起近代日本“通识教育”的雏形的话,那么“殊别学”则是构成了实用性的专门性的学问,带有与西方学问相接轨的内涵。

在此,最为突出的、也是最为令人惊诧的问题就是“造化史”(natural history)这一学问的提出。何谓“造化史”?依照西周的表述与强调,这一学问是探索“金石、草木、人兽”三域的进化之道的学问。换言之,“造化史”最为关键的要点不在于它是什么,而在于“进化之道”。这一学问与西方的进化论进入到日本的历史事实或许存在着潜在的关联性，但是回归到最为核心的要点，即在于“进化”的道路。这样的“进化”或是涉及作为对象的“金石、草木、人兽”，或是涉及日本人如何走向“进化之道”，成为“开化之人”，故而也带有深刻的哲学内涵。

西周提出的这一学问分类体系，尝试将近代的西方新型学问皆融入到自身设定的“百学连环”的框架之中，构筑起以自身或者日本为核心、为目标的学科体系。不过，在这一体系化的知识体系之中，最为关键的，则是西周强调的“哲学”的方法。正如西周所强调的，“Philosophy is the science of science（哲学是科学的科学）”，哲学“统辖诸学，犹如国民之国王，诸学皆不可不归于哲学之一致统辖”。所谓“统辖”，也就是以体系化为目的的“归纳”方法，即通过树立逻辑的方法，将科学或者真理解释归结为一。[①] 通过这样的方法，西周试图脱离“非西方即东方”一类的二元对立的逻辑框架结构，将西方的学问与东方的学问置于一个“百学连环”的平台之上，由此来构建近代的知识体系，推动国民教育与科学研究的全方位性展开。

在此，我们也不可忽视“science”一语。众所周知，“science”不仅具有 20 世纪以来最为流行的“科学”之意，也具有“学科”这一内涵。作为学科体系的来源之一，知识体系对近代的日本产生了深远的影响。明治初期的日本，以西周为代表的不少知识分子被称为“百科全书式”的学者，他们尤为关注如何体系化地移植西方学术这一问题。启蒙主义者西周的建树可谓最为巨大，他不仅注意到了“science”的双重内涵，而且意识到所谓的“百学连环”的体系化过程，也就是将 science（科学）归纳为 science（学科）的一个过程。尽管西周的这一分类只是局限在学术领域，并没有实施到其自身从事的教育实践之中，但是，“哲学”的创立与秉承“科学”的方法来进行学科分类的近代思想，却由此得以真实地彰显出来。虽然西周这一创建“百科全书”式的知识体系的思想，也没有得以传承下来，不过就知识体系与课程体系之间的“不离不即”的联系而言，这样一个思想即便是到了现代，也依然具有重要的参考价值。

四、结　论

明治初期的日本新政府接收幕府官立教育机构之后，就着手尝试对它加以改革，创立适应新时代的高等教育机构。不过，处在初期阶段的这一高等教育改

① 吴光辉.传统与超越：日本知识分子的精神轨迹[M].北京：中央编译出版社，2003：61-62.

革却不得不带有糅杂、无序的基本特征。尤其是鉴于传统思想的沿袭与日本国学思想的影响，新政府一方面采取了复古主义政策，复兴了传统汉学教育机构——大学寮；一方面规划教育体制，设立大学校，推行树立国学、排斥汉学的方针，故而也引发了不小的论争。就在这一过程中，文明开化战胜了汉学复兴，日本政府也采取折衷主义的态度，颁布了《大学规则》，既融合国学、汉学与洋学，也采取西方国家的学科分类与名称来规划学科系统，从而成就了日本式的“和魂洋才”思想的基本架构。

这一时期的日本高等教育机构既沿袭了近世的传统模式，同时也开始革新教育内容与教育方法，并通过招聘外籍教师来推动近代教育课程在日本的移植。这一时期的日本高等教育也进入到一个创立近代大学的准备时期，故而无论是东方的学问思想，还是西方的学科系统，皆成为以满足这样的第一需要而为之提供参考与借鉴的文化资源。折衷主义、实用主义、合理主义的学科理念是否具有了，或者说具有多么大的实践性？在此姑且不论，至少这一时期的日本近代知识分子提出了“学问是什么”“Science 是什么”这样的元知识学的质疑，也反映到了学科体系形成之前的实践性的探索之中，这一点尤其值得我们沉思与反省。具体而言，就是以东西方的地域概念为内核的折衷主义学科系统的提倡，突出反映了日本拘泥于东西二元对立框架下的选择观念；以西方国家领先领域为核心的实用主义学科规划的出现，反映了日本“压缩性”地摄取西方知识，推进自身近代化的国家意志；以哲学为根据，尝试体系化地解释近代知识体系，并试图借助它来建构近代学科体系的思想，不仅体现了近代日本知识分子的创新思维，也具备了近代理性主义的基本内涵。

正因为明治前期的日本高等教育机构尚处在一个创立的时期，故而也就不可避免地出现了回归传统的复古主义、模仿国外的拿来主义、兼顾东西古今的折衷主义、超越东西方二元对立框架的理想主义等糅杂在一起的现象，呈现出多样化的可能性与未来性。但是在此，与其说这样的多样化的趋向成为日本高等教育走向制度化、走向国家体制附庸的一个前提，倒不如说它更成为我们审视、沉思、反省日本高等教育乃至近代日本何以陷入“天皇制国家”的陷阱的“重要媒介”。不可否认，任何一个思想论争都阻碍不了社会前进的脚步。就在各个社会思潮此起彼伏、相互倾轧、陷入无序状态的时候，日本近代高等教育也开始了起步，将西方科学与国民道德夹杂在一起的日本高等教育学科体系也开始逐渐得以确立下来。

Meditation and Introspection on the Concept of Discipline of Japan's Higher Education in the Historical Context

Xiong Juan[1], Wu Guanghui[2]

(1.School of International Languages, Xiamen University of Technology, Xiamen Fujian 361024, China;
2.College of Foreign Languages, Xiamen University, Xiamen Fujian 361005, China)

Abstract: From the Meiji Restoration in 1868 to the promulgation of *Order of Imperial University* in 1886, in the early days of modern Japan, almost in line with the trend of Japan's transition from the traditional East to the modern West, the concept of higher education in Japan has also appeared in a mixed and disorderly state. Confucianism's eclecticism, Westernist's pragmatism and Enlightenmentist's rationalism became the representative thought of Japanese educational ideas in this period. Each of these sets of ideas puts forward the unique subject concept or system, which constitutes a major ideological debate in the prehistoric stage of the discipline of modern higher education in Japan. Pondering and reflecting on many problems of this ideological debate, can not only realize that the historical interpretation has numerous and diverse opportunities for development, but also help us to reflect deeply on the rationality and reality of the discipline system of modern higher education.

Key words: discipline; eclecticism; pragmatism; rationalism

教育史与考试研究

我国新高考改革的价值取向与发展趋势研究*

——基于新高考改革试点省市招生录取文件的文本分析

吕慈仙　杨沛锦**
(青岛大学 师范学院,山东 青岛 266071)

摘　要:2014年开始的新一轮高考改革是我国恢复高考制度后探索考试招生制度改革的重要举措,此次改革致力于形成“分类考试、综合评价、多元录取的考试招生模式”。考试科目由分科走向综合,录取批次由分批录取走向分段录取,录取规则由单一走向多元,更加注重公平公正。新高考改革具有渐进性、科学性和合理性,逐渐形成以人为本、求同存异、注重个性、全面发展的价值取向。新时代下对于教育资源公平的追求,成为不断推动新高考改革的动力机制。新高考改革是一个曲折发展的过程,政策的制定应更好地适应现实需求,不断进行改善和调整。因此,今后的新高考改革将更加体现政府治理水平、更加兼顾“弱势群体”、更加突出“五育并举”。

关键词:新高考改革;价值取向;发展趋势;文本分析

2014年9月4日,国务院印发指导考试招生制度改革的纲领性文件——《关于深化考试招生制度改革的实施意见》(以下简称《意见》)。《意见》指出,2014年浙江和上海作为高考综合改革首批试点省市,到2020年基本建立中国特色现代教育考试招生制度①。《意见》的出台标志着新一轮考试招生制度改革的全面启动。新高考改革是构建中国现代化教育体系的关键一环。在恢复高考制度四十

* 基金项目:国家社科基金一般项目“进一步开放背景下推进事业单位管办评分离改革研究:以高校改革为例”(18BZZ099)。

** 作者简介:吕慈仙(1978—　),男,浙江宁波人,青岛大学教育发展研究院副院长,教授,博士生导师,研究方向为教育社会学、新高考制度;杨沛锦(1999—　),女,吉林延吉人,青岛大学教育发展研究院硕士生,研究方向为新高考制度。

① 国务院.关于深化考试招生制度改革的实施意见[EB/OL].(2014-09-03)[2020-04-03].http//www.gov.cn/zhengce/content/2014-09/04/content_9065.htm.

多年的时间里，教育功能的异化致使考试招生逐渐僵化。“应试教育”被认为是以考试为工具，培养和选拔少数尖子学生的淘汰式教育①。新高考改革一方面能够打破应试教育的束缚，克服“唯分数、唯升学”倾向；另一方面能够完善我国的人才结构，丰富我国的人力资源。

一、试点省市“新高考改革”政策的文本分析

有关省教育厅、市教委在《意见》的指导下，制定了“求同存异、分门别类、锐意创新”的综合改革方案。21个试点省市按照时间批次，陆续颁布深化高等学校考试招生制度综合改革实施方案及相关政策文本。该方案依据各省市的实际办学与招生计划情况，在指导思想、工作原则、主要内容以及保障措施等方面进行了详细的阐述。

表1　部分新高考改革试点省市政策文本汇总表

序号	地区	文件名称	出台时间	颁布机构
第一批新高考改革试点省市政策文件				
1	浙江省	浙江省深化高校考试招生制度综合改革试点方案	2014年9月	省教育厅
2	上海市	上海市深化高等学校考试招生综合改革实施方案	2014年9月	市教委
第二批新高考改革试点省市政策文件				
3	北京市	北京市深化高等学校考试招生制度综合改革实施方案	2018年8月	市教委
4	天津市	天津市深化考试招生制度改革实施方案	2016年4月	市教委
5	海南省	海南省深化高等学校考试招生综合改革试点方案	2018年3月	省教育厅
6	山东省	山东省深化高等学校考试招生综合改革试点方案	2018年5月	省教育厅
第三批新高考改革试点省市政策文件				
7	广东省	广东省深化普通高校考试招生制度综合改革实施方案	2019年4月	省教育厅
8	福建省	福建省深化高等学校考试招生综合改革实施方案	2019年4月	省教育厅
9	河北省	河北省普通高校考试招生制度改革实施方案	2019年4月	省教育厅

① 刘海峰，韦骅峰.招生考试改革的鉴古知今:“唯分数”与“唯升学”问题的历史探究[J].教育研究，2021，42(5):86-100.

续表

序号	地区	文件名称	出台时间	颁布机构
10	辽宁省	辽宁省深化高等学校考试招生综合改革实施方案	2019 年 4 月	省教育厅
11	江苏省	江苏省深化普通高校考试招生制度综合改革实施方案	2019 年 4 月	省教育厅
12	湖北省	湖北省高等学校考试招生综合改革实施方案	2019 年 4 月	省教育厅
13	湖南省	湖南省高考综合改革实施方案	2019 年 5 月	省教育厅
14	重庆市	重庆市深化普通高等学校考试招生综合改革实施方案	2019 年 4 月	市教委
第四批新高考改革试点省市政策文件				
15	黑龙江省	黑龙江省深化普通高校考试招生综合改革实施方案	2021 年 9 月	省教育厅
16	甘肃省	甘肃省深化高等学校考试招生综合改革实施方案	2021 年 9 月	省教育厅
17	吉林省	吉林省深化普通高等学校考试招生综合改革实施方案	2021 年 9 月	省教育厅
18	安徽省	安徽省深化普通高校考试招生综合改革实施方案	2021 年 9 月	省教育厅
19	江西省	江西省深化普通高考综合改革实施方案	2021 年 9 月	省教育厅
20	贵州省	贵州省高考综合改革实施方案的通知	2021 年 9 月	省教育厅
21	广西壮族自治区	广西深化普通高等学校考试招生制度综合改革实施方案	2021 年 9 月	省教育厅

浙江省作为首批进行高考改革的试点省份，继续推行“三位一体”招生模式。其最大特点表现在评价的多元性和综合性两方面，多元性主要体现在评价主体、评价内容、评价标准和评价方式四个层面①。以江苏省为代表进行第三批高考改革试点的 8 个省市，首次采用“3＋1＋2”的高考模式。在政策文件方面出台多项细则，确定普通高中学生综合素质评价标准，并将高等职业院校纳入改革体系，实现高等院校与高等职业院校改革“双轨并行”。以吉林省为代表进行第四批高考改革试点的 7 个省市，在改革内容上，一方面借鉴已有省市的成熟经验，另一方面，加强动态性、常态化监管，保证综合素质评价的公正客观，不断健全职业高等院校分类考试招生制度。分析试点省市的文本政策内容，有利于更深刻地解读不同省市考试安排、录取规则与志愿填报设置等方面的内容。

---

① 冯成火.浙江省“三位一体”招生模式改革的思考和探索[J].教育研究，2014，35(10)：151-157.

(一)考试

1.考试科目安排

通过梳理试点省市考试院发布的政策文件可知,前两批新高考改革试点的6个省市均采用的是"3+3"高考模式,即3门必考科目和3门选考科目。这种选考模式丰富了科目选择的排列组合,给予学生更多的自主选择权。以浙江省为例,浙江新高考方案规定考生可以在7个科目(增加了技术科目)中选3个,有35种组合方式[①]。但前两批省市在新高考改革实施过程中,出现了"物理"学科选考人数较少的困境。因此,第三批和第四批新高考改革试点的15个省市采用的是"3+1+2"新高考模式,在一定程度上缓解了物理学科的选考困境。以上两种考试科目选择方式,均是"3+X"的衍生模式。"3+3"科目组合选择性更多,"3+1+2"科目组合更简便易行,两者各有长处[②]。

2.考试时间安排

目前试点省市考试时间通常为4天,其中语文、数学、外语考试时间和全国统考时间一致,在每年6月7—8日。选考科目考试与必考科目考试时间分开,各省市选考科目在考试时间安排上有所差异。例如北京市普通高中学业水平等级考试,是由北京市考试院自主命题,考试时间安排在6月9—10日,每科考试时间为90分钟。而上海市普通高中学业水平等级考试是由上海市考试院根据当地教育水平和考生综合素质进行自主命题,考试时间安排在5月8—9日,每科考试时间为60分钟。考试时间的分散化能进一步缓解考生的备考压力,减轻考生的备考负担,让"减负"真正落到实处。

3.考试成绩组成

新高考模式下考生成绩由两部分组成:一是统考的语数外三科成绩;二是选考科目在标准等级换算后得到的赋分成绩。等级赋分制的层级划分相对宽泛,区分度低,有利于淡化教师与学生对分数的追求,缓解各方的心理压力[③]。选考科目由考生根据目标院校的专业要求和自身特长,在余下科目中进行自主选择。

---

① 刘宝剑.关于高中生选择高考科目的调查与思考:以浙江省2014级学生为例[J].教育研究,2015,36(10):142-148.

② 刘海峰.高考改革新方案的顶层设计与实践推进[J].中国教育学刊,2019(6):1-5.

③ 刘盾.新高考改革之现实审思与理论分析:以考试科目、次数及赋分方式为重点[J].复旦教育论坛,2017,15(3):11-17.

选考科目的赋分制度打破了传统高考以绝对分数为录取标准的限制，一定程度上破解了“唯分数论”给中国考生带来的负面影响。

(二)志愿填报与录取

1.录取模式变化

新高考改革试点省市将录取类别分为三类，即普通类、艺术类和体育类。普通类、体育类分本科提前批、本科批、专科提前批和高职专科批四个批次进行录取，艺术类分本科提前批、本科批和高职专科批三个批次进行录取，将单一的统一录取方式分解为多种形式①。新高考背景下统一高考招生录取模式由过去的“院校平行志愿”投档变为“专业平行志愿”投档。

2.录取批次变化

新高考改革试点省市由以往按批次分批填报志愿、分批录取，转为按考生成绩分段填报志愿、分段录取。传统的一本、二本投档合并为一个批次，代之以院校专业组(上海)或分段专业平行志愿(浙江)填报、录取方式②。2016年上海市取消了一、二本批次③，2017年浙江省合并了本科批次，取消分批批次录取④。2018年广东省和天津市将所有本科批次合并录取⑤⑥，不再有一、二本之分，只存在本科和专科之分。

3.志愿填报变化

新高考改革后，不同高校相关专业对选考科目做出要求。考生的首选科目和再选科目在填报志愿时必须满足高校该专业的填报要求。学生需要认真、仔

---

① 卢岩红.工作流管理在新高考改革录取工作中的应用研究[J].当代教育科学，2019(4):94-96.

② 董秀华，王薇，王歆妙.新高考改革：高校招生面临的挑战与变革[J].复旦教育论坛，2018，16(3):43-50.

③ 上海市教育委员会.关于印发《上海市深化高等学校考试招生综合改革实施方案》的通知[EB/OL].[2020-04-03].http//www.shanghai.gov.cn/nw2/nw2314/nw2319/nw11494/nw12331/nw12343/nw31887/u26aw40261.htm.

④ 浙江省教育厅.关于完善学考选考工作的通知[EB/OL].(2017-11-28)[2020-04-15].http//jyt.zj.gov.cn/art/2017/12/1/art_1543960_28519745.htm.

⑤ 广东省教育厅.广东省教育厅关于普通高中学业水平考试思想政治等4门选择性考试科目等级赋分方法的通知[EB/OL].(2019-04-19)[2020-04-03].http//eea.gd.gov.cn/gzxk/content/post_2282154.html.

⑥ 天津市人民政府.关于印发天津市深化考试招生制度改革实施方案的通知[EB/OL].(2016-04-27)[2020-04-03].http//www.iea.ecnu.edu.cn/16/56/c10115a202326/page.htm.

细研读每一个院校的专业招生政策，考虑专业综合实力，查看科目选择、身体条件等是否符合专业要求[①]。不同高校对同一专业的选考科目要求也可能不一样，具体情况要以不同省市的招生计划为主。对报考专业科目进行限定，丰富了学生与高等学校间"双向选择"的机会。新高考模式下衍生出的96个志愿填报选择，不仅给予考生更多专业选择机会，还降低了滑档的风险。

二、试点省市"新高考改革"政策的价值取向

(一)选考科目由分科走向综合，强调"全面发展"

1.取消文理分科，改变了"二分法"模式

取消文理分科，改变人才选拔方式，将有助于推动我国教育事业从高速发展转向高质量发展。新高考模式下对"3＋X"方案进行创新发展，形成了"3＋3"和"3＋1＋2"的高考模式。这种创新发展推动高中课程改革，健全教学管理规程，深入推进育人方式改革。减少必修课程的数目，增加选修课程的数目，不以文理分科作为人才选拔的绝对标准，鼓励每一位学生自主选择，尊重学生的兴趣爱好。丰富学生成长路径的同时尊重学生的兴趣爱好，该高考模式既利于学生全面发展综合能力又不缺乏个性创新。

2.增加外语听力环节，重视综合应用能力

外语考试增加了听力考试环节，一年两考，取两次成绩中较高的成绩计入高考总分。从上海、浙江的情况来看，外语一年两考对学生保持良好心态、减轻压力等方面起到了不可替代的作用。改革外语考试内容一方面加强了考生对于基础知识的掌握，另一方面重视考生的实际应用能力，培养在视、听、说三方面的实用技能[②]。外语口语一年两考给予学生足够的"试错空间"，减轻考试压力。

3.推进多元录取，促进素质教育发展

2020年，教育部印发《关于在部分高校开展基础学科招生改革试点工作的意见》(以下简称"强基计划")，旨在特定历史阶段探索多元化的招生录取与人才培

---

① 杨现民，郭利明，晋欣泉等.大数据助力新高考改革：框架设计与实施路径[J].电化教育研究，2019，40(2)：30-37.

② 袁振国.在改革中探索和完善具有中国特色的高考制度[J].华东师范大学学报(教育科学版)，2018，36(3)：1-12，166.

养方式[①]。各个省份积极建立多元化的升学渠道,考生除了参加普通高等学校招生考试外,也可以参加部分高校的"强基计划""综合评价招生"等。这种多元录取的方式,从学生的思想品德、学业成就、身心健康等方面进行考察,既体现出对素质教育的重视,又能充分体现教育公平,进一步扩大了高校的招生自主权,缓解了我国高等教育面临的困境。

(二)教育理念由传统走向开放,强调"求同存异"

1.重视以人为本,尊重学生自主选择

新高考改革最大的特征就是把"选择权"交到了学生手里。"走班制"的实行实现了学校的教学管理从"标配"到"自选"的一个跨越,给予考生自由选择的权力。不同试点省市结合自身的实际情况,在充分尊重学生自主选择的前提下,设计了多种走班方案。"走班制"实施的根本目的是支持考生进行自主选择,在考生感兴趣的领域进行学习,调动学习主动性和创造性。学校要指导学生根据国家发展需要和自身兴趣特长选择选考科目,坚持以人为本,尊重学生的主体地位,坚决避免功利化选科选考。

2.发展学生核心素养,坚持德育为先

《意见》强调,此次深化考试招生制度在考试形式和内容方面的改革,是为了更好地引导素质教育,关注学生核心素养,促进学生健康成长。试点省市的政策文本中强调重视对考生综合素质的考察,以核心价值体系为基础,培养考生的学科素养和关键能力,重视实践操作能力、知识获取能力以及思维认知能力。不仅对考生的学习能力有要求,对于品德修养以及身体素质也做出进一步要求。学校要树立科学教育质量观和正确办学理念,把立德作为育人首要任务,坚持德育为先的重要地位。

3.形成创新思维,破解"一考定终身"难题

教育领域中,应试教育的固化模式和"一考定终身"的固化思想严重影响着学生的健康发展。中央深改委会议提出破"五唯"为高校招生破解"一考定终身"难题注入新的动力[②]。新高考改革中过程性和发展性的评价体系打破原有的"唯

① 刘海燕,蒋贵友,陈唤春.我国拔尖创新人才选拔与培养的路径研究:基于36所高校"强基计划"招生简章的文本分析[J].高校教育管理,2021,15(4):93-100,124.

② 边新灿.破"五唯"背景下高校招生破解"一考定终身"难题的回溯、反思和前瞻[J].教育学报,2021,17(1):130-142.

分数""唯升学"线性评价模式。"一考定终身"是推进新高考改革中面临的"老大难"问题,因此在改革过程中应该形成创新性思维,不能循规蹈矩,在遵循教育基本规律的前提下,将科学性与可操作性结合在一起,突出问题导向,完善评价内容,改进评价方式。针对各个省市制定求同存异的政策方针,不但要兼顾减负与公平,而且要在满足现实需求下探讨更多的可能性方案。

(三)人才选拔由单一走向多元,满足"多样化需求"

1.突破传统招生模式,人才选拔模式更加精准

新高考背景下高校招生录取模式的改革,一方面消除学历限制,减轻学历歧视现象;另一方面倒逼高校进行专业优化,提升高校的核心竞争力与独特性。高等职业院校同步进行考试招生制度改革,分为单独和对口两种考试模式,在不同模式下对技术型人才进行精准培养。将高等教育与职业教育有效衔接,健全高等教育与职业教育体系,让考生能够结合自身实际情况选择最适合的院校和专业,真正做到术业有专攻,而不是为了盲目追求进入高等教育的机会,而忽视考生自身的兴趣特长。

2.优化教学方式,立足于学生终身发展

通过高考选拔并培养出来的人才是我国社会发展的中坚力量。学校要通过优化教学方式,提高人才培养质量满足社会发展需求。鼓励教师改进和创新教育教学方法,注重启发式、互动式、探究式教学,加强跨学科综合性教学,推进信息技术与教育教学深度融合,促进学生自主、合作、探究学习。高中学校重视基础知识学习的同时要有意识地培养学生的实际操作能力,提高学生主动获取知识的能动性,培养学生自主学习能力,整体提升教育教学质量。

3.双管齐下,兼顾技术型与创新型人才的培养

新高考改革的目的是实现人才培养与社会需求的最佳组合。学生,特别是毕业生对人才培养方式变革程度的感受是最直接的、最真实的[①]。通过改变课程设置、考察内容以及实践教学等方面来改进考试招生制度的选拔要求,能够进一步改善人才培养方式[②]。高考制度的实行在过去的几十年为我国经济社会的发展提供了大批的优秀人才,为国家快速发展提供中坚力量。新兴职业的兴起,说

① 刘海峰,刘亮.恢复高考40年的发展与变化[J].高等教育研究,2017(10):1-9.

② 郭建如,吴红斌.地方本科院校转型与人才培养模式变革[J].中国高教研究,2017(11):36-42.

明不断被细分的市场激发了对个性化创新型的人才的需求。而固化的高考模式,不能满足当下社会的需求,因此教育要培养全面发展的人,通过改革高考兼顾技术型与创新型的人才培养。

三、"新高考改革"的未来发展趋势

(一)新高考改革将更加体现政府治理水平

高考既是重要的政治问题,也是重要的社会问题,体现政府的公共治理水平。治理的目的,是在各种不同的制度关系中运用权力去引导、控制和规范公民的各种活动,以最大限度地增进公共利益,并提出良好治理的"善治",是政府与公民对社会生活的共同管理,是国家与公民社会的良好合作,包括合法性、透明性、责任性、法治、回应、有效和稳定等七大基本要素①。

当前,从宏观角度看,高考改革还存在以下四对矛盾:理想与现实的矛盾、教育与社会的矛盾、公平与质量的矛盾、全局与局部的矛盾②。从微观角度看,高考存在考测能力与公平客观的矛盾、灵活多样与渐变易行的矛盾、扩大自主与公平选才的矛盾、考出特色与经济高效的矛盾③,以及统一考试与考察品行的矛盾、统一考试与选拔专才的矛盾、考试公平与区域公平的矛盾、保持难度与减轻负担的矛盾等八个方面的两难问题。在政策设计当中,选择特定的政策工具不仅是以解决政策问题为导向的,它还折射出政策参与者之间不同利益的博弈。因此,高考政策创新还需要政府、智库之外的社会力量参与,尤其是作为与高考政策紧密相关的家庭和个人,他们正在借助网络条件成为政策调整与改革的重要参与者,有必要建立和完善多元治理条件下的政策创新模型,增强高考政策制定和执行的公平性、合法性④。从新高考改革以来的实践看,选考承载的素质教育理念遭遇功利应试的惯性冲击。因此,政府部门必须树立长期治理、综合治理的理念,要从观念、制度、技术等多方面入手,处理好改革力度和速度的关系,积极稳妥,循序渐进,道术并举,标本兼治;决策部门必须确保高考决策信息的时效性、准确

① 俞可平.治理和善治:一种新的政治分析框架[J].南京社会科学,2001(9):40-44.

② 刘海峰.理性认识高考制度,稳步推进高考改革[J].中国高等教育,2013(7):14-16.

③ 刘海峰.高考改革中的全局观[J].教育研究,2002(2):21-25.

④ 朱亚鹏.公共政策过程研究:理论与实践[M].北京:中央编译出版社,2013:132.

性以及公平性，充分给予公众表达、讨论的权利，及时收集反馈的信息与问题；高等学校在招生过程中确保信息公开透明、程序规范合理、结果公平公正，从而妥善协调各种错综复杂的利益关系，积累支持高考改革的社会资本。要发挥利益相关群体的集体智慧，优化治理组织架构，推进治理理念与行为建设[①]，不断提高高考治理水平。

(二)新高考改革将更加兼顾“弱势群体”

国内外大量实证研究验证了从基础教育至高等教育的整个教育历程中，家庭社会经济地位对子代教育成就的强大解释力。霍斯勒(Hossler)等将学生升学选择分为倾向形成、目标搜索、升学决策三阶段[②]。虽然目前我国高等教育阶段扩大了对全体民众的教育机会，但是弱势群体子女由于其家庭经济资本、文化资本等方面的不足，在高选拔性升学选择和信息博弈上存在明显的劣势。陆一认为新高考所赋予的“选择性”在不同学生群体中成为基于学业能力、未来风险预期甚至信息占用的复杂博弈。这场应试博弈中学业竞争可能已超出学生个体能力的竞争范畴，进而拓展到家庭经济资本、文化资本、社会资本的竞争场域[③]。

弱势群体即便拥有强烈的子女升学期望，但是他们既无大学升学选择经历，也缺少寻求市场帮助的经济实力。政府管理部门在出台高考改革政策的同时，需要建立规范化的市场运行管理与监督机制，保障学业能力作为高考竞争中的基础价值取向，同时向弱势学生阶层提供关于高考改革政策说明、升学选择、信息博弈等方面的支持与指导[④]。教育政策是一种政治工具，强调教育政策的合理合法性存在形式和目的意义[⑤]。为此，2021 年 12 月，教育部出台《“十四五”县域普通高中发展提升行动计划》，提出围绕建设高质量教育体系，健全县中发展提升保障机制，全面提高县中教育质量，促进县中与城区普通高中协调发展，缩小

① 刘海峰，王鲁刚.新高考改革网络中的利益博弈和治理策略：基于政策网络理论的视角[J].中国教育学刊，2020(9)：20-25.

② HOSSLER D, GALLAGHER K S. Studying student college choice: a three-phase model and the implications for policymakers[J]. College and university, 1987, 62(3): 207-221.

③ 陆一.复旦大学学者：站在十字路口的高考改革，面对质疑，该妥协吗？[EB/OL].(2018-11-05)[2019-02-18].https://www.sohu.com/a/273430954_479698.

④ 鲍威，金红昊，肖阳.阶层壁垒与信息鸿沟：新高考改革背景之下的升学信息支持[J].中国高教研究，2019(5)：39-48.

⑤ 刘恩贤.改革开放 40 年来高考政策变迁的反思与前瞻[J].中国高教研究，2018(5)：33-39.

城乡教育差距，重视教育公平，努力办好人民满意的教育，着力培养能够担当民族复兴大任的时代新人，为实现教育大国向教育强国转变奠定基础。2022 年 1 月，教育部出台《普通高中学校办学质量评价指南》，落实进城务工人员随迁子女考试升学、残疾学生随班就读、家庭经济困难学生资助等相关政策，加强对需要特别照顾学生的关爱帮扶和心理辅导。

(三)新高考改革将更加突出“五育并举”

试点省市在政策文本中赋予全面发展素质教育以新的时代内涵，但在教育实践中仍面临许多困境，如：思想品德方面的要求过于表面，没有具体的衡量标准；学业水平方面多以分数作为参考，再次陷入“唯分数”的泥潭之中；身心健康方面多参考临时性体能测试的结果；艺术素养方面普遍不受师生重视，形式多流于表面；社会实践方面，多为被动进行，意识性和主动性不强。综合素质评价陷入困境的原因：一方面是由于“五育”并未真正与高校录取挂钩，另一方面是对“智育”的过度重视，导致忽视了其他“四育”的重要作用。

因此，在新时代真正做到五育并举，就要从思想和行动两方面双管齐下，坚持德育为先，其他四育共同发展。试点省市的相关政策文本中，提出建立健全学生综合素质评价制度[①]。过程评价来自常规管理的精细化，具体落实到个人，落实到班级，落实到学生学习与生活的一点一滴；发展性评价来自学校对学生在高中三年的个性化培养与整体发展规划，通过多元参与对学生成长过程进行科学分析，及时诊断和改进教育教学工作。综合素质评价体系需要大数据支持来实现技术创新，从而构建新平台。试点省市的政策文本中提到要“建立全省综合素质评价电子信息的管理平台，自动生成可供学生、教师、家长以及学校查看相关内容的电子档案”。综合素质评价体系衔接学生的高中阶段和高等教育阶段，需要建立健全信息确认、公示投诉、申诉复议、记录审核等监督保障制度。利用大数据建构全国范围内统一的信息管理与共享平台，使录入、审核、上传等程序做到公平透明。基于新平台，电子档案可随着志愿填报信息一起出现在高等院校的信息库，真正做到通过“两依据、一参考”完成高校招生录取。

① 辛涛，张世夷，贾瑜.综合素质评价落地：困顿与突破[J].清华大学教育研究，2019，40(2)：11-16.

Study on the Value Orientation and Development Trend of New College Entrance Examination Reform in China

— Text Analysis of the Enrollment Documents of the Pilot Provinces and Cities of the New College Entrance Examination reform

Lv Cixian, Yang Peijin
(Normal College, Qingdao University, Qingdao 266071,China)

Abstract: The new college entrance examination reform that started in 2014 is an important step in exploring the reform of the examination and enrollment system after the restoration of the college entrance examination system in China. The reform is dedicated to the formation of "classified examination, comprehensive evaluation, and multiple admissions of the examination and enrollment model". The examination subjects have been changed from separate subjects to comprehensive subjects, the admission batches have been changed from batch admissions to sectional admissions, and the admission rules have been changed from single to multiple, making the new college entrance examination more fair and just. The new college entrance examination reform is progressive, scientific and reasonable, gradually forming the value orientation of people-oriented, seeking common ground while reserving differences, focusing on individuality and all-round development. The pursuit of fairness in educational resources in the new era has become the driving mechanism that keeps pushing the new college entrance examination reform. The new college entrance examination reform is a tortuous process of development, and policy development should be better adapted to the needs of reality, with continuous improvements and adjustments. Thus, the future new college entrance examination reform will be more reflective of the government's level of governance, more sensitive to the "vulnerable groups" and more focused on the "educating five domains simultaneously".

Key words: new college entrance examination reform; value orientation; development trend; text analysis

关系运作如何促进了唐代科举考试的公平进程?*

——一个关系学的分析视角

吕福龙[1]　吴梦林[2**]

(1.山西农业大学 公共管理学院,山西 晋中 030800;
2.南开大学 周恩来政府管理学院,天津 300030)

摘　要:从关系学的视角分析了关系运作对于唐代科举考试公平的促进作用。研究发现,开元以后,寒门、小姓子弟依靠弱关系网络与士族子弟的强关系网络展开竞争,从而扩展了寒门、小姓子弟的录取比例;长庆以来,新、旧士族凭借各自的强关系网络来干预主司取士,结果促使官方推出了"不放子弟"的取士标准,从而再次拓展了寒门、小姓子弟的录取比例;大中以来士族逐渐瓦解,寒门、小姓子弟所凭借的弱关系网络无力监督权贵对于科考的干预,荐举由此丧失了其存在的价值。在这种情况下,晚唐时期官方逐渐确立了"一切以程文定去留"的录取原则,唐代科举考试的公平程度因此得到了空前提升。本文拓展了中国教育公平史的研究,同时也为解决高等院校的"申请—考核"制存在的难题提供了一些参考方式。

关键词:关系运作;唐代科举;弱关系;强关系

一、问题的提出

随着时代的变化,教育公平的实现常常呈现出不同的影响因子和动力机制。

* 基金项目:山西省优秀博士来晋工作奖励资金科研项目"儒家社会思想研究"(SXYBKY2019004)。

** 作者简介:吕福龙(1988—),男,山西忻州人,山西农业大学公共管理学院讲师,研究方向为教育史、教育社会学;吴梦林(1990—),女,河南信阳人,南开大学周恩来政府管理学院博士生,研究方向为教育经济与管理。

为了探究教育公平的演变规律，我们不得不对历代教育公平的发展史进行系统地研究。唐代官员的选拔处于察举向科举转变的过渡时期，其教育公平形态亦兼具察举制与科举制的两种特征。即此而言，唐代教育公平可以说是中国教育公平史上的关键转折点，它对于解开中国教育公平的演进规律有着十分重要的意义。

当前，一些研究者初步肯定了科举制对于中国教育公平的推进作用。庞君芳指出："我国封建社会教育公平思想的发展，主要体现在科举制的兴起、发展和完善中……科举制度虽然带有鲜明的阶级性，因其在开创之初不设门第、等级限制，公开考试，平等竞争，择优录取等，具有公正客观的优越性，给当时的中小地主阶级和平民百姓参与政权的机会，促进了社会阶层的合理流动，体现了丰富的教育公平思想，成为封建社会促进社会公平的重要手段。"[①]然而，也有一些研究者认为科举制的"自举"原则虽然极大地推进了教育公平之中的机会公平，但是科举制对于教育公平之中的结果公平却产生了相反的影响。韩宾娜认为科举制起初确实推进了唐代教育的公平，但是"封建统治者自身的腐败，造成贿赂成风，考场黑暗，主考者为一己私利而泯灭人才；考生则为进身而卑躬屈膝。从而造成科举制的消极作用，并最终使之走向反面"。[②] 庞峰伟认为"行卷"是科举制度徇私舞弊的重要手段，投"行卷"是为了"公荐"，"公荐"就是声望地位较高的公卿大臣向考官推荐考生。[③] 吴晓燕、程刚指出唐代士族通过贿赂、请托主司来求得子弟中举，加剧了科举考试的不公平。[④] 胡可先认为，"座主"与"门生"相互援引，极大地妨碍了唐代教育公平的发展。[⑤]

综合这些研究可知，既有研究普遍认为举子依托人际关系请托主司的行为严重阻碍了唐代科举考试的公平程度。杨荫楼指出："（唐代）公卿大臣都可以凭借自己的权力和地位并通过亲友、座主、同年、门生、故吏的关系，竭力控制进士科，使其子弟得以科考及第，而出身寒门的知识分子则受到压抑和排斥。"[⑥]吴再

---

① 庞君芳.中国教育公平思想的历史演进[J].教育史研究，2019(1):98-108.

② 韩宾娜.从进士科看唐代科举的流弊[J].松辽学刊，1994(3):31-35.

③ 庞峰伟.略论唐代科举制度的弊端[J].改革与开放，2012(3):178-179.

④ 吴晓燕、程刚.隋唐时期科举腐败探析[J].浙江工业大学学报(社会科学版)，2010(2):159-164.

⑤ 胡可先."门生"与"座主"：唐代科举助长了官场裙带关系吗？[J].人民论坛，2016(9):142-144.

⑥ 杨荫楼.唐代科举制度的意义及流弊[J].齐鲁学刊，1986(1):13-20.

庆、刘心进一步指出，中晚唐时期种种社会关系的运作使得科举制度的取士越发不公平，科举录取的标准以关系为主，不以呈文为重。[①] 甚至有一些学者悲观地认为："唐代科举考试的实质，只是上层社会内部的权力再分配，是上层社会中的庶族从豪族手里分权，远不是真正的广开才路，在全社会范围内挑选人才。所谓'为国选才'几乎只是一句空话。"[②]事实上，就唐代可查的进士及第者的身份来看，士族出身者共 514 人，寒门、小姓出身者共 571 人。[③] 考虑到士族子弟及第被记录下来的机会远高于寒门、小姓子弟，显然寒门、小姓子弟的录取数量远在士族之上。此外，卓遒宏、孙国栋、韩昇等人也指出科举制度对于瓦解士族集团、打击门阀贵族有着巨大的作用。[④] 有鉴于此，我们认为关系运作并没有阻碍唐代科举考试公平程度的提升。根据科举取士的结果来看，恰恰相反，关系运作很可能有力地推进了唐代科举考试公平的实现。然而，关系运作究竟如何促进了唐代科举考试公平的实现，其实现的具体方式是什么？当前尚未发现该方面的研究。

关系学的研究表明，关系可以分为强关系与弱关系两种类型。不同类型的"关系"有着不同的运作方式，其产生的社会影响常常因情况而定。[⑤] 有鉴于此，我们尝试从"关系学"的视角来分析"关系运作如何促进了唐代科举考试的公平"这一问题。

二、关系资本在唐代科举之中的运作方式

依照关系的性质，关系可以分为弱关系与强关系两种类型。格兰诺维特认为，弱关系(weak ties)是指人们由于交流和接触产生联系较弱的人际交往纽带，表现为互动次数少、感情较弱、亲密程度低、互惠交换少而窄。[⑥] 针对格兰诺维特的分析，边燕杰提出了强关系理论，他认为："社会网络的作用不是传播和收集职

① 吴在庆，刘心.唐代科场弊病略论：以中晚唐数次科场案为例[J].厦门大学学报(哲学社会科学版)，2006(4)：78-84.

② 李瑞文.唐代进士科考试问题试探[D].济南：山东大学，2010.

③ 钟吉梅.唐代进士及第者身份研究[D].西宁：青海师范大学，2015.

④ 卓遒宏.唐代进士与政治[M].台北：国立编译馆，1987，83-89；孙国栋.唐宋之际社会门第之消融：唐宋之际社会转型变迁研究之一[M].上海：上海古籍出版社，2010，271-352；韩昇.科举制与唐代社会阶层的变迁[J].厦门大学学报(社会科学版)，1999(5)：24-26.

⑤ 翟学伟.关系研究的多重立场和理论建构[J].江苏社会科学，2007(3)：118-130.

⑥ GRANOVETTER M. The strength of weak ties[J]. American journal of sociology，1973(5)：1360-1380.

业信息，而是待分配的择业者通过人际关系，得到工作分配主管部门和分配决策人的照顾。"[①]质言之，边燕杰认为人情关系的强弱与获得照顾的可能性是呈正相关的。然而，无论是强关系还是弱关系，它们的运作方式都是一样的，即依托关系链条寻求实现个人目的的机会。我们将举子拥有的能够实现请托主司（主持科举考试的主考官员）的关系链条称为关系资本。宋人计有功认为，"唐举子投所业于公卿之门，谓之行卷"。[②] 事实上，行卷与请托、贿赂的目的一样，都是举子依托关系资本来增高及第几率的一种手段。这是因为举子行卷的目的，一方面固然是为了延誉，以求"冠盖满京华"；但更重要的一方面还是为了博得达官贵人的赏识，并通过这些人物的关系，将他们推荐给主司，这样才能有效提升及第的概率。否则，名誉虽高，若无推荐，并不能有效提升及第的可能性。如牛僧孺初应举时，虽经韩愈、皇甫湜延誉，名振天下。但牛僧孺之所以能够进士及第，很大程度上还是因为名相韦执谊向主司的荐举。[③] 权贵、名士向主司荐举举子的方式可分为公荐与通榜两种，公荐即"台阁近臣得荐所知之负艺者"；通榜则是主考官主动邀请亲朋参加评定等第，《容斋随笔》四笔卷五"韩文公荐士"条云："有交朋之厚者为之助，谓之通榜。"[④]

通常而言，不同出身的举子拥有的关系资本也有着强、弱差异。[⑤] 就寒门子弟而言，他们多数是依托弱关系来联系主司的。寒门举子倚仗者唯有文章，因而他们大多数是向未曾谋面的文人名士干谒，以求为之延誉、公荐，从而达到影响主司的目的。此外，他们也依托地缘关系以及朋友关系来寻求达官贵人的荐举。与寒门子弟相比，小姓家族掌握的关系资本强化了不少。他们在文章之外，有时候能够拥有一些强关系连接，通过强关系的运作，一定程度地改变知贡举主司的决策。小姓子弟最为常见的关系资本是家族中在位或者已经致仕了的官员。科考期间，小姓举子往往充分发动这些带有亲属关系的官员，为自己向主司寻求出租特权的机会。需要注意的是，小姓家族内的官员通常未必能够直接与主司接洽，他们需要借助自身所处的官僚圈子才能够实现与主司接洽的目的。此类关

① 边燕杰.关系社会学及其学科地位[J].西安交通大学学报(社会科学版)，2010(3)：1-6.

② 计有功.唐诗纪事[M].北京：中华书局，1965：974.

③ 王定保.唐摭言[M].阳羡生，校点.上海：上海古籍出版社，2012：41.

④ 洪迈.容斋四笔[M].上海：上海古籍出版社，1996：669.

⑤ 士族指三世中有两世官居五品以上的官员家族以及史书记载为大族者；小姓指介于寒素和士族之间的阶层，包括县姓、地方豪族等；寒素指士、农、公、商、兵、半自由民以及非自由民如奴婢、门客等。

系资本的运作,只是能够为举子行卷、延誉带来一定的方便,或经荐举将寻租举子纳入主司参考的范围之内,但并不能直接干预主司的决策。就士族子弟而言,他们掌握着大量的关系资本,常常依托家族关系就能够顺利地向主司提出寻租的要求。士族子弟依托家族关系就能够实现请托,一方面是因为知贡举主司很可能与家族成员认识,如"太平王崇、窦贤二家,率以科目为资,足以升沈后进";①另一方面还因为唐代的附会大族风气,使得家族关系进一步扩展,如"令狐相绹,以姓氏少,族人有投者,不吝其力,由是远近皆趋之,至有姓胡冒令狐者"。② 这里需要指出的一点是,所谓强关系与弱关系是针对请托的举子而言的,举子能够依靠亲缘关系请托到主司,即为依托强关系网络来干预主司取士;倘若举子依靠的是地缘、朋友、陌生人等性质的关系来向主司请托,即为依托弱关系来干预主司取士。就主司而言,实则能够向其进行荐举之人多数是通过亲人以及熟人性质的强关系网络。故而,在主司这里并没有强、弱关系之分。

当众多举子依托关系资本来到掌握决策权力的主司面前时,主司就不得不将各种荐举关系纳入其决策策略之中。在其决策录取名单的环节中,这些官员至少需要对两个问题做出决策:一是,如果采用关系来录取考生,是否会违背国家制度,是否会受到君主的追究?二是,倘若可以使用关系来选拔举子,面对众多的请托者,应该选拔哪些请托人员?对于第一个问题,主要取决于违规成本的大小。当违背制度契约只需要付出轻微的成本的时候,主司就会采取出租权力的方式来录取考生。至于第二个问题,则取决于关系资本的强度以及关系网络的形态。通常而言关系资本越强,举子与主司的关系越亲近,主司也越可能录取亲近关系的举子。但是,随着荐举关系的增多,主司也不得不平衡各种关系的荐举。否则,如果主司一意孤行地录取亲近人员就会遭到其他荐举者的攻击。因此,虽然寒门、小姓依托的关系资本较为疏远,但是当请托关系呈现为不同的样态的时候,主司即不得不改变任人唯亲的录取态度。尤其是当各种关系形成强烈的监督效应的时候,主司为了消减不同荐举人的攻击就会越来越偏向于公正取士,即"一切以程文定去留"。③ 即此而言,我们要探究关系资本对唐代科举考试公平所产生的具体作用,就需要对不同时期的荐举者与主司之间的关系网络进行细致地分析,不可以偏概全地认为关系资本的运作一定会导致主司徇私枉

① 王定保.唐摭言[M].阳羡生,校点.上海:上海古籍出版社,2012:49.

② 钱易.南部新书[M].黄寿成,点校.北京:中华书局,2002:102.

③ "程"通"呈","呈文"指考生的试卷内容。

公地录取考生。下面,我们将深入阐释初唐至中晚唐时期的荐举关系网络形态及其对进士科录取标准的演变的影响,并以此来说明关系运作对唐代科举考试公平的推进作用。

三、弱关系:推进盛唐、中唐时期科举考试公平的主动力

(一)初唐时期的荐举关系与录取标准

唐初关陇士族以及追随李世民定鼎天下的山东功臣集团,占据了官僚系统内部的要害部门。他们不仅拥有显赫的权势,同时对于科举考试也有着合法的荐举权力,因此我们将其统称为权贵士族。当时门荫制度还很盛行,士族子弟多不愿参加科举考试。因此,这一时期参与科举考试的举子多数是有一定官方背景的小姓子弟。然而,在这一时期参与科举考试的举子如果想要顺利及第,多数需要依托家族性质的强关系网络,诸如亲属关系、官僚圈子以及同乡关系来寻求士族的推荐。由于这些士族权高位重,即使君主本人也要尊重他们的荐举意见,因此面对这些士族的荐举,主司往往宁愿违背"以呈文定去留"的标准,也要顺从权贵士族的意愿来择取及第名额。故而,在这一时间段内主司对及第标准的决策是"关系先于成绩"。据史书记载,长安三年(703 年),马怀素出任考功员外郎时上奏,"时贵戚纵恣,请托公行";①开元初,王丘升迁出任考功员外郎,史载"先是,考功取人,请托大行,取士颇滥,每年至数百人";②到开元三年(715 年)时,张九龄仍说:"京华之地,衣冠所聚,子弟之间,身名所出,从容附会,不劳而成。"③此种录取标准最为典型的事件应当是《郁轮袍》所载的王维及第的故事。据《郁轮袍》所载,王维在科考前已经得到了岐王的荐举,岐王也允诺荐举王维为状元。但是,此后王维打听到张九龄之弟张九皋得到了玉真公主的荐举。由于玉真公主深得唐玄宗宠爱,主司很可能会将张九皋推选为状元。为了获取状元,王维在岐王的引荐下求得了玉真公主的荐举,并成为当年的状元。④ 从这一故事来看,当时主司对于举子的录取标准,显然是以荐举者的权势为主的。即此而言,唐初

① 刘昫.旧唐书[M].北京:中华书局,2002:3164.

② 刘昫.旧唐书[M].北京:中华书局,2002:3132.

③ 杜佑.通典[M].王文锦,点校.北京:中华书局,1996:412.

④ 薛用弱.集异记[M].北京:中华书局,1980:9-11.

的科举取士封闭性很强,及第举子的范围局限在以权贵士族为中心的强关系网络之内。同时,主司注重关系超过了举子的才能,录取名额以及状元的选取应该是很不公平的。

(二)开元以后的荐举关系与录取标准

开元以后,门荫制度有所衰落,一些势力衰微的士族子弟也开始参加科举。这种情况的发展,一方面使得官方在科举中设置了一些防止士族子弟交通主司的举措,诸如君主"亲试"以及礼部侍郎知贡举、贡院锁院、中书一门下复核、复试等制度的确立;另一方面随着科举出身的官员在清望官中的比重不断地增加,科举日益成为"士林华选"。士族子弟纷纷转向科举,这使得士族内部竞争变得激烈起来,考试难度提升、乡贡举人增加、弘文学生试贴等都是士族子弟应举竞争加剧的体现。此外,普通百姓也因天下太平、生活富足将科举作为了重要的入仕渠道,沈既济曾对当时的情况有过细致地描述,他说:"开元、天宝之中……家给户足,人无若窳,四夷来同,海内晏然。虽有宏猷上略无所措,奇谋雄武无所奋……故太平君子,唯门调户选,征文射策,以取禄位。"[①]总之,开元以后"缙绅闻达之路唯文章",[②]这使得科举考试的竞争异常激烈。士族子弟依托家族性的强关系网络,很容易就能够寻找到主司来荐举,寒门、小姓子弟的及第几率因此大减。为了与士族子弟展开竞争,寒门、小姓子弟开始依托与自身关系不是很亲密的一些弱关系,即寻求素未谋面的名臣、文士进行延誉、荐举。这样一来,向主司荐举的关系网络就开始复杂起来,形成了士族所依凭的家族性强关系网络与寒门、小姓子弟所依托的非血缘性弱关系网络的对立。从情理角度来看,主司更加愿意顺从与自身熟识,或者有亲缘关系的人士的荐举。但是,从违规成本的角度来看,如果将那些与自身关系疏远,但是权势较盛的官员的荐举置若罔闻,恐怕也会遭到他们的反攻。

如此一来,强荐举关系网络与弱荐举关系网络之间就形成了相互监督机制。无论是士族子弟还是寒门子弟舞弊,被揭发的概率都大为增加,主司也需要为此支付高昂的违规成本。这一时期的舞弊案有李纳案、张奭案等。史载,开元八年(719年)考功员外郎李纳"以举人不实贬沁州司马。时北军功臣葛福顺有子举明

① 杜佑.通典[M].王文锦,点校.北京:中华书局,1996:358.

② 独孤及.毗陵集[M].上海:上海古籍出版社,1993:86.

经，帝闻之，故试其子，墙面不知所对，由是坐贬”[①]。天宝二年（743年）春，御史中丞张倚的儿子张奭参加科举考试，当时这一科的主司为苗晋卿与宋遥二人。史载，“（苗晋卿与宋遥）以倚初承恩，欲悦附之，考选人判等凡六十四人，分甲乙丙科，奭在其首……玄宗大集登科人，御花萼楼亲试，登第者十无一二；而奭手持试纸，竟日不下一字，时谓之‘曳白’。上怒，晋卿贬为安康郡太守，遥为武当郡太守，张倚为淮阳太守”。[②] 根据这两次案件的案情来看，主司的舞弊之举之所以被揭发，多数是因为主司枉顾其他荐举人的意见，遭到弹劾所致。在这种情况之下，为了保全自身的安危，主司只好选取那些社会上公认的、有声誉的才子作为及第备选人员。因为唯有选取这样的人，才能够得到社会上的普遍认同。

总而言之，在这一时期主司面对士族所依凭的家族性强关系网络与寒门、小姓子弟所依托的弱荐举关系网络的监督效应，违规成本较高，评判举子及第的标准是“声誉第一，成绩次之”，考试录取的范围和公平程度比唐初显著提升。质言之，正是在寒门、小姓子弟所依托的弱关系网络的运作下，该时期科举考试的公平程度才能够有所提升。

（三）元和以前的荐举关系与录取标准

到了大历末年（779年），宰相常衮提出“非以辞赋登科者莫得进用”的铨选原则。[③] 按照这一原则，士族子弟很难再倚重门资来获取高位，于是他们开始大量地通过科举来入仕。在这种情况之下，主司面对的士族官员的荐举越来越多，士族子弟所依托的强关系网络得到了空前的强化。与之相对，寒门、小姓举子所依托的弱关系网络也得到了前所未有的加强。这是因为唐玄宗时期提拔的文学之士，如萧颖士、李华、元载、杨炎、常衮等人，[④]到了唐代宗时期逐渐地占据了权要官职。这些官员科举及第以后，深知寒门、小姓举子中举的艰难，因此也很乐意帮助他们，为他们作荐举人。如贞元十八年（802）权德舆知贡举，就曾邀请陆傪为之通榜。而陆傪又是韩愈的好友，于是请韩愈为其推荐人才。其年，韩愈向陆傪举荐十人，分别是侯喜、侯云长、刘述古、韦纾、张苰、尉迟汾、李绅、张俊余等人。这些举子与陆傪、韩愈无直接的血缘关系，权德舆与陆傪、韩愈也只不过是

① 徐松.登科记考[M].赵守俨，点校.北京：中华书局，1984:227.

② 刘昫.旧唐书[M].北京：中华书局，2002:3349.

③ 刘昫.旧唐书[M].北京：中华书局，2002:3440.

④ 毛汉光.中国中古社会史论[M].上海：上海世纪出版集团，2002:334-365.

关系较好的朋友，[①]皆属于典型的弱荐举关系网络。韩愈这类型的荐举人，权势不足，如果推荐的人才名不符实，很可能就会因此丧失主司的信任，甚至遭到官方的追查。因此，他们的荐举完全是本着为国家推举人才的心态去做的。故而，主司在接收到他们的荐举之后，其重视程度丝毫不下于士族、权贵的荐举。

综合以上分析可知，中唐时期的荐举关系网络，无论是以士族为核心的强荐举关系网络，还是以寒门、小姓子弟为核心的弱荐举关系网络都得到了强化，从而再次维持了相互持平、相互监督的局面。在这种情况之下，倘若主司徇私忘公，录取才能、声誉不足的亲故子弟，就会遭到其他荐举者的强烈反对。如贞元十三年(797)，"礼部侍郎吕渭知贡举，结附户部侍郎、判度支裴延龄。其子(裴)操举进士，文词非工，渭擢之登第，为正人嗤鄙"。[②] 史载，自严挺之、孙逖知贡举以来，历代主司杨浚、韦陟、陆贽、韦贯之等皆特别注重举子的声誉，而萧颖士、梁肃、白居易、韩愈、李翱、张籍、杨敬之、柳宗元等亦以为举子延誉而知名。此外，贞元、元和时期分别由德宗、宪宗主政，这两位君主对科举考试都给予了高度重视。一旦主司处理不好荐举人之间的关系，进而被揭发舞弊，很可能会因此而遭受十分严厉的处罚。如贞元五年(789 年)，主司刘太真徇私忘公，招收藩镇、姻亲子弟，被贬信州刺史；贞元十三年(797 年)，主司裴延龄遗失请托文书，被贬潭州刺史。[③]

总之，中唐时期，士族子弟依托的强荐举关系网络有所强化，而寒门、小姓子弟依托的弱荐举关系网络也在不断增强，这两种关系网络之间形成了强烈的竞争关系。在这种情况之下，主司为了防止社会上的讥评以及官方的追查，多数情况下是结合举子的声誉以及呈文来确定录取名额的。计贞元、元和之际，共有 20 位主司，除刘太真、吕渭、于尹躬三人行状略有瑕疵之外，其余 17 人都能够按照知遇荐举，抑制浮华、拔擢寒素，公正取士。即此而言，可以说关系资本的运作是维持中唐时期科举考试公平的主要动力。

① 韩愈.韩昌黎全集[M].北京：燕山出版社，2009：483-484.

② 徐松.登科记考[M].赵守俨，点校.北京：中华书局，1984：515.

③ 孟二冬.登科记考补正[M].北京：燕山出版社，2003：789、797.

四、强关系：推进中晚唐时期科举考试公平的主动力

(一)长庆至会昌年间的荐举关系与录取标准

长庆以来(821年),向主司请托的关系网络发生了深刻的变化。首先,原本寒门、小姓举子依托的弱关系网络正在向强关系网络转变,即原本以进士起家的寒门、小姓官员到了长庆时期已经有部分蹑居高位,他们的子弟垄断科举,成为新兴士族。以李宗闵、牛僧孺、杨嗣复、李钰等为代表的一些官员位居侍郎、甚至宰相,他们因门生与座主、同年等关系结合起来,逐渐形成了一个以牛僧孺为核心、较为严密的朋党圈子。这些新兴起的官员为了巩固政治利益,刻意挤压那些依靠门荫入仕的士族。为此,他们专门选用与牛党关系联系密切的举子作为及第备选人员。史载,大和中,牛党党魁李宗闵、牛僧孺辅政,知贡举主司杨虞卿"阿附权幸以为奸利。每岁铨曹贡部,为举选人驰走取科第,占员阙,无不得其所欲,升沉取舍,出其唇吻"。[①] 附属于牛党的三杨"二十年来,上挠宰政,下干有司。若党附者,朝为布衣,暮拾青紫",[②]皆是任人唯亲的及第标准的表现。至于原本的士族子弟以及那些与牛党无关的寒门、小姓子弟则被牛党排斥在外,很难及第。

其次,旧士族为了应对新兴的进士士族的打击,也开始结成党派。[③] 会昌元年(841年),李德裕入朝为相,元稹、李绅等人围绕李德裕形成了新的党派圈子,开始向牛党反击。在李党的干预之下,主司取士的标准多数局限在李党圈子内部的子弟之中。李党对主司的干预程度与牛党不遑多让。会昌四年(844年),李德裕一力干预主司取士,遭到了宰相延英的弹劾。宰相延英上奏称:"主司试艺,不合取宰相与夺。比来贡举艰难,放人绝少,恐非弘访之道。"[④]唐武宗收到奏报以后,下令重新开科取士。重选之后,主司录取杨知至、源重、郑朴、杨严、窦缄等人及第。由于杨知至为刑部尚书杨汝士之子、源重为故相牛僧孺的外甥、郑朴为

---

① 刘昫.旧唐书[M].北京:中华书局,2002:4563.

② 缪荃孙.藕香零拾[M].北京:中华书局,1999:104.

③ 旧士族指从唐初延续到中晚唐时期的士族,主要包括原本的功臣士族、山东士族、关陇贵族等;新士族指中唐时期依靠科举考试进入官僚系统,并且一度掌握了政府部门紧要职位的官员家族。

④ 刘昫.旧唐书[M].北京:中华书局,2002:602-603.

河东节度使崔元式女婿、杨严为监察御史杨发之弟、窦缄为故相窦易直之子，皆为牛党子弟。于是，李党违背唐武宗的指令，“令送所试杂文会翰林重考覆，续奉进。止杨严一人，宜与及第，源重四人落下”。[①] 借此可见，李党对当时主司录取名额的干预程度之高。

在这种党派关系泛滥的情况下，寒门举子依托的弱荐举关系网络逐渐被排斥出荐举的行列。这是因为，王公大臣或者文人名士如果冒然推荐人才，很可能会被认为是支持牛党一派或者李党一派，进而卷入党争之中。史载“其或遇文儒之士，则拱墨峭揖，深作城池；其私约束，自知不以文学进取，有敢出书论文者，罚之无赦。常嫉不附己者，令其党赤舌而攻之”。[②] 借此可见，那些与举子素不相识之人为了回避党争问题，不再向主司荐举人才。这无形之中限制了寒门、小姓子弟的及第机会，唐代科举考试的公平程度确实因此而遭到了巨大破坏。然而，随着牛李两党的斗争加剧，主司的录取标准再次开始发生变化。在这一时间段内，通常主司会收到来自两大党派官员的荐举。如宝历元年(825年)、二年(826年)，杨嗣复执掌贡举，士族子弟即向牛僧孺、李宗闵行卷，请求他们向杨嗣复荐举自己。李党内部的士族子弟也依托党派关系请托主司，如长庆元年(821年)举子冯浑行卷于李绅，请求他将自己的诗文荐举给主司钱徽。

由于两党之间充满了斗争，倘若主司无法平衡两派的荐举，即可能遭到其他党派的猛烈攻击，轻者丧官辱身，重者流放被杀。长庆元年(821)，钱徽知贡举。榜出以后，故相段文昌、翰林学士元稹、李绅等人认为，钱徽接受请托，所试不公。穆宗于是命中书舍人王起、主客郎中知制诰白居易等复试。[③] 又如长庆二年(822)，王起知贡举，将录取名单交由宰臣批复，以规避党争冲突带来的风险，结果仍然遭到荐举者的报复，被贬官为河南尹。[④] 以上两案，都是主司因无法平衡来自两党的荐举而遭到党派报复的典型。此后，牛李两党斗争加剧，主司于是逐渐不敢再选取士族子弟及第，以免陷入党争，于是引发了不录取士族子弟的及第标准，主司的录取标准逐渐转变为“一切以程文定去留”。杜牧在《上宣州高大夫书》中说:“自去岁前五年，执事者上言，云科第之选，宜与寒士；凡为子弟，议不可

---

① 王定保.唐摭言[M].阳羡生，校点.上海：上海古籍出版社，2012:60.

② 缪荃孙.藕香零拾[M].北京：中华书局，1999:104.

③ 刘昫.旧唐书[M].北京：中华书局，2002:475、4382、4551.

④ 刘昫.旧唐书[M].北京：中华书局，2002:4728.

进。熟于上耳，固于上心，上持下执，坚如金石。为子弟者，鱼潜鼠遁，无入仕路。”[①]不放子弟的标准表面来看，似乎是对士族子弟的不公平。但是，就录取的开放程度以及科举考试的录取标准来看，更加倾向寒门、小姓子弟，其公平程度显然比中唐时期得到了进一步地提升。由此看来，新、旧士族子弟依托的两大强关系网络形成的竞争效应正是推进中晚唐时期科举考试公平的主要动力。

(二)会昌以后的荐举关系与录取标准

唐武宗会昌年间(841—846年)党争酷烈，又坚持不放子弟，以致许多士族就此衰落。唐宣宗即位以来，又有意遏止门生一座主关系的发展。据统计，唐宣宗统治的大中时期(847—860年)，除身为驸马的郑颢分别在大中十年(856年)、十三年(859年)两次知贡举以外，其他主司都只有一次知贡举。[②] 孙启《北里志》序云：“自大中皇帝好儒术，特重科第。故其爱婿郑詹事再掌春闱，上往往微服长安中，逢举子则狎而与之语。”[③]郑詹事即郑颢，其所以能够两次知贡举正是因为宣宗试图将门生收为己用。此外，宣宗还严格推行父祖任职期间，权贵子弟不准参加科考的规定。如令狐滈为宰相令狐绹之子，史载“滈，少举进士，以父在内职而止”。[④] 如此一来，以士族为中心的强荐举关系网络基本消解，主司无须再忧虑士族官员对其子弟的荐举。

士族的强荐举关系网络消解以后，向主司请托的关系网络再一次发生了剧烈地变化。该时期的主司常常接收到来自两种势力的荐举：其一，是当朝权贵集团的荐举。[⑤] 大中时期(847—860年)宦官权力得到统一，牛李党派亦逐渐消解，诚如陈寅恪所言：“外朝士大夫党派乃内廷阉寺党派之应声虫，或附属品，倘阉寺起族类之自觉，其间不发生甚剧之党争，而能团结一致对外者，则与外朝诸臣无分别连接之必要，而士大夫之党既失其个别内助，其竞争遂亦不得不终归消歇也。”[⑥]

---

① 高元裕为宣歙观察使，是在会昌五年下半年(845年)到大中元年(847年)，因此书中所云“自去岁前五年”当指会昌元年或二年。

② 金滢坤.中国科举制度通史：隋唐五代卷[M].上海：世纪出版集团，2015：892.

③ 徐松.登科记考[M].赵守俨，点校.北京：中华书局，1984：834.

④ 刘昫.旧唐书[M].北京：中华书局，2002：4467.

⑤ 权贵集团是在新、旧士族皆衰落以后，依靠讨好宦官而崛起的政治集团。旧士族之所以能够累世为官，所凭借者为门荫制度，新兴的进士士族之所以能够长时期为官，所凭借者为门生一座主之间的关系；权贵集团权势的维持则以依靠的宦官权位稳固为基础，这是三者的最大区别。

⑥ 陈寅恪.唐代政治史述论稿[M].北京：商务印书馆，2011：312.

以士族为中心的党派势力消减以后，部分勾结宦官的权贵集团开始崛起。权贵集团的子弟们为了提升及第的几率，常常依托其所拥有的强关系来向主司请托。因为这一层缘故，该时期宦官对科举的干预记录明显在增加。据《唐摭言》记载，“咸通中(867年)自云翔辈凡十人，今所记者有八，皆交通中贵，号芳林十哲。芳林，门名，由此入内故也”。[①] 中贵即宦官中掌握大权之人。其二，文人名士的荐举。这部分荐举多数是寒门、小姓子弟依托弱关系得来的荐举。虽然这一时期仍然有一些官员愿意为举子延誉、荐举，但是这一时期的弱荐举关系网络已经无法与以权贵子弟为中心的强荐举关系网络相对抗。就势力对比来看，寒门、小姓出身的官员与权贵集团相比，力量微不足道，根本无法遏制权贵集团的请托、贿赂等行为。

据《云溪友议》卷下《沈母议》记载，沈询大中九年(855年)知贡举，其母郡夫人曰：“吾见今日崔、李侍郎皆与宗盟及第，似无一家之谤。汝叨此事，家门之庆也。”[②]崔、李侍郎指大中三年(849年)知贡举的李褒、大中六年(852年)知贡举的崔屿以及大中七年(853年)知贡举的崔瑶，[③]他们放“宗盟及第”竟然没有人加以反对，这与会昌年间“不放子弟”的标准形成了鲜明对比。会昌年间，由于牛李两党相互监督，主司如果徇私枉法，就会遭到另一党派的反对，故而主司徇私枉法的成本仍然比较高。到了大中时期，士族的强荐举关系网络消解，寒门、小姓子弟依托的弱荐举关系网络无力制约权贵士族为核心的强荐举关系网络。在这种情况之下，这一时期的科考几乎为交通宦官的权贵所垄断。无论是士族子弟，还是寒门、小姓子弟，倘若无法依靠私亲关系请托到与宦官相识的权贵，都会陷入一第难求的境遇。史载，大中时期“进士自此尤盛，旷古无俦。然率多膏粱子弟，平进岁不及三数人。”[④]即此而言，到了晚唐时期，由于荐举关系网络失衡，以寒门、小姓为中心的弱荐举关系网络无力监督以权贵为中心的强荐举关系网络，确实严重妨碍了唐代科举考试公平的实现。

然而我们如果将目光放得更长远一些，就能够注意到此种关系网络运作下潜在的科举考试公平倾向：其一，在士族衰落以后，能够干扰主司决策的荐举关系开始减少。这是因为掌握核心政治权力的官员本身就很少，能够交通到这些

① 王定保.唐摭言[M].阳羡生，校点.上海：上海古籍出版社，2012:67.

② 徐松.登科记考[M].赵守俨，点校.北京：中华书局，1984:826.

③ 徐松.登科记考[M].赵守俨，点校.北京：中华书局，1984:814、819、820.

④ 徐松.登科记考[M].赵守俨，点校.北京：中华书局，1984:834.

权贵的举子数量也十分有限。很多时候权贵安排的子弟数量有限，无法占据科举考试所有的及第名额。在这些空余的名额部分，主司往往以考试成绩作为录取依据。因此，这一时期知贡举主司对于及第标准的策略选择实则是“关系第一，关系之外以成绩拔擢”。就此而言，虽然这一时期取士的不公平程度有所加剧，但是取士的范围却更加开放起来。所有的举子，无论出身如何，只要试卷成绩优秀皆有可能中举。其二，在士族衰落以后，向主司荐举不再是强关系网络与弱关系网络相互竞争的局面，也非强关系网络与弱关系网络相互监督、防范的局面，而是权贵圈子依靠权力直接干预主司的违法乱纪行为。在这种情况之下，荐举就不再有积极的意义。因此，到了咸通时期(860—874 年)，一些有识之士就强烈要求取消荐举，主张科举考试的取士标准应当“一切以程文定去留”。如咸通四年(863 年)主司萧倣就上书说：“臣伏以朝廷所大者，莫过文柄；士林所重者，无先辞科。推公过即怨讟并生，行应奉即语言皆息。为日虽久，近岁转难。如臣孤微，岂合操持。徒以副陛下振用，明时至公，是以不听嘱论，坚收沈滞。请托既绝，求瑕者多。”[①]从萧倣的奏章可知，当时的人们已经日益认识到了荐举的危害，主张完全按照成绩录取举子。由于晚唐时期政局动荡，这种主张始终难以推行。到了北宋政权稳固以后，才正式确立了“一切以程文定去留”的录取原则。即此而言，关系运作实则是唐代科举考试由相对公平走向绝对公平的前提条件。如果没有长庆至会昌年间，以新、旧士族为中心的强关系网络的竞争，士族不可能衰亡，荐举也不可能由此彻底退出科举的舞台。

五、结论与讨论

综上所述，关系运作是推进唐代科举考试公平的主要动力，其发挥作用的逻辑大致如下：初唐时期，以身居要职的权贵士族为核心的强关系网络控制了科举考试，考试录取范围小、以关系为主要录取依据，公平性比较低；开元以后，寒门、小姓子弟依靠弱关系网络与士族子弟的强关系网络展开竞争。在这种关系网络形态下，主司为了平衡荐举人之间的利益，通常以“声誉＋呈文”的标准来确定录取名额，科考的公平程度因此得到了很大程度地提升；长庆以来，新、旧士族凭借各自的强关系网络来干预主司取士，结果促使官方推出了“不放子弟”的取士标准，从而再次提高了寒门、小姓子弟的录取比例，唐代科举考试的公平程度因之

① 王定保.唐摭言[M].阳羡生，校点.上海：上海古籍出版社，2012：103.

再次得到提升;大中以来士族逐渐瓦解,寒门、小姓子弟所凭借的弱关系网络无力监督那些依靠宦官起家的权贵对于科考的干预,荐举因此彻底丧失了其存在的价值。在此前提下,到了晚唐时期官方就逐渐确立了"一切以程文定去留"的录取原则,唐代科举考试的公平程度也由此开始从相对公平向绝对公平的方向演进。

本文的研究价值有两处:其一,拓展了中国教育公平发展史的研究。当前的理论界已经越来越认识到教育公平是一个历史概念,教育公平的发展规律需要从历史之中发现和总结。[①] 然而,我国教育史的研究者们始终偏重研究国外的教育公平发展史,对于中国本土的教育公平史似乎一直不加重视。就当前的研究现状来看,只有庞君芳、曾丽红等几个少数的研究者对中国教育公平的发展史进行了历史性地概括阐述。[②] 但是,针对各个朝代的教育公平的具体研究仍然少之又少。我们的研究从中国教育公平的转折阶段入手,探明了士族社会的教育公平形态与平民社会的教育公平形态之间的转换原理。士族社会选拔官员的方式以察举为主,平民社会选拔官员的方式以科举为主。两种选拔制度各自拥有不同的维持公平的机制,而唐代科举制则兼具察举制与科举制维持公平的机制,其具体表现为"声誉+呈文"的录取标准。我们的研究显示,当荐举关系网络具有明显的竞争关系,并且能够相互制约的时候,主司就会越发注重举子的声誉,并以此作为录取的重要标准;当荐举关系网络失衡,弱关系网络无力制约强关系网络的请托、贿赂行为的时候,荐举就失去了其存在的意义。在这种情况之下,主司就逐渐开始排斥荐举,主张完全以呈文作为考试录取的标准。

其二,我们的研究对于当前的教育公平的推进也有一定的启发意义。以往的教育公平研究多数忽略了关系的类型及其正功能属性,以至于形成了关系运作等同于破坏教育公平的刻板印象。事实上,不论何种时代、何种类型的考试,都难免会受到关系资本的干扰与控制。中国是一个有着几千年发展历史的国家,人与人之间特别重视人际关系的发展,在一定意义上可以说我国社会是一个人情社会。既然我们无法回避人情、关系的干预,那么我们就应当寻求发挥人情、关系的积极意义的方式。本文的研究表明,关系运作并非必然会导致教育不

① 张伟.谁之教育? 何种公平?:美国社会教育公平问题审视[J].比较教育学报,2021(3):65-77.

② 参见庞君芳.中国教育公平思想的历史演进[J].教育史研究,2019(1):98-108;曾丽红.教育公平的历史实践与启示[J].教育与职业,2007(35):44-45.

公平，在那些不得不依靠荐举来选拔学生的制度下，关系网络或许是提升其公平程度的一条可行之路。以当今的研究生、博士生的申请考核制度来说，该制度不可避免地会受到与导师相关的各种关系网络的影响。面对这种情况，我们首先需要明确导师接收到的荐举关系网络是以强关系为主，还是以弱关系为主？强、弱关系网络之间是否存在明显的竞争与制约关系？如果荐举关系网络以弱关系为主或者是强、弱关系网络相互竞争的形态下，那么导师对于考生的选择应该会以学生的考核材料作为录取标准，这个时候申请考核制度是较为公平的。就此来看，关系运用的关键是要将小圈子的人情扩大到全社会的人情，进而形成强、弱关系网络之间的竞争与监督机制。

How Did the Relationship Operation Promote the Realization of Educational Equity in Tang Dynasty?

—An Analysis Perspective of Relationism

Lv Fulong[1], Wu Menglin[2]

(1. School of Public Administration, Shanxi Agricultural University, Jinzhong 030800, China;

2. Zhou Enlai School of Government and Management, Nankai University, Tianjin 300000, China)

Abstract: The article takes the admission criteria of the Jinshi in the Tang Dynasty as the research object, and analyzes the role of relationship operation in the promotion of education fairness in the Tang Dynasty from the perspective of relations. The study found that the candidates who come from poor family relied on the weak relationship network to compete with the strong relationship network of the gentry's candidates, thus expanding the admission ratio of the poor family before the period of dazhong. However, the poor candidates have been unable to supervise the ministers by relying on the weak relationship network, so the Jianju has also lost the value of existence after the period of dazhong. Under this circumstance, the government gradually established performance as the only admission criterion, and the fairness of education has been unprecedentedly improved in the Tang Dynasty. This article expands the research on the history of education equity in China, and provides some opinions for the application-assessment system.

Key words: relationship operation; tang dynasty imperial examination; weak relationship; strong relationship

清人何焯教育实践对优化当代导学关系的启示

顾一凡*

（南京大学 文学院，江苏 南京 210023）

摘　要：导学关系是研究生教育质量的重要影响因素，面对频发的导学失衡、师生失和的事件，可以借由考察清代校勘学家何焯的教育实例收获启示。首先，何焯与弟子建立良好导学关系的基础，在于何焯对德育的重视和对教学的投入，他课徒时既授以处世稳重，涵养心性的修身之道，又指导弟子研究经籍，锤炼时文。其次，何焯通过确立推荐制度，公平选材，一视同仁，维系师门导学关系的和睦。当义门师生因弟子焚毁何焯著述而渐生嫌隙时，双方并未及时沟通，师生关系遭遇冲击，但何焯逐渐体谅弟子举动，导学关系得到修补。探究何焯教育实践及其与学生的交往，不单对导学关系的研究大有裨益，亦可激发研究者发掘、凝练"古典教育的理论"的动力。

关键词：何焯；义门弟子；师生交往；导学关系；古典教育理论

探赜古典教育的实例，并从中凝练理论，总结经验，目的在于启发当下的教育活动。伴随研究生招生规模的扩大，以及频发的教育失实、导学失衡、师生失和现象，研究生教育中的导学关系愈发受到关注。对此，学者尝试提出精审的见解以及摆脱困境的对策，然研究对象多取自当下高等教育的案例，缺失感性认识与历史启示。因此，本文拟借由清代校勘学家何焯指导弟子治学以及师生交往的经历，试图为导学关系的关注者提供另一思考维度。

何焯是清康熙朝杰出的校勘学家，开乾嘉朴学风气，世称义门先生，其学生自称义门弟子。何焯举业不顺，凡"南北八试，未尝一荐"①，招收弟子以治生；后两得李光地举荐，受康熙赏识，入直南书房，一时间宠荣备至，因名重而延揽秀

---

*　作者简介：顾一凡（1994—　），男，江苏徐州人，南京大学文学院博士研究生，研究方向为清代学术史。

①　何焯.义门先生集[M]//续修四库全书：第1420册.上海：上海古籍出版社，2002：263.

民，门徒益多。何焯晚年遭谗言构陷，门人将其著作付之一炬，师生暗生芥蒂，但何焯最终予以谅解。何焯作为清代学者，其收徒授课与现代高等教育中的导学关系存在本质差别：清代学子从游何焯是看重何焯的学识、品性与声望，希冀在何焯门下精研经义与制艺，从而科举中式，鲤跃龙门，或得何焯推荐入重臣幕府，其核心诉求是获取功名仕途；现代高等教育中的导学关系涵括教书与育人，既重视教授专业知识技能，也肩负形塑学生人格、提升国民素质的使命。然何焯的教育实践与高等教育确有相似性，譬如何焯并非专任开蒙的塾师，而是指导弟子修习时文，为门人规划前景；教育过程中，何焯因材施教，唯才是举，既不限定弟子研究范围，又为之指明学术道路；师生相处时，何焯率先垂范，以身作则，勉励弟子修养德行，皆反映何焯指导学生与现代高等教育的共通之处。因此，夷考何焯师生的交往历程，或有助于当下高等教育发展，尤其是对导学关系的维系与改善实有裨益。

一、德育与授业：建立导学关系的基石

导学关系即研究生在导师指导下完成课程学习、参与课题研究、撰写学位论文，并在此过程中学会做学问、学会做人，所形成的一种教学关系，包括教书与育人两个方面。[①] 然当前研究生教育中的导学关系，常被异化为雇佣从属，或置之不顾，致使导学关系日益失衡。[②] 究其缘由，首先在于并未通过道德教育与学识传授建立起和谐友善的师生关系。韩愈《师说》云："古之学者必有师。师者，所以传道受业解惑也。"曾国藩注曰："传道，谓修己治人之道；授业，谓古文六艺之业；解惑，谓解此二者之惑。"[③]观何焯对义门弟子的德育与授业，可知何焯尤其看重弟子的品性修养，日常交往中着力劝导学生处世时隐忍持重，为学时涵养性情，以道德感召维系师生关系；同时指导学生精研经义，在时文创作上用功，将其治学心得倾囊相授，真诚无私。以下分述之。

德育工作首先要求导师以身作则，为弟子垂范，何焯正属佳例。何焯为人耿

① 林伟连，吴克象.研究生教育中师生关系建设要突出"导学关系"[J].学位与研究生教育，2003(5)：25.

② 许迈进，郑英蓓.三重反思：重构研究生培养中的师生导学关系[J].教育发展研究，2007(8)：77-78.

③ 韩愈.韩昌黎文集校注[M].马其昶，校注.上海：上海古籍出版社，1986：42-43.

介刚正，康熙二十四年(1685)经拔贡入国子监后，先后投身翁叔元、徐乾学门下。康熙二十六年(1687)，翁叔元受明珠指使弹劾汤斌，何焯不齿，上书请削门生籍，为人称道。① 翁叔元历任国子监祭酒、吏部侍郎，有能力影响南北乡试。② 何焯不畏权贵，即使科场失意亦仗义执言。康熙二十七年(1688)，徐乾学任会试正考官，何焯为其点勘会试墨卷，深悉徐乾学贿考内幕，故作会试墨卷序文讽刺。徐乾学遂前往书铺抽毁其序，并嘱咐江苏巡抚捉拿何焯。③ 此事虽不了了之，然何焯对此现象深恶痛绝，在提及学生陈格的家世时不忘揶揄道："学徒陈生格者，其祖为顾亭林先生姊婿，字皇士，曾为太仆丞，于遗老中亦颇有声，东海兄弟小时倚以自通于诸先达，既贵，则皇士谢世，陈生之父为诸生，虽文采不耀眼，然未尝乞灵于东海以博科第，亦不失为佳子弟也。"④虽然何焯"廿年场屋独逡巡"⑤，但声名益重，学子纷纷投刺，愿为其弟子，其原因正在于何焯身正为范，吸引俊贤跟随学习，为良好的导学关系奠基。

复以何焯与爱徒徐葆光的交往为例，说明何焯对学生处世修养的重视。徐葆光(1671—1740)，字亮直，苏州长洲人。康熙五十一年(1712)考取探花，授翰林院编修。康熙五十八年(1719)，任出使琉球副使，册封琉球国王为中山国王，作《中山传信录》。王鸣盛所作徐葆光象赞云："丰颐伟干，广额秀眉，虬须鹤发，龙章凤姿。""君古文辞纯明峻洁，诗尤雄健，排奡出入眉山、剑南之间。"⑥从中可知其容貌英伟，诗文俱佳。徐葆光是何焯的得意弟子，《义门先生集》收录何焯寄与徐葆光的书信《与徐亮直》多达十六封。与何焯写给其他弟子的信札相比，《与徐亮直》书札数量最多，言辞亦最恳切。何焯在信中屡屡就为人处世、修身涵养教导徐葆光。何焯弱冠入京，与要员交恶，但入李光地幕府以及入直南书房、侍读皇八子府后，逐渐洞悉世态人情，做事愈加低调稳重。入直南书房时，何焯曾向友人徐用锡坦言：

弟近日遭际可谓极荣而亦极苦，碌碌因人了不能自立，为可叹恨，岂得

---

① 何焯.义门先生集[M]//续修四库全书：第1420册.上海：上海古籍出版社，2002:266.

② 徐珂.清稗类钞[M].北京：中华书局，1986:3226.

③ 蒋良骥.东华录[M].北京：中华书局，1980:245.

④ 何焯.义门先生集[M]//续修四库全书：第1420册.上海：上海古籍出版社，2002:189.

⑤ 何焯.义门先生集[M]//续修四库全书：第1420册.上海：上海古籍出版社，2002:263.

⑥ 王鸣盛.西庄始存稿[M]//续修四库全书：第1430册.上海：上海古籍出版社，2002:412-413.

去年住八柏轩中无拘束、无玷缺耶？……同侪二君皆有声气，独弟木强孤立，惟有勤苦，忍呵叱，安拙讷，事事居人之后而已。[①]

从中可知其已褪却早年狂少本色，以勤勉做事、安居人后为处世恒言。徐葆光入翰林院后热心助人，至散场或因此事受谤。何焯曾有散馆被置于下等的教训，也因耿介自守而遭内侍折辱构陷，故规劝徐葆光道：

知场前以热肠受谤，此事非阅历亦不足以增长智识，以后但切己向里发愿，想作儒林传中人而将游侠传阁起。[②]

来春便是科场，切不可因自己遇合艰难，作从井救人之计。各人有命，非我所能陶铸。费劲闲心，徒招疑谤，得之者未必终身奉为恩门，不得者合下便成怨府。[③]

会场之前望足下守定春间局面，勿以"热肠"两字自误误人。散馆逼近，声名尤要紧，束肚皮，竖脊梁，不萌退转之念，久久自证果位矣。[④]

何焯劝导徐葆光在散馆前需自我克治，勿因热心助人徒受猜疑；看重声名，不做退却之想。最终，徐葆光仕途平顺，后任出使琉球国副使，得赐一品麟蟒服，荣耀至极，这与何焯耐心规劝教导密不可分。

何焯在寄与胞弟何煌的家书中自述其"虽无前贤大学问胸襟，然硕大平宽一句自问尚能之。"[⑤]他亦希冀弟子在读书时以涵养性情为要务，每当遇到弟子气量狭窄时，尤为不满。弟子陈汝楫因科举不中而郁闷，何焯直言："季方以不中闷恨，何其小丈夫哉？吾辈虽出处进退未必遂有关系，然一名低举人岂足为轻重敌？恐辞之不获，将来为世纲缠缚，不得自由。若命中当吃苦，下科终为所罗也。"[⑥]学生杜瑨心浮气躁，汲汲于功名，何焯叹曰："渠辈不知自避所短，若一躁动便徒讨亏累也。为学在自求变化气质，渠辈总不知变化，千言万语衰如充耳，反

① 何焯.义门先生集[M]//续修四库全书：第1420册.上海：上海古籍出版社，2002:182.
② 何焯.义门先生集[M]//续修四库全书：第1420册.上海：上海古籍出版社，2002:167.
③ 何焯.义门先生集[M]//续修四库全书：第1420册.上海：上海古籍出版社，2002:169.
④ 何焯.义门先生集[M]//续修四库全书：第1420册.上海：上海古籍出版社，2002:171.
⑤ 何焯.义门先生家书[M].宣统元年广州平江吴氏刊本卷一：3b.
⑥ 何焯.义门先生集[M]//续修四库全书：第1420册.上海：上海古籍出版社，2002:194.

认我是用术数,可笑可闵矣。"[①]按照何焯的教育理念与处世原则,唯有淡泊名利、陶铸性情,方可升堂入室,有所作为;正如在研究生教育实践中,同样应将德育摆在首位,营造出投身学术、甘于奉献、积极正面的学习氛围,才能使师生教学相长,共同进步。

修己养性属于德育范畴,而弟子投刺尤看重何焯的时文专长,希冀跟随老师习得制艺本领,谋求功名。何焯的学术重心转移至点勘群书前,一度醉心时文创作,钻研制艺技巧,与阎若璩交往时就曾议论前代时文用典之失。[②] 康熙三十三年(1694),何焯曾代学政作《两浙训士条约》,[③]讨论明三百年的时文创作。康熙三十四年(1695),何焯学习《复乐记》,有感于奸声正声之辨,"乃尽屏丛说,更取圣人贤人之经读之,反覆乎训故,会通乎条理,得其大体,道本浸出"。[④] 他提出将时文写作与精研经义相结合,并致力于编选时文选集以求变学者旧习。因此,何焯以其治学经历与心得,着力指导学生考究经义,亦不轻忽科举,重视弟子的八股文写作训练。

何焯对每位学生细致观察,敏锐地发现其文章的不足。他在写给徐葆光的信中谈到:"季方新自江西归,所作文近理,但完好者少,总不能有直透向上,关捩处难言。旧徒唯金来雍近日转而向学,时文亦长,但不透顶。发狠看《周礼》注疏,其余则皆已矣。新徒蒋子遵肯看史书。沈去争肯看宋儒书(亦不透)。沈颖谷苦心学时文,然皆未成也。蒋维御颇聪明。其他三年以来投刺称门生者无端至百有余人,然求一秀民更不可得,小孩子能记诵者绝少,将来吾郡第一可忧事。"[⑤]又云:"今在舍下读书者有张翼庭、迮庚若,皆肯用力古书及观儒先语录。张之文尤近中,但悟性、笔性终未是第一流人。"[⑥]既可看出何焯授徒因材施教,"各随资质",不对学生的学习内容和方式做统一要求,给予其选择的自由,也可了解其以研读经史为问学正途,"就举业而引之儒术"[⑦]的良苦用心。

在何焯的众多学生中,沈彤的治学方式最接近何焯的教育预期。沈彤(1688—1752),字冠云,号果堂,苏州吴江人,世称果堂先生。吴江沈氏是江南地

---

① 何焯.义门先生集[M]//续修四库全书:第1420册.上海:上海古籍出版社,2002:219.
② 张穆撰,邓瑞点校.阎若璩年谱[M].北京:中华书局,2006:66.
③ 何焯.义门先生集[M]//续修四库全书:第1420册.上海:上海古籍出版社,2002:243.
④ 何焯.义门先生集[M]//续修四库全书:第1420册.上海:上海古籍出版社,2002:152.
⑤ 何焯.义门先生集[M]//续修四库全书:第1420册.上海:上海古籍出版社,2002:167.
⑥ 何焯.义门先生集[M]//续修四库全书:第1420册.上海:上海古籍出版社,2002:171.
⑦ 何焯.义门先生集[M]//续修四库全书:第1420册.上海:上海古籍出版社,2002:266.

区著名的文学世家，沈彤承其家学，又得何焯、方苞等名士教导，后成为清代乾嘉时期重要的经学家、古文学家，著有《周官禄田考》《仪礼小疏》《果堂集》等，江藩将其选入《国朝汉学师承记》。沈彤弱冠从何焯游，笃志向学。惠栋称其“君少方古举止若成人，弱冠从学士何公焯游，始邃于理学。”“自古理学之儒滞于察而文不昌，经术之士汨于利而行不笃。君能去两短，集两长，非纯儒之行欤！”[①]由何焯授徒之法观之，可知沈彤作文治学师承何处。方苞读沈彤所作《三礼义疏》，谓其得圣人精奥，又称文章气格直似韩愈，对沈彤学识文章极为赞扬，大力举荐。[②] 沈彤感念方苞的提携与认可，自述：“彤于先生，虽未具师弟之礼，而实以师事。”[③]沈彤亦认可桐城派文法，其诗《屡闻望溪先生论古有作》云：“问古知何处，桐城路不迷。”[④]然沈彤的看法实与何焯相悖，何焯曾情真意切地嘱托徐葆光：

> 昨有书与坛长兄，嘱其笃念同谱手足之谊，时时规切足下勿至坠失桐城京江风味。盖以把定脚头正在今日，从前未免误入榛莽，亟循大路，自求淡静，非特名节可完，禄位可保，兼之所以养寿命之源也。识时务者呼为俊杰，使大冶、东海生今日，亦必洗净面孔，改弦易调，而后如乐之和无所不谐，得以稳步取卿相尔。[⑤]

其中“勿至坠失桐城京江风味”揭出何焯理想的文法与桐城文论相异。由此看来，义门弟子在接受何焯教导时，并非全盘承袭，而是有所取舍扬弃，传承何焯治学精髓，导学关系并未因学术取向的分途而有亏。

在教学过程中，何焯以梳理时文之嬗变讲授文法，以总结前贤文章之优长作为案例，引导学生摒弃时下恶俗，力求一改当世文风。他在致陈汝楫的信中写道：“余谓评文者成宏下当取其辞理俱合者。嘉靖下词或胜焉，当取其理之合者。隆庆至今，理诡而词支者痛削之，唯取其稍雅正者，此评文之金科。”[⑥]指明行文以义理为旨归，以雅正为金科。他又在寄与门人丁鋐的信札中教导弟子：“先辈作文必剥去数层而后下笔，如董思翁文，今人视之似乎平易，然在当时则于世俗之

---

① 惠栋.沈彤墓志铭[M]//清碑传合集.上海：上海书店，1988：1657.

② 沈廷芳.徵士文孝沈先生墓志铭[M]//清碑传合集.上海：上海书店，1988：1658.

③ 沈彤.果堂集[M]//清代诗文集汇编：第264册.上海：上海古籍出版社，2010：372.

④ 沈彤.果堂集[M]//清代诗文集汇编：第264册.上海：上海古籍出版社，2010：431.

⑤ 何焯.义门先生集[M]//续修四库全书：第1420册.上海：上海古籍出版社，2002：172.

⑥ 何焯.义门先生集[M]//续修四库全书：第1420册.上海：上海古籍出版社，2002：210.

意□，所布之局皆刻骨洗削，不留一字，其精神所注自足久而常新，故到于今诵之。至如正希之文，就其合作使今人复构是题，穷搜冥思，要不能到，其为后学服仰，岂徒然哉？”[①]即以先贤作文之法指导丁鋐精进不已，深思布局。

何焯并非迂腐的私塾先生，要求弟子全力投入到八股文写作，而是希望学生习得文章之法，同时“就举业而引之儒术”，鼓励学生钻研儒家典籍。他曾对徐葆光说：“八股既为时尚，将来略作几篇亦佳，只是解书要紧，舍书无自作好文之道也。名文前选中文，其好处在句句发亮，又词气醇细，与圣贤气象不远，非别求之于题外尔。”[②]对于跟随学习书法的弟子，何焯也以举业启发诱导之，如在《与陈彦瑜书》中教导陈震：“读书须切实下工夫，不贸名，名乃大也。少年征逐，勿复为之。勤习古人法书，务求沉著。看宋人写经，字虽工拙不齐，然用笔处可以识真也。”“时文不变，既以之进身，或宜留意，有新篇望寄示一二，虽常学之而不效，犹乐从壁上观上将军之英锐也。”[③]金农在康熙四十六年(1707)、四十七年(1708)，追随归乡丁忧的何焯，[④]不但书法深受何焯影响，而且在何焯家中读书求学。乾隆元年(1736)，金农曾举博学鸿词科，其学养完粹或得益于此段经历。何焯的教学理念与效果，得到李光地的称赞：“兄今谆谆以此指授生徒，甚善。将来心细理明，即为古文诗辞，亦当迥然异于凡俗矣。”[⑤]

由此观之，何焯之所以能与弟子和睦相处，教学相长，建立良好的导学关系，其基础在于何焯对德育的重视和对教学的投入，他不惟关注弟子八股制艺的研习，更聚焦于学生品性的磨砺和道德的提升。进言之，何焯授徒要诀首先在于师门内谨守正当且相近的情感取向与道德准则，以涵养性情砥砺学生；当弟子处于人生的选择路口时，何焯主动帮助学生寻觅并树立宏远的人生目标，好言规劝，以免弟子误入歧途；在教学过程中何焯全身心付出，传授治学经验与心得，指明治学门径和误区，即使师生学术观点有别，亦不斥责，而是各随资质，予以选择的权力。何焯的教育经验对研究生教育的设置以及导学关系的和睦富有启发价值：导师应培养立德树人的使命感，以育人为第一要务，与学生的价值取向尽可能保持一致，以免师生间隙渐生。更重要的是，在教学工作中，导师要恪守职责，

---

① 何焯.义门先生集[M]//续修四库全书：第1420册.上海：上海古籍出版社，2002：208.

② 何焯.义门先生集[M]//续修四库全书：第1420册.上海：上海古籍出版社，2002：170.

③ 何焯.义门先生集[M]//续修四库全书：第1420册.上海：上海古籍出版社，2002：208.

④ 金农.金农集[M].杭州：浙江人民美术出版社，2016：77.

⑤ 李光地撰，陈祖武点校.榕村续集[M]//榕村全书：第九册.福州：福建人民出版社，2013：457-458.

传授研究经验与治学方法，使学生尽快适应研究生阶段的学习。

二、制度与公平：维系导学关系的法门

伴随研究生教育规模的迅速扩大，师生比例逐渐失调或成为导学关系疏离、异化的诱因。[①] 然不同于书院教学，何焯居家授课，学生数量可观，比例失调的情形更为严重。其维系师生关系的法门是遵守"制度"的约束，师长公允待人，学生勉力向学，共同构建积极奋进的学术群体。

所谓"制度"，即当学生时文颇有规模、读书略有小成而科名未就时，何焯或推荐其入李光地幕府，或介绍谋生之职。须明确的是，何焯举荐学生并非为学生扬名，使之科场顺遂，而是引见学生，师从名儒，望其百尺竿头，更进一步。如遇学生请求为其制艺文章背书，何焯往往不置一词。弟子杜瑨尝向何焯请求一荐，何焯直言："我决绝回他，从来不做此事。"[②]益见其遵循制度，不为人情世故所动。

另一方面，对专心治学、品性纯良的弟子，何焯不吝笔墨，多次向李光地举荐。如何焯在寄与李光地幕宾徐用锡的信中数次推荐爱徒蒋杲，并希望徐用锡予以指导：

> 蒋子遵向辱奖成，又俾其文得至于老师之前，其铭感实非常辞所喻。今其随计也，所依归者首在二兄与絅斋，惟推心训诲之，得略知文章正派，则如弟身被教育之泽也。弟不量轻妄，场后每思令此生求见老师，禀帖中已辄及之，倘万有一幸老师不见责而固拒，望二兄更左右之，弟亦转托絅兄率之以造阶下也。蒋生读立侯世兄文深为敬慕，亦欲先得一见，弟知立侯世兄不轻接杂人，然蒋生犹如弟家子弟，或可容其到书馆中乎？仲颖、振声、东玉诸兄亦望引之一见。[③]
>
> 子遵场事既毕，尚欲留都下，从诸位小世兄之后略听老师讲论，皆赖二兄翼而进之，恃爱我辄敢作此无已之请也。[④]

---

① 许迈进，郑英蓓.三重反思：重构研究生培养中的师生导学关系[J].教育发展研究，2007(8):79.

② 何焯.义门先生家书[M].宣统元年广州平江吴氏刊本卷三:11b.

③ 何焯.义门先生集[M]//续修四库全书：第1420册.上海：上海古籍出版社，2002:187-188.

④ 何焯.义门先生集[M]//续修四库全书：第1420册.上海：上海古籍出版社，2002:192.

师雅惠认为“蒋杲一家似乎担负着何焯的衣食供养之责”,“作为回报,何焯亦为推荐蒋杲颇费心力”[①],此说未允。蒋杲(1683—1731),字子遵,号篁亭,苏州长洲人,康熙五十二年(1713)考中进士,历任户部郎中、廉州知府。他文学博赡,长于吏事。他富藏书,家有“贮书楼”;精于校勘,存世校本、过录本数量可观。其家“殷实饶裕”[②],多次资助何焯,每当何焯在京师窘迫难捱时,往往向蒋杲求援。何焯曾遇“诘朝钱米俱匮”,不得不告急于蒋杲,“得暂那一二金,以济然眉之厄,则举家人被其赐矣”。何焯亦坦言:“愚居此穷约之况,虽云无两而幸不至失志于人者,实皆足下资助之赐也。”[③]然资助何焯的学生不止蒋杲一人,何焯因蜚语下狱时,沈颖谷亦曾伸出援手:“两日正当乏绝,今早忽然沈颖谷从绍兴署中寄我银十两,便如涸鱼得升斗之水,顿可苏息,天真无绝人之路也。”[④]此外,“此间亮直曾慨然将银十两接济。……又吴树云送银四两也,便得过且过,不必悬念。”[⑤]“陈钟庭送银十六两,成玉又为我雇了一月轿,孙远庭送十二两,尚留维学处未动,可以支持度岁矣。”[⑥]义门弟子与何焯的师生情谊极深厚,主动援助身处窘困的先生,可见导学关系之亲密和睦。

何焯推荐蒋杲并非因其资助,而是严守其举荐标准做出的行为。何焯行状中有“稽古育才,不异诸生”“门人有才而贫者恒饮食于家而教之”[⑦]的描述,颇有“得天下英才而教之”之志。他虽时常困窘,以授徒治生,但对家境优渥和贫寒的学生一视同仁。何焯曾推荐笃志向学但家境贫寒的弟子沈巘:

> 沈生巘,字颖谷,其人单门奋志,学虽未成,志趣颇高。自戊子以来,用力实自精进。家贫孤露,弟妹之累甚众,一身寸管,支吾不给,颇用此夺其日力,然转见其内行可观,非浮伪少年仅事名场奔走者也。仍望二兄推分为言于老师之前,俾得一见,开发其意。[⑧]

---

① 师雅惠.正声初起:早期桐城派作家研究[M].北京:中国社会科学出版社,2019:344-345.
② 中国第一历史档案馆编.雍正朝汉文朱批奏折汇编[M].南京:江苏古籍出版社,1989:790.
③ 何焯.义门先生集[M]//续修四库全书:第1420册.上海:上海古籍出版社,2002:206.
④ 何焯.义门先生家书[M].宣统元年广州平江吴氏刊本卷一:21a.
⑤ 何焯.义门先生家书[M].宣统元年广州平江吴氏刊本卷一:20b.
⑥ 何焯.义门先生家书[M].宣统元年广州平江吴氏刊本卷一:1b.
⑦ 何焯.义门先生集[M]//续修四库全书:第1420册.上海:上海古籍出版社,2002:266.
⑧ 何焯.义门先生集[M]//续修四库全书:第1420册.上海:上海古籍出版社,2002:192.

亦曾推荐生长乡间但质朴虚心的学生金来雍：

> 蒋生同来者业师金生来雍，亦是旧学徒，尚是少章安公同时会考人。中间懒废，近因蒋生用功，转复奋发。才虽不高，而行文简质不染俗下恶气味。其人生长乡曲，不娴礼节，然朴愿而虚心，有可嘉者，望一视而奖成之。[①]

对于家道中落仍励志向学的陈瑛与张晟，何焯也曾致信徐用锡，望其予以关照：

> 陈生少从日容，为文姿颖而功苦。去年南场房考力荐而复落，相知者皆为惜其屈抑。亦能通晓吏事，其自好不坠父风。倘有可为之地者，仍望二兄一言嘘植之，弟非信之有素，不可妄渎也。[②]
>
> 寄此信者为学徒张生晟，字奕先，敝同年陆冰言之表姪也。祖父本富家，至此则寒士矣。小时曾捐教职，今望得选，惘惘入都，或即在北乡试。此生初学，文字茫然，而情谊极好，倘二哥与进乐诱，则为幸甚大，而弟亦感推分不浅也。[③]

由何焯对弟子的评语观之，何焯以学生的品性资质与勤勉好学程度衡量评判，择优举荐，既对家贫无援的学生格外照顾，也不因受到学生资助而青睐有加；既有制度约束、标准限定的绝对公平，又酌情考量学生个人状况，做到相对公平。因此，义门师生关系融洽如初，何焯秉持公心，唯才是举，弟子也不因何焯处事不公而生怨。现行导师体制下，时常有监督缺失、权力滥用的现象发生。通过何焯推荐弟子一事，启示研究生教育的制定者与执行人：融洽的导学关系需要制度合理、导师公正、学生奋进共同维护。填补亟待完善的制度漏洞，保持选拔的公心，才能维系导学关系的健康发展。

三、沟通与体谅：修正导学关系的要诀

近年频发的师生失和事件中，导师与学生未能有效沟通、换位思考，是导学

---

① 何焯.义门先生集[M]//续修四库全书：第1420册.上海：上海古籍出版社，2002：188.

② 何焯.义门先生集[M]//续修四库全书：第1420册.上海：上海古籍出版社，2002：191.

③ 何焯.义门先生集[M]//续修四库全书：第1420册.上海：上海古籍出版社，2002：196.

关系彻底破裂、难以弥合的重要原因。倘若师生渐起嫌隙，又无修补机制，则很可能使导学关系滑向深渊。何焯晚年曾与部分弟子发生龃龉，后逐渐和解，对修正导学关系不无启示。

康熙五十三年（1714），何焯再得李光地荐言，被召至武英殿校书。康熙五十四年（1715），他得授编修，同年十一月即遭蜚语中伤而下狱。方椠如曾对何焯入狱以及狱中从容应对康熙诘问有生动记载：

> 上还自热河，缘道问："何焯安在？"即从迎驾所收系之，并簿录舍中书，载以兼两，交内廷学士，检视诸非所宜言者。大索数日，不得。独得论俗下文字，及诋諆当世士大夫，笑讥骂侮，有人所不堪语。黏签以闻，而书夹中有却吴县令馈金一札稿，并呈之。上阅之，怒霁，中摘数条，遣内侍赍狱呵问。又报，薄其罪，仅坐免官，直武英殿自若也。①

何焯所遇蜚语可据《清实录》所录何焯"罪行"推测，《清实录》云：

> 癸卯。谕刑部：翰林何焯为人狂妄，众所共知，朕钦赐以举人、进士，伊当终身感激，乃生性不识恩义，将今时文章比之万历末年文章，将伊女与允禩抚养，又为潘耒之子夤缘，罪应正法。但念其稍能记诵，从宽免死，著将伊官衔并进士、举人革去，在修书处行走。如不悛改，著该管官员即行参奏。②

遍阅何焯存世文字，可知第一条罪状"将今时文章比之万历末年文章"不是凭空捏造。何焯写寄陈汝楫信中提到："凡万历中之辗转迷谬，文病言妖，皆若烛照而清空之不可常者，于今之风气亦微似相近焉，默移于未然则常可以无坏。"③且此札开篇云："来示云有疑愚者裁万历己丑以后之文过峻，是固不然。"表明其观点已然传播，不乏质疑者，故何焯致信陈汝楫阐明其观点，或因此被好事者编排为"将今时文章比之万历末年文章"。

对于何焯来说，此番入狱不只是仕途上的打击，最令其痛心的是门人因担忧

① 何焯.义门先生集[M]//续修四库全书：第1420册.上海：上海古籍出版社，2002：268.
② 圣祖仁皇帝实录（三）[M]//清实录：第六册.北京：中华书局，1985：612-613.
③ 何焯.义门先生集[M]//续修四库全书：第1420册.上海：上海古籍出版社，2002：210.

何焯著作中有违碍忌讳的文字，将“所著诗歌古文数百篇、《语古斋识小录》十数卷”[①]付诸一炬。何焯出狱后在家书中写道：

> 本朝小题样被子遵、来雍、季方与我诗与时文尽付诸火。季方以此快抹文之恨，并我冯先生所刻名字图书尽磨去。我手抄书三本，又杂记一卷，并所写算法皆攘去不还，只云付火。谿熨滈及汉印四方皆不知那一位取去，然我不提一字也。帖之有跋者无不扯破，锦则家人取去，事后张元在摊子上买归石淙诗序一本，唐人小楷道振禅师碑、隋人小楷常丑奴墓志皆不复追求矣。[②]

据此可知焚烧何焯著述的弟子有蒋杲、金凤翔与陈汝楫。对蒋杲，何焯并无怨恨之意，反而担心此番入狱会影响弟子的仕途，在家书中忧虑地写道：“但子遵将来却如何做官耶？”[③]足见师生情谊深厚。后蒋杲未受影响，铨选顺利，何焯因其“掣得好缺”而心喜。[④] 旧徒金来雍曾受何焯推荐入都，但因老师下狱，又无入仕希望，“日日哭而求归”[⑤]，还劝蒋杲回乡，何焯愤而称其“乡愚之师”“混账之徒”[⑥]。然康熙五十六年(1717)，何焯再论此事时，有“小题所带样本前年为来雍投之于井，此不在局势中论”[⑦]之语，或已谅解学生的举动，毕竟此时戴名世案已发，学生难免忌惮。

而对陈汝楫，何焯的态度微妙。陈汝楫弱冠即从何焯学，二十四岁入国子监，康熙三十九年(1700)投身李光地门下，此时何焯已在李光地幕府，陈汝楫应当是得何焯举荐而入幕。李光地对陈汝楫评价不俗：“季方留此，为之觅馆，其人志趣不俗，而能思索，将来名世佳士也。”[⑧]“季方在此亦半载，读《易》及宋人诸书，契悟殊彻。此人淳意未浇，而又不以义理为厌，长此不懈，殆书种也。”[⑨]但何焯私

---

① 何焯.义门先生集[M]//续修四库全书：第1420册.上海：上海古籍出版社，2002:268-269.
② 何焯.义门先生家书[M].宣统元年广州平江吴氏刊本卷一：6a.
③ 何焯.义门先生家书[M].宣统元年广州平江吴氏刊本卷一：6a.
④ 何焯.义门先生家书[M].宣统元年广州平江吴氏刊本卷一：18b.
⑤ 何焯.义门先生家书[M].宣统元年广州平江吴氏刊本卷一：3b.
⑥ 何焯.义门先生家书[M].宣统元年广州平江吴氏刊本卷一：3b.
⑦ 何焯.义门先生家书[M].宣统元年广州平江吴氏刊本卷一：36b.
⑧ 李光地撰，陈祖武点校.榕村续集[M]//榕村全书：第九册.福州：福建人民出版社，2013:456.
⑨ 李光地撰，陈祖武点校.榕村续集[M]//榕村全书：第九册.福州：福建人民出版社，2013:458-459.

下对陈汝楫的评价与李光地不同，他认为“季方归可率之往见竹垞，但此子性躁而傲，不识物情，既不托形势，又未有名声，读书苦不多，自谓莫己若。”[①]可见何焯作为导师，虽知晓其性情与学识的缺憾，仍愿提携弟子，引见名儒。对于焚烧著述一事，何焯虽称其“全无心肝”，然“总不与之校也”[②]。尽管一生积累的著述被付之一炬，但何焯并未与学生反目，与其心胸“硕大平宽”[③]的自评大致相符。

与近来频发的师生失和事件相比，何焯与弟子交恶的背景和缘由更加复杂，不止牵涉名声与利益，还与康熙朝政坛风波相关联。焚毁著述虽是仓促间的无奈之举，但事后师生间并未及时沟通，缓和矛盾，导致何焯未能第一时间理解弟子的行径，弟子亦无法与之共情，体谅老师飘摇动荡的处境，于是师生陡生嫌隙，再难弥合，幸而何焯晚年心态旷达，逐渐谅解学生的做法。何焯师生关系失和对研究生教育亦有警醒价值：导学关系的维护，摩擦矛盾的和解，离不开成熟有效的沟通机制，惟有师生彼此充分共情，互相体谅，知识共享，荣辱与共，方可建立理想的“导学共同体”[④]，高效地完成教学任务。

综上所述，何焯课徒时既授之以修身之道，教导弟子要处世稳重，涵养心性；又指导弟子研究经籍，锤炼时文。何焯每遇秀士，力荐其入李光地幕府；尽管曾受学生资助，但对弟子仍一视同仁，对贫寒弟子尤关爱有加；虽遇蜚语中伤、仕途停滞、著述被毁的不幸，仍坦然处之，与弟子冰释前嫌。何焯的教育实例对研究生教育中的“导学关系”有深刻的启示：其一，导师欲营造和睦的导学关系，应恪守正当且相近的情感取向与道德准则，帮助学生树立宏远的人生目标，掌握专业知识与技能。其二，融洽的导学关系需要制度合理、导师公正、学生奋进共同维护。其三，师生应重视搭建沟通机制，充分共情，了解彼此的苦衷与意愿，从而修正偏离正轨的导学关系。

此外，何焯与其弟子的交往，不单对思考“导学关系”大有裨益，亦可启发从事古典教育的研究者：既可解读习见的、典范的、包涵中国传统教育思想的文本与例证，归纳“古典的教育理论”；也可将目光聚焦于稀见而富有价值的文献，结合当下实际，发掘和凝练“古典教育的理论”[⑤]，从而有补世教，使研究成果尽快服

① 何焯.义门先生集[M]//续修四库全书：第1420册.上海：上海古籍出版社，2002：218.

② 何焯.义门先生家书[M].宣统元年广州平江吴氏刊本卷一：8a.

③ 何焯.义门先生家书[M].宣统元年广州平江吴氏刊本卷一：3b.

④ 张荣祥、马君雅.导学共同体：构建研究生导学关系的新思路[J].学位与研究生教育：2020(09)：34-35.

⑤ 程千帆.古诗考索[M].上海：上海古籍出版社，1984：25-26.

务于基础教育与高等教育。

Research on the Communication Between He Zhuo and His Students and the Inspiration for Guiding Relationship

Gu Yifan

(School of Liberal Arts, Nanjing University, Nanjing210023, China)

Abstract: Guiding relationship is the important factor which can affect the quality of graduate education. In the face of frequent imbalance of guiding relationship and disharmony between teachers and students, We can get enlightenment by investigating the communication experience between He Zhuo and his students. First, the foundation to establish good guiding relationship lies in He Zhuo's emphasis on moral education and his investment in teaching. He not only teaches students the way of self-cultivation of being steady in life and cultivating their mind, but also guides them to study the classics and practice eight-part essay.Second, He Zhuo establishes the recommendation system which can maintain the harmonious guiding relationship. Finally, when He Zhuo and his students gradually become suspicious because of burning He Zhuo's works, they fail to communicate in time and the relationship is damaged. However, He Zhuo understands the students' actions and the relationship is repaired by degrees. Research on the communication between He Zhuo and his students is not only of great benefit to study guiding relationship, but also can inspire researchers to explore and refine the theory of classical education.

Key words: He Zhuo; students of He Zhuo; teacher-student communication; guiding relationship; theory of classical education

民国时期"大学无用论"研究(1930—1936)

王　璞*

(北京大学 马克思主义学院,北京 100871)

摘　要: 20 世纪 30 年代初期,中国知识界首次就大学教育问题展开大讨论。"大学无用论"的雏形孕育于 20 世纪 20 年代,盛行与发酵于 20 世纪 30 年代,是特定时代下高等教育转型的必然结果。学校内部问题、民国大环境和大学生自身因素是当时大学无用的主要原因,并由此构成了大学无用的基本表征。同时,"大学无用论"也蕴含着对极端思想的反思和批评,并催生了时人使大学变"无用"为"有用"的思考与探索。"大学无用论"的流行反映了民国大环境影响下的教育界焦虑与危机,为当前中国教育转型时期的平稳过渡与发展提供了重要参考。

关键词: 大学;大学生;民国;大学无用论

20 世纪前半叶的中国处于社会急剧动荡的变革时期,自辛亥革命爆发到南京国民政府完成形式上的全国统一,30 年代的中国基本进入在动荡中求安稳、在逆境中谋发展的特殊时期,教育在当时复杂的政治经济形势下获得了繁荣发展的机遇。1929 年 4 月,国民政府确定"中华民国之教育,根据三民主义,以充实人民生活,扶植社会生存,发展国民生计,延续民族生命为目的;务期民族独立,民权普遍,民生发展,以促进世界大同"的教育方针,教育呈现一片欣欣向荣之势。① 学界对此予以高度评价,声称这一时期是"民国教育稳步发展……各级各类教育事业取得显著成绩的 10 年。"②

然而在这些看似辉煌的时代形象背后,20 世纪 30 年代的教育特别是大学教

* 作者简介:王璞(2000—),女,河北邯郸人,北京大学马克思主义学院硕士研究生,研究方向为中国近现代社会史、高等教育史。

① 宋恩荣,章咸.中华民国教育法规选编[M].南京:江苏教育出版社,2005:35-36.

② 熊贤君.民国义务教育研究[M].长沙:湖南教育出版社,2018:11.

育出现了诸多乱象，“大学无用论”顺势兴起，为这一时期大学教育现状进行了定性和宏观概述。现存研究成果多是以整个民国时期的教育为范畴，将20世纪30年代作为其中的一个时段分支进行概述。如熊明安著《中华民国教育史》（重庆出版社，1990），申晓云主编《动荡转型中的民国教育》（河南人民出版社，1994）等民国教育史的早期论著，都对20世纪30年代的大学危机有了一定的提及和认识，后期在民国教育通史研究中更是对相关材料进行了进一步补充和丰富。[①] 除此之外，学术界有部分民国大学困境及就业问题相关的研究，代表性的如《发舒内力以应群需——民国大学生就业指导研究（1912—1936）》等，就是从大学危机的其中一个分支——就业方向进行了针对性研究。[②] 然而，尽管围绕“大学无用论”展开时评及教育学专著资料翔实，但目前学术界暂无直接相关的研究成果，更没有对“大学无用论”进行综合整理与分析。

本文旨在梳理20世纪30年代“大学无用论”的兴起、催化与争鸣过程，探究当时教育与社会的互动情况。“大学无用论”在20世纪30年代的产生与发展，不仅为人们提供了批判旧世界、开辟新世界的理论武器，而且从根本上锻炼和提高了我国教育界的理论素养。还原真实的思想争鸣，也能够为当世提供警醒和思考。

一、20世纪30年代“大学无用论”的兴起

20世纪30年代初期，中国各界掀起了一场关于“大学无用”的论争，这是中国知识界首次就大学教育问题展开的大讨论。在这个批判高潮里，中国的知识界、教育界表现出前所未有的活跃趋势，极大地提高了讨论的社会参与度和影响力。“大学无用论”在30年代的兴起，一方面是个体消极和反抗情绪的集中表露，另一方面反映了时人要求进行改良改革、推动社会进步的强烈愿望，与当时的时代背景密不可分。

（一）“大学无用论”的兴起与发展状况

大学无用论在20世纪20年代末已初具雏形，到30年代被推向高峰，自此热

---

① 田正平.中国教育通史12:中华民国卷（上）[M].北京:北京师范大学出版社，2013.

② 程岩.发舒内力以应群需:民国大学生就业指导研究（1912—1936）[D].天津:天津大学，2018.

度一直居高不下,时人大多秉承着"真实的暴露是最深刻的批评"的鸿志,围绕"大学无用"展开各个层面的思考和辩论。在近十年的过程中,单看围绕大学无用展开的专题论述文章就有几十余篇,先后出现在《社会与教育》《晨报》《教育杂志》等著名期刊杂志上,其中既有樊仲云、陶希圣、周乐山等知识界、教育界著名人士,又有韶然、万迪鹤等在校大学生,[①]后期还逐渐渗透至众多教育学论著和学者日记之中,无论是参与讨论的人数还是社会影响力都在持续扩大,成为每每谈起大学教育时绕不开的重要话题。

大学无用论的雏形在20世纪20年代就已经孕育,部分学者在论述大学生及大学教育面临的多重问题的过程中,使用了"大学毕业生失业,即是大学本身失败""现在大学,可分为'好''坏'二种,但同归无用"等多个类似"大学无用"的批驳之词。[②] 但"大学无用论"真正确立固定名称并形成社会思潮则始于樊仲云在1930年发表的同名文章《大学无用论》。[③] 这篇文章被刊登在《社会与教育》的头版头条,一经发表就在社会各界引起了轩然大波,鼓舞了众多学者参与到这场讨论之中,仅以《社会与教育》这一教育界先驱杂志为例,在当年第11期、第15期就先后发表了陶希圣、韶然、萧铮的三篇文章,并在第二年紧接着刊登了樊仲云的《大学无用再论》,形成了讨论的第一个完整闭环。[④]

对"大学无用"的讨论引起了诸多大学生的共鸣,各类期刊杂志上涌现大量从大学生视角对"大学无用"的批驳之词。[⑤] 这一阶段的讨论由万迪鹤发表长篇连载文章《中国大学生日记》将其推向顶峰。该文章从《社会与教育》的第5卷第7期一直连载至第6卷第10期,影响力和传播范围之广不难想象。在这样漫长的篇幅里,作者主要记录了自己荒诞、怪异、离奇的中国大学生生活,全书充满了"混混主义的实践记录"。文章一经发表,社会各界纷纷予以回应,《清华周刊》等学生自办报纸刊登相关书评,对其所述内容予以讨论,同时也针对"大学无用论"的盛行发表自己的看法,有的称这本书成为当时众多大学生腐烂生活的真实写照,实际上是"由一粒砂子中,表现出大海的动态"。[⑥]

这样的揭露性文章在当时并不少见,甚至后期所有公开的评论文章几乎一

---

① 韶然.大学非读书之地[J].社会与教育,1931(15):3-4.

② 张泽雄.读"大学毕业生的生活问题"以后[J].晨报副刊:社会,1926,57:16.

③ 樊仲云.大学无用论[J].社会与教育,1930(3):1-3.

④ 樊仲云.大学无用再论[J].社会与教育,1931(17):1-2.

⑤ 大学生之三典型:"大学无用论"[J].文艺新闻,1931(2):3.

⑥ 陶清.书报评介:"中国大学生日记"[J].清华周刊,1935,43(2):88-90.

边倒地宣扬“大学无用论”，控诉对当前教育现状的不满，一时间沪上流行的各报，对于中国的大学教育，都在加以深切的痛击。但在此以后，有部分知识分子开始发出不同的声音。这一时期对大学无用的争论深入进各类著作、教育杂志等，由专题讨论向常态化问题转变。

这一时期占据话语主导权的多是大学教授与教育家。陶愚川在《大学果真是无用的么》中对当时有关大学无用的社会争论进行了总结，称大学实际上是有用的，我们不能因目前大学教育之腐败而发偏激之论，抹杀了大学教育之真真价值。① 周乐山在《给青年的信》一书的第二章第三节谈到青年出路问题与中国教育制度的问题时也同样强调，尽管当前大学生毕业后难找出路，但“如果不读书，那就完全没有希望找得到出路了”。② 郑若谷在河南大学任教时写下《大学教育的理想》一书，在其中“探讨了谁应受大学教育”这一问题，主张对入大学的学生进行筛选，改变当时众多个人素质不达标或不适合大学教育的人进入大学的现状。③ 这些学者部分肯定当时教育所做的贡献，主张在正视问题的基础上寻找出路。也有研究者不再局限于对学生、教授、学校等不作为乱象等浅尝辄止地描述，开始总结经验、寻找出路，力图阐述如何才能“化无用为有用”。对这类问题的讨论一直持续至抗日战争全面爆发后，大学无用的讨论和争鸣此时方被搁置。

(二)“大学无用论”兴起的时代背景

“大学无用论”能够在短期之内迅速发酵且热度长时期居高不下，足以见当时社会对这一问题的关注积压已久且一触即发。“大学无用论”在 20 世纪 30 年代的盛行与发酵实际上是当时时代问题和时代背景的必然结果和直接映像。

在政治层面，民国政治生态与“府学”关系直接催化了 20 世纪 30 年代“大学无用论”的兴起。这一时期政治腐败与国民政府统治乱象极大压榨了大学的发展空间，正如学者们指摘的那样，当时“吃大学的人是加多的”，他们在内部相互勾结，无视教学质量和教师学生权益，反而对大学乱象置之不理，只顾谋求私利。④ 面对这样的黑暗现状，部分血气方刚、富有朝气的人士对此极其不满，要求变革的愿望最强烈，这部分人通过宣扬教授治校、教授治学、学生自治和发起学

---

① 陶愚川.大学果真是无用的么[J].大夏周报，1932，9(12)：233-235.

② 周乐山.给青年的信[M].北京：北新书局，1933：43-53.

③ 郑若谷.大学教育的理想[M].北京：著者书店，1933：15-24.

④ 陶希圣.大学无用问答[J].社会与教育，1931(11)：2-4.

生运动等举措,力图实现大学的独立发展。然而学校与政府利益并非呈现鲜明的对立关系,教育部门、校长、教授、部分学生中的利益相关者沉溺于现有的既得利益而拒绝进行整改,从内外部阻碍这种革新,正如时任北京大学校长的蒋梦麟所言:"一个大学中有三派势力,一派是校长,一派是教授,一派是学生。"在各派势力的相互制衡中,大学内部形成了不稳定的平衡状态,在这样问题严峻但难以破局的背景下,部分学者只能借助思想讨论来抨击现状、针砭时弊。

相对于政治生态的慢性催化,经济环境对"大学无用论"兴起的影响更为直接。社会大环境上,20 世纪 30 年代世界经济危机导致世界经济局势剧烈动荡,民国成立后,中国近代经济受制于国际社会影响的局面并未好转,在此冲击下中国经济陷入举步维艰的境地,失业率不断上升,就业形势不容乐观。民国时期工商业者与资本家的崛起又极大改变了近代社会阶级构成,在大学内部,读书、人才等被置于极其尴尬的境地。在光耀门楣等社会风气驱使下,大批有条件的青年都在家庭与社会的影响下一窝蜂挤入大学。入学高昂的成本又促使大学生的培养成本急速膨胀,但培养成本并没有获得与之匹配的回报。相反大学生被卷入社会失业漩涡之中,大学出路难寻、大学生失眠年等问题进一步发酵,引发了整个社会旷日持久的大讨论。当时全国每年的大学毕业生总人数在八九千乃至万余人,但这样一个庞大的群体带来的并不是"教育发达",而是大范围的毕业生聚集。正如"北平各大学毕业生职业运动大同盟"兴起宣言中痛诉的那样:"三十年来,政府及社会人士,但知广设学校、造就人才,而如何安插统计,则无人过问,任其自为问题,而不加以解决,则情势日益严重,国家日益纷乱。"[①]经济层面的问题切身且致命,直接影响了后期国民政府设立全国学术工作咨询处以及其他救济措施的实施,也促使大学无用的社会争论被推广至更宽的维度。[②]

此外,大学教育体制本身的弊端成为"大学无用论"催化的关键因素。中国的高等教育历史极其悠久,但近代意义上的"大学"则是在遭受外来列强入侵之后移植而来的教育组织。民国建立后,外来教育理论与中国固有的传统教育思想产生了多方面的冲突,中国半殖民地半封建的社会形态更是决定了近代大学发展受到多方掣肘。[③] 大学教育制度的争论自始至终从未停歇,而大学教育体制本身的弊端也在这一本土化移植并未完善的节点充分暴露出来,大到教育经费

① 佚名.北平各大学毕业生职业运动[J].教育杂志,1934(1).

② 俞君适.全国学术工作咨询处成立[J].中南情报,1934(8).

③ 茹宁.中国大学百年:模式转换与文化冲突[M].北京:知识产权出版社,2012:7.

严重短缺、教育发展的无序状态、教学内容脱离中国实际，小至课程设置不合理、教育目标不清晰、学风与校园文化建设发生偏差等。但在教育体制尚未完善的情况下，1936 年，全国专科以上学生人数膨胀至 41922 人，这就使得高等教育试错成本和影响力都大大增加。① 而这样庞大且多元的教育问题并非一朝一夕或者仅凭个人力量就可以改变，多次尝试未果后，部分有识之士、备受打击的教育者乃至深受其害的学生群体，自然集体发出当下教育体制下大学无用的呼声。

整体观之，20 世纪 30 年代“大学无用论”的兴起，其实是特定时代下高等教育转型的必然结果，是由无序到有序的历史阶段的缩影。无论是顶层社会建设的腐朽、社会整体经济危机的影响还是教育制度本身的问题与缺陷，都一步步滚雪球一样催生着新的问题和社会焦虑。其中有一部分浅层问题通过改良的方式得以缓和，更大一部分则变成摘不掉、摆不脱的“毒瘤”，融入社会发展的进程。

二、讨论重点之“大学为何无用”与“大学如何无用”

20 世纪 30 年代“大学无用论”的兴起，实际上是对大学教育多方位失败的总结与概括。受限于政治、经济、社会、教育体制等多方掣肘，当时的大学本身无法承担起既定的社会责任和实现目标，反而成为各类乱象的温床，由此足可见大学无用；作为大学教育的对象和直接参与者，当时所培养出的大学生学无所得、学无所用、无法适应社会，大学生无用则大学自然无用。在这样的主基调之下，人们从不同视角解读 20 世纪 30 年代大学遭遇的多重困境，力图用真实的批判揭露大学教育的失败与黑暗面。各类论述文章描述多有相似，但落脚各有千秋，概括而言，基本涵盖了大学教学体制、大学生培养、社会与大学互动等多个层面，我们也可由此拼接出大学无用的基本表征。

(一)学校内部问题与大学无用

早在 20 世纪 20 年代，张泽雄就概括出了当时大学教育存在的诸多不合理设置，如：“受课时间太少、教材不当、课程编制与合班制度之不善、敷衍教育与贻误青年等。”②社会普遍认为当时大学所教的内容是浅显无用的。“毕业出来的人，

---

① 教育部教育年鉴编纂委员会.第二次中国教育年鉴[M].上海：商务印书馆，1948：1035-1038.

② 张泽雄.读“大学毕业生的生活问题”以后[J].晨报副刊：社会，1926(57)：16.

大多只是管中窥豹，仅得一斑”“学生物的不知道桑和榆的分别，学商业的只知道熟读许多国际贸易商业地理一类的书，而对于在中国内地商业社会中最实用的珠算文书等，反多漠视”。[①] 课程设置和教学培养模式的诸多不合理，导致当时的大学生呈现两种极端：一是‘有本领无用处’，一是‘有用处无本领’。[②]

作为培养者和管理者的教授、校长、教育部门的不作为，使得“学府政党机关化”“教授官僚合一”成为中国社会背景下所特有的现象。面对当时出现的教学和学制问题，大学本可以通过严其考核整治不正之风，结果大学放弃“作育人才，研究学术”的本责，“专事迎合社会，唯学生的意旨是从”，足可见学校治理的无能。[③] 在这样的恶劣环境影响下，当时的大学早已堕落成贩卖文凭的机关；学生混迹于五花八门的娱乐场所，悠哉悠哉地混过修业，学校“抱着息事宁人的主义”放任置之；教授为生活而出卖钟点，与学生的关系亦与店员对主顾相同。学生因有讲义可以蒙混而觉得上课并不必要、教授为增加收入尽可能开办多门课程而导致内容大量注水，在这种情况下四五年的修业年限也变成了不必要。[④] 学者纷纷声称当时“神秘荣耀之大学，不及旅馆行政之来得统一、有序、紧密。”[⑤]

虽然教育质量一路滑坡，但入学成本不降反升，大学高层为敛财而大幅度扩大招生规模，并借助修校舍、交学费、交罚金、补考费等多种名目向学生要钱，导致大学生的培养成本急速膨胀。有学者调查声称，“推算一下一个大学生的用度，比一个小公务员的薪水要多。”[⑥]这样投入与收获远不对等的情况显得大学更加无所用处，樊仲云戏称，即使将大学视为出卖文凭的机关也是很不经济的，“这样的大学，不仅无用，且是社会的毒害。”[⑦]

(二)民国社会大环境与大学无用

大学作为一个不能完全独立的小世界，其浮躁腐败风气的盛行与整个社会的浸润是密不可分的，当时大学和大学生受到社会浮躁风气的影响，追名逐利的思潮甚嚣尘上。大学生韶然就将自己两年的大学生活概括为“整天醉生梦死的

---

① 陶愚川.大学果真是无用的么[J].大夏周报，1932，9(12)：233-235.
② 张溪愚.大学生无用论[J].人言周刊，1934，1(27)：565-567.
③ 樊仲云.大学无用论[J].社会与教育，1930(3)：1-3.
④ 樊仲云.大学无用论[J].社会与教育，1930(3)：1-3.
⑤ 士中.大学教育，尚饕[J].社会与教育，1931(14)：9-10.
⑥ 穹.大学应搬离都市[N].立报，1936-07-23(006).
⑦ 樊仲云.大学无用再论[J].社会与教育，1931(17)：1-2.

鬼混”,在当时这个“文凭贩卖所”里,大学已不再是研究学术的地方,而变成青年的名利场、政客的根据地。[①] 大学生钻空子不上课的情况比比皆是,甚至出现“大学生请代表读书”的奇特现象。比如有人称自己有一位朋友“在南京某国立大学当学生”,但他本人“在首都千里之外的S地‘另有任用’”,即“作他事,找钱”,上海有两位朋友也同样“学校请代表听课”“本人更同在K省某县荣膺县指委”。这样藐视学生上课义务的行为并非出于刚需或极个别的不正作风,这些人并非是“境遇过坏,在穷愁苦斗中讨生活的学生”,他们反而是为了谋求政治利益或者职权,这样不仅能够正常拿到学位,甚至可以因此成为“学校当局的满意门生”。[②]

讨论后期,人们逐渐认识到当时大学的乱象受到社会的背景和经济等多重因素的影响,甚至可以说“是社会的要求如此”,[③]但却对现状无可奈何。陶希圣就曾将大学无用以及大学不可能有用的原因概括为关键一条“吃大学的人是加多的”,称这帮人“在什么地方也是要吃农民和工人的膏血的”。[④] 这样的背景下想要大学有用,反而是痴人说梦了。

相对于社会环境的慢性催化,经济的影响更为直观。一方面资本主义、享乐主义思潮侵入大学群体内部,攀比享乐的风气盛行一时,大学生每日纸醉金迷,混迹于五花八门的娱乐场所,有人就曾劝告称,“借了债来读书”的穷孩子是万万不能进入大学的,他们不仅无法适应同龄学生的生活,反而会因为不合群而遭受排挤。[⑤] 但与此同时,当时整体经济不景气直接催生了就业和教育环境的恶化,大学生毕业后一旦投入社会,就必须直面经济危机和失业率暴增的现实问题。这样直观的境遇对比,极大催生了大学生群体有关就业与出路的焦虑情绪。在中国经济不景气的情况下,中国的大学生无用的暗示破了最感严重的一个‘新纪录’。”[⑥]社会上将大学生在四年级读书这一年称为失眠年,学生纷纷自嘲道,毕业之后“出洋留学没有资本。到社会上去服务吧,失业的人多得很,哪里容易找到一碗饭吃?”即使作为大学生的青年们头脑清楚,思想高超,受现实压力所迫在大学第四年级将要毕业的时候,也难免天天失眠。在这样整体高压的环境之下,那些从政或投军的毕业生找出路其实是很容易的,溜须拍马和托关系的问题就更

① 韶然.大学非读书之地[J].社会与教育,1931(15):3-4.
② 士中.大学教育,尚饗[J].社会与教育,1931(14):9-10.
③ 樊仲云.大学无用论[J].社会与教育,1930(3):1-3.
④ 陶希圣.大学无用问答[J].社会与教育,1931(11):2-4.
⑤ 大学生之三典型:“大学无用论”[J].文艺新闻,1931(2):3.
⑥ 张溪愚.大学生无用论[J].人言周刊,1934,1(27):565-567.

为泛滥。[①] 而那些没有捷径可走的大学生,为扩大力量谋求生路,纷纷组织起来进行抗议,各地“大学生职业运动大同盟”顺势兴起。

值得注意的是,当时整个世界范围内的大学教育状况也并不令人乐观,部分意识到国内教育无用的人士开始转而谋求出国留学,当时留学生加多,实际上“直接间接确是证明了自己的‘大学无用’”。[②] 然而这样的状况并没有因为留学而得到根本改善,当时全世界范围内“痛斥大学已经没落的呼声,我们时常可以闻到。”[③]中国学界转译了许多外国教育家的言论,如翻译了萧伯纳题为《大学教育无用论》的分析文章,声称在这样的趋势影响下,“世界文明的崩溃必为期不远,而‘黑暗时代’又将重新到来。”[④]这样一段话被收录至名人名言集录,成为悲鸣者的文字武器,使得“大学无用论”的呼声进一步升高。[⑤]

(三)大学生自身问题与大学无用

除去学校与社会的影响,大学生无用并非仅受到外部因素的影响,大学生也并不是无辜的受害者。当时大学生作为大学乱象的直接参与和制造者,除去上述所言敷衍学业、藐视上课的情况之外,还沉迷于自视甚高的幻影中。当时的学者讽刺称:当今大学生“确有其名、无其实,且气焰万丈,有不可一世之概,以致令人失望”。[⑥] 当时的大学生早已背离了蔡元培“大学学生,当以研究学术为天职,不当以大学为升官发财之阶梯”的期许,他们不愿花费时间学习本领、增长见识,放任自己“做一个幻想的观念生活者”,纷纷扬言“大学是恋爱黄金时代”“大学可以做上政治舞台的阶梯”,谈到毕业的追求,也只是为了“拿资本来把自己培养成大学教授或中学教员或官吏,再去拿薪水”。部分女学生甚至放弃自我价值,本着“女学生可以把大学毕业文凭做嫁装”“还可以做太太”的目标虚度时日。[⑦]

《中国大学生日记》作为当时影响颇广、传播范围颇大的长篇日记,主要记录了学生万迪鹤的大学生活。[⑧] 在这样漫长的篇幅里,作者用极尽荒诞、怪异、离奇

① 大学生失眠年[N].申报增刊,1934-01-16(002).

② 萧铮.大学校长无用论[J].社会与教育,1931(15):1-3.

③ 樊仲云.大学无用再论[J].社会与教育,1931(17):1-2.

④ 萧伯纳.随笔:大学教育无用论[J].中外月刊,1936,1(8):115-116.

⑤ 萧伯纳.名言与轶事:大学教育无用[J].现代青年(北平),1936,4(3):20.

⑥ 张泽雄.读“大学毕业生的生活问题”以后[J].晨报副刊:社会,1926(57):16.

⑦ 陶希圣.大学无用问答[J].社会与教育,1931(11):2-4.

⑧ 万迪鹤.中国大学生日记[M].上海:生活书店,1934.

的笔触，描绘了很多事物："有需要花钱买的考卷，有自己在刊物上刊登'消息'的诗人，有卖两元一门的补考，卖一百三元一年的上课证……"这样与学术、信仰、国之栋梁并不相关甚至极度背离的境遇，激起了作者深深的痛苦之情。然而主角和他的几个朋友，在这样不利于人向上的环境里，"他自己也就不想再好好儿过活"，因而全书记录他个人的大学生活时，也多可见消磨时光、瞒天过海的"混混主义的实践记录"。① 足可见当时的大学生不仅失却了青年应有的斗志和精神，没有承担起社会的责任、实现社会期许，反而迅速堕落，成为时代的牺牲品。

此外，当时家庭仍旧将进入大学视为"门楣之光宠"，大学生受了父母的期许及社会虚荣心所驱使，无论成本是否能够负担，也不论个人素质是否达标或适合大学教育，皆一窝蜂地涌入大学，使得教育泡沫不断膨胀。② 在校外，他们大摇大摆，一副"吾乃赫然大学生也"的姿态。不少学者声称当代青年的坏脾气是："勇于骂人，而怯于实行。"他们口中嚷着："骂骂别人有什么，许多人我是不高兴骂""只要我多读了几年书，便也是教授""先生被我问塞了，——无辞可答""除了大学生们自己以外，没有别人懂得学术了"。③ 这类眼高于顶的大学生沉浸于虚浮的幻想和梦境，一方面个人作风不正，荒废学业、花天酒地，同时也被消磨掉了精神和思想，进而变得一无是处。大学生作为大学的被培养者和直接参与者，这一群体的乱象成为大学无用的最好佐证，由此诸多学者做出了"大学教育破产，已毫无疑问"的结论。④⑤

三、"大学无用论"的后期反思与发展

大学无用的讨论发展到后期，没有停留在对乱象的浅显揭露，而是逐步衍生出了对极端思想的纠偏和对深层解决方式的探讨。站在今天的角度回望，当时人对大学无用的批判实则是希望正视问题、变无用为有用的呼吁。各阶层与各群体之间的不同立场与表述，也反映了社会力量的交织与冲突。大学无用的讨论也正是在这样的背景下，成为当时社会思潮的一大总和与展示窗口。

---

① 陶清.书报评介："中国大学生日记"[J].清华周刊，1935，43(2)：88-90.
② 郑若谷.大学教育的理想[M].北京：著者书店，1933：15-24.
③ 萍人.大学无用论与大学生无用论[J].新型社会，1931(2)：9-11.
④ 士中.大学教育，尚饗[J].社会与教育，1931(14)：9-10.
⑤ 萧铮.大学校长无用论[J].社会与教育，1931(15)：1-3.

(一)对"大学完全无用"的思想纠偏

"大学无用"的讨论被推向高潮后,社会舆论也被推向了极端。人们以此作为控诉不满与黑暗的出口,由大学教育出发延伸出了对社会乱象、政局腐败、文化衰落、经济危机等多重问题的批驳。然而在群情激愤下几乎给当时的大学教育下了一无是处的定论,这样单一化的评价逐步延伸出了多种极端思想,譬如:大学一无是处、大学生一无是处、文法学科一无是处等。讨论后期,部分学者开始有意识地进行纠偏,力图遏制极端思想,返璞归真。

一方面,学者开始有意扭转这种悲观的社会思潮,力图营造积极向上的社会风气,称"现在中国的大学需要整顿是真的,但是说是无用,未免太偏激了。"[①]陶愚川反对认为要在大学中求学是不可能的这类呼声,称自己"一度随波逐流的以为大学是无用的",但当下却在愤恨之后改变了思想,得出了"大学是有用的。我们不能因目前大学教育之腐败而发偏激之论,抹杀了大学教育之真真价值"这样的论断。[②] 事实上,民国时期的大学无论是在数量的扩大还是内容的提高方面均有不可小觑的成就,30 年代全国高等教育正处在所谓"大学热"时期,1931 年国际联盟教育考察团在对华考察书中这样写道:"中国人对于高等教育之信仰——几成为对于高等教育之狂热——致使二十五年之内,竟有五十余所大学之创设,此种信仰之本身,确有值得特别羡慕者。"[③]一边倒地否认大学的成就只会滋生焦虑情绪,使改进的方向模糊,只有在正视问题、吸取经验教训的基础上,方有可能进行改良。

另一部分极端的言论和观点主要集中在对大学生群体的批驳上。在参与讨论的社会群体中,学界和报界的人士占据绝大多数,他们从各个层面针砭时弊,总结出社会政治、经济、思想层面的诸多问题,但却认为改革无望而沉湎于悲观情绪。这样的情绪在对大学生群体的批判中显得尤为直观。尽管部分文章将大学生列于社会和教育腐烂的受害者行列,但也不乏从大学生的义务、责任、个人追求等角度对大学生本身进行的批驳,言辞中带有对大学生的不争、不斗、不向上的批判。

在对大学生的被动描述中,大学生群体的主动发声就显得颇为重要。从他

① 周乐山.给青年的信[M].北京:北新书局,1933:43-53.

② 陶愚川.大学果真是无用的么[J].大夏周报,1932,9(12):233-235.

③ 国际联盟教育考察团.国际联盟教育考察团报告书[R].台北:文海出版社,1986:160.

们的发言中可见，当时的大学生并非像旁观者控诉的那样只会盲目顺从时局，部分人能够对当时的教育现状做出自己的评估和判断，韶然就曾在《社会与教育》中呼吁："真心研究学问的人们"唯一出路就是尽快离开这块是非之地，立定志向进行自修。[①] 类似这样的悲叹言论，许多大学生亦有所共鸣。他们称无论是"为了女同学及娱乐"的公子哥、"为了取得父母的欢心"的书呆子，还是"借了债来读书"的穷孩子都应尽快离开大学，当时大学的环境既不能满足读书的需求，也不是一个可以谋求更好前途的场所。[②] 这更多地表达了一种悲痛的劝告和自我谋出路的悲凉。但在这样的多重困境中，大多数人无法采取行动进行改造，青年主动性被削弱，自暴自弃的消极思潮兴起。

除去正视问题之外，部分大学生群体也能够尝试进行自我开解与变革，力图焕发青年力量。万迪鹤在《中国大学生日记》中提出的"没有远大的前途，没有伟大的企图。逃避现实捉住今天享受须臾吧!"这样自暴自弃随波逐流的宣言，一经发出便引起了部分学生群体的驳斥。清华大学学生陶清痛心道：在这样溃烂的大学教育的毒害下，万迪鹤这样的大学生"他对甚么都不相信，都鄙夷，又不会救起自己；他只好自杀！作慢性的自杀!"发人深省和令人振奋的是，作者在文末作为时代的另一类大学生代表高喊道："这'中国大学生日记'并不能代表中国大学生生活的全面！我们不能相信所有的大学生统统像这书的主人公与其同学一般，至少我们当中还有愿意好好活下去的；不肯像他们这样自杀。"[③]一些竭力与青年对话的知识分子，也鼓励并支持大学生坚定信仰、思索人生价值。周乐山在《给青年的信》中告诫青年人："要充实自己的力量，不可抱投机之心"，在大环境中也要坚持"少向空虚追求，多向实际努力!"[④]

最后，"大学无用论"的讨论也衍生出了更深入的学术讨论。《大学无用与废止文法科问题》中将大学无用与文法科的社会地位结合起来，声称世界范围内封建衰落后，大学"失去它的基尔特的独立性而成为纯资本主义的国家教育机关"。在近代国家的范畴里，工商业的发达与物质科学的进步本应带来对学问的重视，但在当时的中国，大学无用和废止文法科则成为并列的"两种蔑视学问的心理"。政治层面，"学府政党机关化""教授官僚合一"都是在中国的社会背景下所特有

① 韶然.大学非读书之地[J].社会与教育，1931(15)：3-4.
② 大学生之三典型："大学无用论"[J].文艺新闻，1931(2)：3.
③ 陶清.书报评介："中国大学生日记"[J].清华周刊，1935，43(2)：88-90.
④ 周乐山.给青年的信[M].北京：北新书局，1933：43-53.

的现象,毕业即失业是大学本身建设的问题,“大学自己的存在,日益失却了社会的意义”,也因此给人留有了“非难的口实”。① 作者从社会发展的角度分析,提出绝不能“以文法科的‘生产过剩’与‘不切实用’而主张废止它”,这实际上是对“大学无用”的矫枉过正。作者称“今日之流弊,乃是大则缘于社会制度,小则由于大学自身的缺点所成,而并非文法科本身的功罪”,文法科非但不应被废止,更应担负“领导社会意识前进的历史的任务”,承担起时代变革和历史发展的思想意识作用。②

当然,上述反向修正也引起了部分激愤者的不满,出现了一些强制失声或矫枉过正的现象。有部分人开始将“大学无用论”讥为杞人忧天,在这种社会思潮的引导下,“大学无用论”的支持者反而被驳斥和嘲讽,“一些在过着‘失眠年’的大学生也似乎是‘低能儿’”,而不再是“‘民族英雄’的可造之材了”。这样的论断实际是从一个极端走向另一个极端,挑起了社会与学生群体之间的矛盾,将所谓的大学生无出路的问题视为个别极端现象,并将这类失败案例的原因归咎于学生自身,实则是逃避责任、模糊问题的说法。③ 事实上,由政治、经济、社会三方面来看,当时的大学已经到了积重难返的地步,“教育当局,近来三令五申,整饬学风”,然而教育状况却无所改善,甚至每况愈下。④ 那么究竟如何变无用为有用,就成为学者们关注的重点话题。

(二)变“无用”为“有用”的实践探索

针对当时大学无用的现状,围绕如何变无用为有用这个话题,学者们始终在进行孜孜不倦的追寻。从最初樊仲云“甚望海内外有心人,能睁开眼睛,看一看事实的现状,化无用为有用”这类只寄希望于更多人关注和参与的悲鸣⑤;到“大学的无用,由于教职员及大学生的无用,要使大学有用,请大学生先觉悟自己的该当有用”这样浅尝辄止地提出问题,将改造的义务推移至大学生自己身上⑥;到发出“与其说青年学生未尽责,勿宁说学校不尽责;与其说学校,勿宁说教育当局;与其说教育当局,勿宁说现代政府。”“政治无办法,教育当然无办法。”这样发

① 克己.大学无用与废止文法科问题[J].文化评论,1935:复刊号.
② 克己.大学无用与废止文法科问题[J].文化评论,1935:复刊号.
③ 大学生失眠年[N].申报增刊,1934-01-16(002).
④ 樊仲云.大学无用再论[J].社会与教育,1931(17):1-2.
⑤ 樊仲云.大学无用论[J].社会与教育,1930(3):1-3.
⑥ 萍人.大学无用论与大学生无用论[J].新型社会,1931(2):9-11.

人深省的决断[①]，社会认知和改革倡议也不断演进和完善。

针对大学内部存在的诸多问题，不少学者将目光投向大学校园的改制。萧铮在认识到“学风不良只是大学无用的症候”的基础上，主张通过改制整顿大学，提出了“教授治校制”。简单概括其内容，就是要将治理大学的权力交由教授手中，“校长只负责执行的义务”，让大学不再被“教育门外汉的政客官僚”所掌控。[②]针对当时学风混乱以及学生不学无术的现状，不少人主张应改革教学内容和教学方法。从学科建设上来说，“各种学科应与实际生活相联络”，真正认识到大学“保存并增进社会中最宝贵的学术的责任”，在合理利用大学资源的基础上，最大程度振兴中国学术，增益于中国社会。[③] 从学生培养上来说，学者主张削减大学教育，扩充中小学教育，在实际操作过程中缩减大学数量、提高入学门槛，一旦入学就要经历十年的严格教育，树立“大学校是如同山僧‘坐关’”一样的观念，自然靠获取大学文凭而投机的轻薄之辈也不再敢轻易尝试。[④] 学者称，要想恢复大学本身的意义：“第一便要把大学当成一种自由研究学术的独立机关，第二，应使学府成为推动社会进步的机能……便能为推动历史车轮前进的份子。”[⑤]

提高大学入学门槛的建议一定程度上满足了该时期精英教育的需求，不少学者从大学的作用和目标出发，宣扬怎样才是名副其实的大学。首要任务就是区分适宜接受大学教育的群体，“确定学生入学的才能标准”，也就是要判断“谁应受大学教育”和“谁不应受大学教育”。这更是对所谓的“教育公平”进行纠偏，主张大学教育并非“机会均等”的绝对公平，而是提出了“大学教育直是少数天才的特权”这样的结论。[⑥] 这类观点认为解决大学无用的内核，即将大学教育回归到少数人，在此基础上教育人才，让学生“切实的认识他们并积极的固其发展。”

除去通过校园改制营造良好的学习氛围外，部分人开始倡导或引导大学生从内进行改变，保持独立思考的能力，有的表现为消解外界干预甚或退学自修。许多地方都出现了支持学生自修的言论，如在公开发表的问答板块中，编者答复大学生来信称：“你要在学校课程之外自修，这是很好的一件事情。我常觉得中

---

① 士中.大学教育，尚饗[J].社会与教育，1931(14)：9-10.

② 萧铮.大学校长无用论[J].社会与教育，1931(15)：1-3.

③ 陶愚川.大学果真是无用的么[J].大夏周报，1932，9(12)：233-235.

④ 郑若谷.大学教育的理想[M].北京：著者书店，1933：15-24.

⑤ 克己.大学无用与废止文法科问题[J].文化评论，1935：复刊号.

⑥ 郑若谷.大学教育的理想[M].北京：著者书店，1933：15-24.

国的大学没有用,不能给人以知识……我很赞成自动修学一事。”[①]然而针对这样的极端做法,也有学者提出了不同见解:“自修是可以的,但自修而没有人指导是危险而费力的;不进校是可以的,但只在十万藏书楼中埋头死读,最多也不过是造成一批两脚书橱,对于国家社会,有何裨益?”这样的言论实则点明了自修的局限性,脱离大学内教授的指导和社会化的训练,学生的学习或许会面临更大的阻力,且自修只适合那些自控力强、有资源渠道的少部分学生。

更何况,这样脱离社会独善其身的思想并不符合学界对青年的希冀,更是与大学建立和大学生培养的初衷相背离,因而不少学者提出要努力建立大学生与社会的直接联系。一方面,针对实际情况,通过控制招生规模的方式调整学科比例,对大学生进行实践技能训练以期提升其就业能力。更重要的是,立志于培养大学生对社会的参与感和认同感,引导他们将自己视为社会的一份子,做一个对社会有用的人。青年大学生如果能够树立这样的个人定位和人生目标,就“不应单求本身生活的安全和发展,而须顾全民族国家的福利”。带着这样的期许,部分知识分子也给出了解决问题的建议和方向,即中国的大学生不必人人都争取做“上层社会工作”的机遇,可以尝试做一些实际的“下层社会工作”,这样不仅可以拓宽大学生的出路,社会也可以因此焕发生机。在这样的下沉战略的指导下,北平的部分“职业运动大同盟”里的大学生已经有“或使投荒西北,或令深入农村,任何艰苦,皆所不辞!”的宣言。在整个社会宣扬“大学生不但应该对社会的职务尽忠,更应该以‘贯彻的行为’去正当地追求社会国家的需要……”这样的思想,就是要求大学生要在了解社会需求的基础上结合自身能力,将职业选择和兴趣融入到社会大潮中,只有这样才能实现个人成长和回馈社会的双赢局面,使社会重新焕发生机与活力。[②]

面临恶劣的社会环境和教育生态,部分改革无望与自寻出路未果的社会力量逐步摆脱为大学生精神增负的想法,认识到寄希望于青年自省、“出淤泥而不染”、主动缓和就业压力等都只是权宜之计,也并非大学生或青年人在这样的社会环境中可以轻易完成的目标,有了“与其说青年学生未尽责,勿宁说学校不尽责;与其说学校,勿宁说教育当局;与其说教育当局,勿宁说现代政府”“政治无办法,教育当然无办法”这样的决断。[③] 当然,这一时期对学生的感召和引导直接影

① 大学教育无用,经济学研究大纲[J].二十世纪,1934,2(8).

② 张溪愚.大学生无用论[J].人言周刊,1934,1(27):565-567.

③ 士中.大学教育,尚饗[J].社会与教育,1931(14):9-10.

响了抗战时期学生群体的救亡意识，也使大学生迸发出追求个人价值与国家大义的精神力量，保留了时代信仰和学术精髓，为后世留下了宝贵的财富。

面对改革处处碰壁的现实状况，人们也开始认识到“在当时的中国，没一样东西不溃烂。教育自然无法单独保持它的完整”，由此出发追求进行深层次的改造。① 部分学者开始深刻认识到“一切罪恶的产生都是受了帝国主义资本主义……所影响的结果”，指出大学生的出路就是社会、国家的出路，高呼在这帝国主义侵略下的黑暗时代只有经过了革命的洗礼才会浴出那新鲜的光明来，因而最终将目标归为打倒帝国主义和资本主义，从而实现整个社会的“有用”。②

四、结语：“大学无用论”的后续流变

20世纪30年代兴起的“大学无用论”，一定程度上打破了人们对于民国时期大学一以贯之的滤镜和情结，重现了当时时代下的社会焦虑与知识危机。当时的人们从大学生本身的教育和培养出发，上升至对大学及教育的批判，最终与时代背景相联结开展讨论。在这场论争中，既出现了宣扬大学生主观能动性以及大学本身独立性的论调，也有认识到问题根源但深感无力回天的悲鸣。整个教育界经历了由单纯的揭露问题，到提出隔靴搔痒的治标措施，最终掀起针对整个民族国家的反思，使这场大论争承载了知识阶层适应社会、改变社会的努力与愿景。

历史尽管不能重复，但当时的很多问题也能够与当前的教育取向相对照。民国教育既是我们的“昨天”，又是时代进程中留存下的重要养分。“我们今天遇到的、讨论的、感到困惑的许多教育问题，也都是民国时期的人们曾经遇到过、讨论过、感到困惑的问题。”③我国高等教育大众化以来，大学生数量激增，大学毕业生就业难的问题也越发凸显，高等教育社会分层功能有所弱化，这导致了读书无用论、“大学无用论”等重新抬头。从近百年前的社会论争中总结经验，吸取教训，在正视大学生群体的问题以及大学本身变革需求之外，也同样要警惕头痛医头、脚痛医脚的单一措施，以期完成当前中国教育转型时期的平稳过渡与发展。

---

① 陶清.书报评介：“中国大学生日记”[J].清华周刊，1935，43(2)：88-90.

② 沙鸥.大学生无用吗？[J].滇声，1934(1)：188-190.

③ 熊贤君.民国义务教育研究[M].长沙：湖南教育出版社，2018：6.

Research on "University Useless Theory" in the Republic of China (1930—1936)

Wang Pu
(College of Marxism, Peking University,Beijing100871, China)

Abstract: The embryonic form of the "university useless theory" was conceived in the 1920s, and it prevailed and fermented in the 1930s. It is the inevitable result of the transformation of higher education in a given era. The internal problems of school, the environment of the Republic of China and the university students' own factors were the primary reasons for the uselessness of the university at that time, and resulted in the basic characteristics of the uselessness of the university. At the same time, the "University Useless Theory" also contains the reflections and criticisms of extreme ideas. The popularity of the "University Useless Theory" reflects the concerns and crises of the education sector under the influence of the Republic of China, and provides reference for the smooth transition and development of current Chinese educational transition period.

Key words: university; college students; Republic of China; university uselessness

潘懋元
高等教育思想研究

论潘懋元先生对高等教育史学发展的贡献*

罗菊芳**
（厦门大学 教育研究院，福建 厦门 361005）

摘　要：潘懋元先生是高等教育史学科建设与学术研究的关键人物。其一，他从教育人物起步，深掘大学校长之教育思想，影响甚远；深钻大学校史，观点独到。其二，他竭力推进高等教育史学科建设，牵头编纂资料，搭建研究平台。其三，他首开高等教育史课程，编写教材，致力于培养专业人才，形成学术梯队和后备力量。在高等教育史学科建设过程中，潘懋元先生开研究之先、奠学科之基、育学科之才，为高等教育史学科的可持续发展做出了不可磨灭的贡献。

关键词：潘懋元；高等教育史；学科建设

于高等教育科学体系而言，高等教育史学科有其独特的地位和作用。“高等教育史有如高等教育学这棵大树的根，根深才能枝繁叶茂。”①开展高等教育史研究，是夯实和完善高等教育学学科体系的必由之路。早在高等教育学创建之初，潘懋元先生就深刻认识到这一点。他不仅是教育史研究的行家，亦是高等教育史研究的倡导者和前驱人物之一。几十年来，他在高等教育史学科的建设上不遗余力，成效显著。从学术研究、学科建设及人才培养三个方面，回顾潘懋元先生在高等教育史学发展过程中的切身实践，梳理探析他对高等教育史学发展的独特贡献，具有重要的现实意义。

---

* 基金项目：福建省以马克思主义为指导的哲学社会科学学科基础理论研究基地重大项目“‘三全育人’视域下现代大学书院制育人模式研究”（FJ2020MJDZ039）。

** 作者简介：罗菊芳（1994—　），女，山西临汾人，厦门大学教育研究院博士研究生，研究方向为高等教育理论与历史。

① 刘海峰.高等教育史学科建设初探[J].高等教育研究，1993(2)：22-25，29.

一、开研究之先：率先步入高等教育史研究

在高等教育史研究领域，潘懋元先生始终立于前沿。他以"板凳敢坐十年冷"的勇气和决心，从教育人物起步，深入挖掘近、现代大学校长的教育思想及其教育家精神，为现代高等教育教学与管理觅得经验；同时，面对校史问题争论不休的现状，他勇于发声、发出新声，为校史研究注入全新的思路与观点。

(一)聚焦近现代大学校长研究，服务高等教育实践

几十年来，潘懋元先生深入研究了众多教育名家的思想。在高等教育领域，他尤为关注大学校长的教育思想。近现代大学校长的教育思想及其治校方略，来源于近现代中国革命、建设、改革的不同发展阶段，历经实践检验且不断调整完善，带有本土化特征，可以为办成、办好中国特色的高等学校提供镜鉴，为我国高等教育强国的建设与建成助力。探索过去大学校长治校的经验与规律，是为了启示现在和未来的高等教育治理。这是潘懋元研究大学校长群体的初衷所在、意义所在。

近代大学校长中，潘懋元对蔡元培所费功夫最深。众所周知，蔡元培对当时及后世的教育界影响极为深远，理清他的教育思想及实践，便能大致勾勒出近代大学教育的基本轮廓。因此，潘懋元"花了很多时间阅读了大量资料，研究蔡元培的教育思想，弄清楚蔡元培教育思想的哲学根源"[①]。20世纪50年代中期，他撰写长文《蔡元培教育思想》，发表于《厦门大学学报》1955年第4期，从政治活动和教育活动引入其基本思想与根源，进而勾画蔡元培整个教育思想体系，最后引出他关于高等教育的若干主张，环环相扣、层层深入，较为全面地展现了蔡元培教育思想尤其是高等教育思想的概貌。该文发表后，引起其他研究者的关注。1980年，国内蔡元培研究的权威高平叔先生，先后赠他《蔡元培年谱》和《蔡元培教育文选》各一册。借助新史料，潘懋元潜心修改前文，并发表于《辽宁高等教育研究》(1982年第1期)，全文近3万字，注释高达60余条。其用功之深，不言自明。《蔡元培教育文集》和《蔡元培年谱长编》相继出版后，主编高平叔特邀他撰写读后感。潘懋元对两本著作评价甚高，亦再次强调："中国教育问题的研究，绕

① 潘懋元.潘懋元教育口述史[M].北京：北京师范大学出版社，2007：119.

不开中国教育历史的探讨，而研究中国教育历史，绕不开蔡元培的教育思想与实践。”①

实际上，出生于1920年的潘懋元，恰恰成长于民国大学校长的熏陶和教诲之下，是近代高等教育的亲历者和见证者。1941年，他考入国立厦门大学教育系，目睹时任校长萨本栋“舍身办学”，不仅使东南半壁的高等教育不至于消亡、东南部的青年不因战争失学，更呕心沥血，让厦门大学得以成为“加尔各答以东最好的大学”。青年时期的潘懋元，对于何为一流大学、如何办一流大学等问题有着切身感悟。几十年后，他撰文肯定私立厦门大学校长林文庆，掌校十六年间，苦心经营、鞠躬尽瘁、广邀名师、英才辈出，使这所私立大学成为南方之强②；亦在特殊时期，旗帜鲜明地表示，长汀精神就是本栋精神。同时，他毫不吝惜地赞扬近代大学校长靠着“教育救国”的理想，矢志不渝，奔波于动荡的社会和连绵战火之中，在夹缝中为学校求生存、谋发展，为近现代社会培养了一批栋梁之材，可谓“功在百年”。从而，进一步阐明其“教育家精神”在于：“在那样复杂艰难的历史条件下，他们所取得的办学实绩、办学经验和他们所表现的办学精神乃至任何力量，也就显得难能可贵。”③点明这是今天学界研究他们的意义所在。

现代大学校长中，潘懋元对王亚南着墨最多。王亚南是中华人民共和国成立后厦门大学首任校长，掌校将近二十年。潘懋元认为，亦师亦友的王亚南对自己的影响可谓是“醍醐灌顶”。从师生到同事，从最初接触到后期共事，他对王亚南的了解和理解不断加深。1944年，正读大三的潘懋元选修了王亚南开设的“高等经济学”课程。彼时的王亚南教授，便要求学生用研究的方法进行学习，这门课让潘懋元自感收获颇大。1949年后，在王亚南的支持下，潘懋元先后赴中国人民大学和北京师范大学进修研究生，学成返回后，投身厦大火热的教学改革实践。这段独特的经历为潘懋元后期开展高等教育学研究积累了实践经验。50年代院系调整时，厦门大学教育系并入福建师院。在潘懋元左右为难、去留难决之际，亦是王亚南建议他留在本校，结合行政工作研究高等学校的教育。这一提议，不仅让他逐步学习和掌握驾驭行政、教学、科研的“三套车”，更启发了他未来的研究方向——高等教育学。因此，潘懋元从50年代便开展高等教育研究，提倡

① 潘懋元.《蔡元培教育论集》读后[J].江苏高教，1989(2)：2-3.

② 潘懋元.《一生真伪有谁知：大学校长林文庆》序[M]//潘懋元.潘懋元文集：卷五.广州：广东高等教育出版社，2010：482.

③ 潘懋元.中国近代高等教育的开拓者：《百年之功》序[J].中国高教研究，1993(5)：89-90.

开展理论研究、编写高等教育学讲义，方能在改革开放后，在较短的时间内迅速建立高等教育学科，使厦门大学成为全国高等教育研究的策源地。

1979年，潘懋元著文《王亚南教授是如何以研究的态度来进行教学的》，以此启发高等学校的教学工作如何将教学与研究进行结合。1987年，他在《王亚南的教育思想》一文中，从宏观和微观两个层面高度概括其教育思想的精髓，指出王亚南深刻理解教育与经济发展、教育与科技发展、自然科学教育与社会科学教育的内在关系，懂得人才的价值，并善于按规律培养人才①。在王亚南看来，大学科学研究是引导大学的根本，是办出高水平大学的关键。正是在此思想指导下，王亚南掌校时的厦大学术氛围特别浓厚，每年都要举行一次全校性的学术讨论会，无论文理，各院系都有自己的学术活动；同时，也有了全国最早三家大学学报之一的《厦大学报》和供青年学者发声的《学术论坛》的创办、数学家陈景润的成材。王亚南经常邀请学生到家里探讨学术的形式，被潘懋元吸纳学习，才有了他自50年代以来便坚持、至今仍被全国高教圈津津乐道的周末家庭学术沙龙，这种研讨模式还获得了国家级教学成果二等奖。在《王亚南文集》第五卷“文化与教育”出版时，他撰文高度评价其以“广阔的视野、严谨的学风”开展研究与教学工作。直至今日，王亚南的思想及实践乃至科学精神依然影响着厦门大学，被视为“四种精神”之一，为当今的高等学校教育教学工作的开展输送营养。

蔡元培、萨本栋、王亚南等大学校长“既是潘懋元模仿和推崇的对象，也是潘懋元个人人生的真实写照。他们对潘懋元影响直接而巨伟，是潘懋元经常向学生提起的校长榜样”②。无疑，教育家型校长是潘懋元极力倡导的，他曾在1978—1984年担任厦门大学副校长，深知教育家型校长对一校治理之重要影响。因此，对于将大学办出特色的当代校长们，潘懋元亦不吝赞扬与推广。自上世纪起，他多次为这些大学校长的论著作序，肯定他们的工作与成绩，并期待高校能找准定位、科学发展。如福州大学前校长黄金陵的《八年大学校长》、天津大学前校长吴咏诗的《吴咏诗高等教育文集》、吉林工业大学前副校长陈谟开的《陈谟开教育文集》、泉州幼儿师范高等专科学校前校长陈雅芳的《树人之道——在百年女校里探索》和《治校之道——女校长的管理文化与心理素质》等著作，他均一丝不苟地认真点评并介绍，加深了读者和研究者对他们办学理念的认识。他肯定吴咏诗办出中国第一个高等教育管理双学士学位班，带领一批热心高教的老师，研究高

① 潘懋元.王亚南的教育思想[J].厦门大学学报(哲学社会科学版)，1987(2)：14-16，13.

② 田建荣.潘懋元的校长思想及其理论基础[J].山东高等教育，2016，4(1)：71-82，2.

等工程教育,促进天津大学向综合性、研究型、开放式的方向发展;亦嘱咐陈雅芳任何时候都不可抛开女子教育、幼师教育的特色。现如今,国家倡导高校分类发展、合理定位、特色办学,避免"千校一路"。这既是高等教育发展的趋势,也与潘懋元等研究者的倡导和呼吁密不可分。

(二)深耕近现代大学校史研究,丰富校史领域理论成果

一校之历史地位及其影响,如何评说;一校之建校时间的确切,以何为标准,向来是学界争论不休的问题。潘懋元对大学校史研究的重视由来已久。他对中国第一所近代高等学校的论述与考证,自成一家之言。1998 年 4 月,潘懋元《福建船政学堂的历史地位及其影响》发表在《汕头大学学报》(1998 年第 2 期);其《福建船政学堂的历史地位与中西文化交流》发表在《东南学术》(1998 年第 4 期)。针对当时认为京师同文馆或天津中西学堂或京师大学堂,是中国近代第一所高等学校这三种流行的观点,他分别从创办时间、设置专业、课程体系三个维度,将福建船政学堂与之一一比对,提出"一所高等学校的历史,创办时间排序第一或前列,固然有它的历史意义,标明它的风气之先,起先驱作用。但更重要的是看它在历史上的影响,对推动中国高等教育事业的发展,以致在文化、经济、政治近代化发展中所起的积极作用"①的观点,进而阐明福建船政学堂在建立高等教育体制、为国家培养高级专门人才、促进中西文化交流上,相对清末许多高等学校,影响更深。也仅仅在这个意义上,福建船政学堂或许可以说是中国近代第一所高等学校。此观点视角独特、论证充分,为中国近代第一所高校之争提供了新思路。

对于大学建校时间的界定,他坚持"信史",并提出一定标准。在南开大学 80 周年校庆纪念会上,他称赞该校在校史问题上实事求是,建校时间从 1919 年南开大学举行开学典礼算起,不盲目追溯至 1904 年创办敬业中学堂时期。同时,他以教育史研究者的责任感深刻指出:编写校史的意义在于昭示后人勿忘前人筚路蓝缕之功,发扬光荣传统以加强凝聚力,总结经验以探讨办学规律。他更以一贯严谨的风格提出追溯大学校史要坚持"信史""以当时的文书档案为准绳,而不能以同处一地或有某种人事关系为凭"②。在大学校史的标准争论不休的阶段发

① 潘懋元.福建船政学堂的历史地位及其影响[J].教育研究,1998(8):3-5.

② 潘懋元.南开信史八十年[M]//潘懋元文集.卷四.历史与比较研究.广州:广东高等教育出版社,2010:302.

声，为学界的校史研究注入了新观点。此外，他和刘海峰编的《中国近代教育史资料汇编·高等教育》中对京师大学堂、北洋大学堂、山西大学堂等大学堂以及高等农工商实业学堂相关资料进行整理与编纂，他主编的《中国高等教育百年》中对京师同文馆、福建船政学堂、厦门大学、西北联大与西南联大等校史问题着墨甚多。

值得一提的是，潘懋元对抗战时期的大学史亦有研究，尤其是对于多年来几近被忽视的西北联大。长期以来关于两大联校的研究呈失衡之态势，“西南联大”热潮不减，“西北联大”门庭冷落。2012 年 9 月，在西北大学隆重举办的“首届西北联大与中国高等教育发展论坛”上，潘懋元以《薪火传承文化中坚》为题发言。他指出，大学是一个国家的标杆、丰碑、灯塔，西北联大扎根在西北，形成了西北尤其是西安的高等教育体系，这个体系一直影响到今天。观今宜鉴古，面对教育实践的问题，潘懋元常谦虚道：“每求于教育史……希望获得某些启示与论据。”①如今，作为经济欠发达省份的陕西却是高等教育强省，西安的高等教育在全国尤为突出。究其原因，或许正是“西北联大所开辟的高等教育体系，深深地塑造了整个西北、整个陕西的高等教育，尤其是对西安地区的高等教育产生了深远影响……”②。在潘懋元看来，西北联大的意义在于发挥了“薪火传承，文化中坚”的作用。2013 年，潘懋元撰写文章（与张亚群合作），重点阐明西北联大的办学特色及其启示，肯定了西北联大对西部高等教育的不可磨灭的贡献，重申了其在中国近代高等教育史上的应有地位，强调依靠大师西部同样可以办出一流学府，呼吁加强西部学科建设与师资建设③。这些观点，在当今西部大开发、支援西部高等教育、建设高等教育强国的背景下，其特殊意义不言而喻。

二、奠学科之基：推动高等教育史学科的建设与发展

潘懋元一直将建设高等教育史学科的重要性，以建设高等教育学科乃至中国特色教育体系的高度来看。学科创立之初，高等教育史是较为薄弱的领域，一是未意识到解决相关问题对高等教育学科建设的作用；二是未理清高等教育理

---

① 潘懋元.致教育史编辑部的一封信[J].教育史研究，1990(1).

② 潘懋元.薪火传承文化中坚[N].光明日报，2012-09-19(014).

③ 潘懋元，张亚群.薪火传承文化中坚：西北联大的办学特色及其启示[J].西北大学学报(哲学社会科学版)，2013，43(1)：5-11.

论与高等教育历史、高教改革实践与高等教育历史两对重要关系，容易坐而论道、脱离实际；三是高等教育史资料匮乏，亦未形成专门的研究队伍与平台。这对整个高等教育理论研究与应用研究来说，是一短板。因此，潘懋元率先提出高等教育史学科领域诸多待解之现实问题，大力倡导开展相关理论研究，并力挑重担，耗时十余年，编纂资料、编写专著和教材，组织学会，壮大全国高等教育史的研究力量和队伍。

（一）率先指出高等教育史学科领域的待垦荒地，引导学者解决实际问题

作为国内最早聚焦高等教育史研究的学者之一，潘懋元率先提出高等教育史学科领域诸多亟待解决的问题。“在高等教育理论研究过程中，我更加清楚地认识到教育史，尤其是高等教育史研究的重要性。”[①]1984年11月，刚刚改名的厦门大学高教所主持召开了“全国教育史研究会第二届理事会”。当理事会谈及教育史年会的研讨主题，潘懋元一口气提出高等教育改革中亟待解决的诸多教育史问题，如“传统教育与现代教育的关系、教育观的历史演变、功利主义与人文主义教育思想的发展及其影响、大学职能的演变、大学在创造与发展文化上的历史作用、通才教育概念的演变、大学科学教育发展的历史、中外古今启发式教学的比较、学位制的历史演变、学分制的历史演变、私立大学的产生发展及其作用、中国留学教育在社会发展中起的作用及其经验教训等”[②]。但遗憾的是，这些问题在当时未引起理事会重视，也未能被列为年会中心课题。但他并未放弃，反而坚定了他不断拓宽拓深研究的决心。实践证明，他的眼光精准长远且深邃独到，几十年后，不仅高等教育学成为“显学”，这些高等教育史的选题，也早已成为该领域的热门问题和焦点问题。提出问题往往比解决问题更难且更有价值，在这个层面上，潘懋元先生于高等教育史研究之引导不容忽视。

（二）理顺历史与理论关系，率先厘定高等教育史在高等教育学学科体系中的地位

潘懋元先生严谨地论证了高教理论与高教历史、高教实践与高教历史的关系，指出教育史研究、比较教育研究、现实的教育实践经验是教育理论的三大源

① 潘懋元.中国高等教育研究的历史与未来[J].中国地质大学学报(社会科学版)，2006(5)：1-6.

② 潘懋元.潘懋元教育口述史[M].北京：北京师范大学出版社，2007：265.

泉，厘定高等教育史学科在高等教育学科群中的地位。

在埋头高等教育理论研究的过程中，潘懋元先生甚为关注高等教育学科群分支学科的建设，高等教育史学科便是其中之一。1991 年，他指出："人们认识教育规律不外乎三条途径：第一，纵观教育历史的演变所推论出来的；第二，从国际教育比较研究所概括出来的；第三，从现实的教育实践经验所总结出来的。"①1992 年，在《高教历史与高教研究》(与刘海峰合作)一文中，他首次系统论述了高教理论与高教历史、高教改革实践与高教历史的关系，将前者的关系概括为"论从史出"，将后者的关系总结为"鉴古知今"，提倡"以论论史"，并阐明"学习和研究高等教育发展史有助于我们深刻理解和掌握高等教育客观规律，提高理论研究水平"②。1994 年，在全国首届高等教育史研讨会上，他明确提出"高等教育史是高等教育理论建设的源泉之一"③，从而奠定了高等教育史在高等教育学科体系中的基础地位。

有学者准确概括：理论源于实际又高于实际是潘懋元高等教育思想的特色④；潘懋元的高等教育史学理论是"论从史出"与"以论治史"的辩证统一⑤。恰是因为，在他看来："历史的观点，最能从宏观上把握高等教育的本质、功能和规律。"⑥历史有太多的相似之处，因此，从历史中获得的理论和规律自有其非凡意义。正是意识到教育规律一般可以从教育史上总结和揭示出来，潘懋元才多次强调研究高等教育理论需要有一定的高等教育史知识，方能增强研究的深度与广度，避免浮于表面的就事论事。譬如，1988 年潘懋元先生在华中理工大学作《教育基本关系规律及其相互关系》的报告时，多次举例中西方古代学校教育制度、文化传统、近代大学职能等进行相关问题的论证和阐释，从而加强了论述的深度和说服力。

① 潘懋元.比较高等教育的产生、发展与问题[J].上海高教研究，1991(3)：29-36.

② 潘懋元，刘海峰.高教历史与高教研究[J].高等教育研究，1992(1)：5-8，43.

③ 潘懋元.从高等教育理论建设看高等教育史研究的重要性：在高等教育史研讨会上的发言[J].中国高教研究，1994(6)：14-16.

④ 张亚群.理论源于实际，高于实际：论潘懋元高等教育思想的特色[J].机械工业高教研究，1999(3)：3-5.

⑤ 田建荣."论从史出"与"以论治史"的辩证统一：潘懋元的高等教育史学理论[M]//王伟廉，杨广云.潘懋元与中国高等教育科学.北京：中国华侨出版社，2000：246-254.

⑥ 潘懋元.多学科观点的高等教育研究[M].上海：上海教育出版社，2001：8.

(三)牵头整理编写高等教育史料与专著,夯实高等教育史研究的根基

缺乏史料,是开展史学研究的最大掣肘。实际上,潘懋元在开展研究的过程中,也多次受到史料不足的束缚,早期相关研究成果不得不历经几十年反复填补、修改,方逐渐完善。因此,他牵头整理高等教育相关史料、支持创办高等教育刊物,有力夯实了中国高等教育史和外国高等教育史研究的根基。

面对中国高等教育史资料极为匮乏的现状,1984 年 5 月,厦门大学高教所应上海教育出版社之邀,与华东师范大学、杭州大学、福建师范大学等单位,合编由陈元晖主编的多卷本《中国近代教育史资料汇编》,高教所承担编辑高等教育卷。1993 年 12 月,潘懋元与刘海峰编的《中国近代教育史资料汇编 · 高等教育》由上海教育出版社出版。该卷资料整理耗时近十年之久,收集了 1902 年至 1921 年间有关中国高等教育制度与实况的资料,包括各类学堂、学校的介绍及高等教育统计和评论等,共 857 页、67 万余字,颇为厚重。其书内容丰富、涵括大量的一手资料,实为研究中国近代高等教育史不可多得的宝库。2007 年 4 月,该书经补充完善后再版。

2003 年,潘懋元先生主编的《中国高等教育百年》出版,该书分历史、体制、理念三编,汇集了一批从事高等教育研究的专家学者的真知灼见,兼顾教育发展的时序性和学科发展的系统性,从不同视角呈现了中国高等教育的百年嬗变。《复旦教育论坛》高度评价此书将历史理性与当代现实统一起来。张慧洁称它"开拓了学科研究的新视野,是一部学科方法论上的创新之作……作者在资料奇缺的情况下,克服困难,完成写作……这对于学科建设和发展具有非常重要的意义"①。

面对外国高等教育史资料极为稀少的情况,1978 年 10 月,刚成立 5 个月的厦门大学高等教育科学研究室,创办了《外国高等教育资料》,既发给本校教师干部作参考资料,亦向外校单位寄发一百多份,作为交流资料,成为"文革"后第一份外国高等教育研究的刊物和"文革"后高等教育研究最早的刊物之一,具有非凡的开创性意义。90 年代,潘懋元组织一批中青年研究者编写相关教材。2003 年,他指导的 1995 级博士生黄福涛主编的《外国高等教育史》一书,由上海教育出版社出版。这是潘懋元主编的"新世纪高等教育研究丛书"中的一册,也是国内

① 张慧洁,之颖,轻言.历史理性与当代现实的统一:评潘懋元主编《中国高等教育百年》[J].复旦教育论坛,2004(3):79-82.

第一部外国高等教育史专著。正如潘懋元所评：作者精通英、日、法诸国文字并粗通德、俄语，使得该书史料充实；又分清历史源流，解决了前人未能理清的近代大学如何形成与发展的历史问题；注重课程演变，阐明了课程改革是中世纪大学嬗变为近代大学的核心。该书的出版，是我国外国高等教育研究领域的重大突破。

（四）倡办专门研究机构，开办学术论坛，搭建高教史的学科建设与发展的平台

1985年3月，在厦门大学高教所最初设置的四个教研室中，就包含高教理论与历史研究室，突出了高等教育史的重要地位。2010年1月，下设于厦门大学教育研究院的教育史研究所正式成立，进一步强化了高等教育史研究优势、促进学科建设与发展，其科举学研究、中国近现代高等教育史研究、高等教育考试研究，在全国处于领先地位。毋庸置疑，这些成就的取得与早期的沉淀和积累密不可分。高等教育史学科领域有诸多不同观点存在，难免"百家争鸣"，因而"很有必要开展学术交流，让各地学者有机会聚集在一起深入探讨问题"①，促进高教史研究的繁荣。在潘先生的努力下，1984年，首届中国大学校史学术研讨会在厦门大学高教所举办；同年，全国教育史研究会第二届理事会在高教所召开。1994年10月，在潘懋元和刘海峰的倡导下，厦门大学高教所主持召开了首届全国高等教育史学术讨论会。潘懋元向与会学者报告了《从高等教育理论建设看高等教育史研究的重要性》，表明高等教育理论的建设需要高等教育史研究的支持，希冀高等教育理论工作者与高等教育史专家的紧密合作。这次会议有力推动了国内高等教育史研究的进一步深化。

21世纪之初，潘懋元已然看到"随着高等教育史研究的逐步深入，该学科对丰富和完善高等教育学科具有积极意义，同时将对进一步推进高等教育理论发展发挥重要的作用"②。2012年11月，厦门大学教育研究院主办了主题为"鉴古知今的教育史研究"的第六届海峡两岸暨港澳地区教育史论坛，潘懋元先生再次强调"教育史是教育理论的源泉"，鉴古知今，方能更好地相互理解并相互促进；2014年，中国高等教育学会校史研究分会第十三届学术年会在厦门大学召开；2018年11月，第十二届海峡两岸暨港澳地区教育史论坛在厦门大学召开……厦

① 刘海峰.高等教育史学科建设再探[J].高等教育研究，1995(1)：39-44.

② 潘懋元，陈兴德.高等教育理论呼唤高等教育史研究[J].教育研究，2004(10)：28-32.

门大学教育研究院的教育史研究不断获得国内外同行的认可，正是潘懋元等众位研究者多年努力的结果，也是高教史学科不断完善的现实写照。

三、育学科之才：重视培养高等教育史学科专门人才

人才培养是学科建设的核心要义和最终目的所在，拥有一支专门的研究队伍，对建设学科至关重要。为此，潘懋元首开课程，编写讲义，指导硕士、博士研究生对高等教育史学科领域的一些核心问题进行专题研究，不仅填补了该学科的诸多空白，有着开荒之义，更重要的是形成了学术梯队，为学科的持续发展注入动力。

（一）首开高等教育史课程并编写讲义，列其为学位课程，开全国风气之先

课程与教材是开展教学活动的重要载体。1982 年 1 月，厦门大学高教研究室制定的《一九八一年第二学期入学研究生第一学期培养计划》将“中外教育史”作为教育系的四门基础课程之一，以此培养硕士研究生。1983 年的新方案又将“高等教育发展史”作为六大限制性选修课之一。这种设置，与潘懋元将其作为三大源泉之一的理念基本吻合。1985 年，他主编的国内第一本《高等教育学》下册出版，其中专列一章讲述高等教育发展简史，包括古代高等教育、外国近现代高等教育、中国近现代高等教育三个部分。当时，该著既是厦门大学高教所硕士生所用教材，更是国内多所院校教师和干部学习高等教育理论的教材。1986 年，潘懋元在厦门大学高教所开设“高等教育史”课程，这是全国高校最早开设的“高等教育史”硕士学位课程，潘懋元是首位开设此课的学者①；此时厦门大学高教所已获批博士点，这门课程也成为硕士和博士的必修课。同时，他组织编写了内部讲义，作为高等教育史课程的教材，在厦门大学高教所试用。据厦门大学 1988 级硕士生班余小波回忆，“高等教育发展史”课程，先由潘先生讲完绪论，再由刘海峰和邬大光两位青年教师分别讲授中国高等教育史和外国高等教育史。

厦门大学“高等教育史”课程的开设和讲义的编写，为其他院校开展高等教育学研究生教育提供了镜鉴，也使高等教育史学科受到了应有的重视，并作为高等教育学的固定课程延续下来。至今，厦门大学教育研究院依旧开设“中国高等

① 李均.开拓历史通往现实之路：潘懋元先生在高等教育史研究上的建树[J].教育发展研究，1999(3)：3-5.

教育史”和“外国高等教育史”两门研究生学位必修课程，且有“中国近代高等教育专题研究”和“教育史学”作为选修课程，实是与潘懋元先生早期的实践一脉相承。

(二)指导学生开展高等教育史专题研究，填补领域空白，形成学术梯队

自20世纪80年代以来，潘懋元指导一批硕博研究生，从高等教育史领域选题，撰写学位论文，涉及了古今中外高等教育史的各个方面，开垦了高等教育史的不少荒地(见表1)。这与潘懋元“一边进行研究，一边培养研究生，师生共同创建新学科”的策略高度一致。其中不少选题是潘懋元在80年代便提出的待解问题，如私立高等教育、大学文化、近代科学、教育思想与实践、世界高等教育历史、学制演变……同时，一些关键性选题前后相连，考察了教育实践和学科建设的需要，并非只凭一时兴趣。譬如，对高等教育近代化的专题研究，既有朱国仁、刘少雪分别从西学东渐和书院改制出发，探讨中国高等教育近代化的历程，又有黄福涛着眼欧洲高等教育近代化。潘懋元指导朱国仁、黄福涛同时开展中国和西方高等教育近代化研究，“一是高等教育学科建设的需要，一是当前教育改革借鉴的需要”①，从而形成中外对比与互鉴。再如，他指导李均研究“中国高等教育研究史”这样极具挑战性的问题，著成学科自身发展的专门史。同时，他不忘立足自身环境，指导学生对厦门大学的文化进行历史探索与解读、聚焦抗日战争时期的厦门大学谈民族认同问题等。

表1　潘懋元(含合作)指导高等教育史选题学位论文统计

姓名	指导教师	论文题目	培养层次	完成时间
张宝昆	潘懋元	蔡元培高等教育改革实践与高等教育思想的探讨	硕士	1988年
朱新涛	潘懋元	民国时期私立高等教育浅探	硕士	1990年
朱建新	潘懋元 刘海峰	练兵处奏议与清末军事学堂	硕士	1991年
胡振敏	潘懋元	世界高等教育研究的历史、组织课程、文献、课题和方法	硕士	1992年
赵叶珠	潘懋元 刘海峰	建国后我国女性接受高等教育之研究	硕士	1993年
朱国仁	潘懋元 刘海峰	西学东渐与中国高等教育近代化	博士	1995年

① 潘懋元.潘懋元文集:卷五[M].广州:广东高等教育出版社,2010:117.

续表

姓名	指导教师	论文题目	培养层次	完成时间
黄福涛	潘懋元	欧洲高等教育近代化的历史研究和理论探讨:近代法、英、德高等教育的形成与发展	博士	1995 年
刘少雪	潘懋元 刘海峰	书院改制与中国高等教育近代化	博士	1998 年
何云坤	潘懋元 王伟廉	科学进步与高等教育变革	博士	1999 年
李均	潘懋元 刘海峰	中国高等教育研究史	博士	2004 年
郑若玲	潘懋元 刘海峰	考试与社会之关系研究:以科举、高考为例	博士	2006 年
郑宏	潘懋元	厦门大学文化的历史与解读	博士	2008 年
石慧霞	潘懋元	民族危机中的大学认同——以抗战时期的厦门大学为例(1937—1945)	博士	2010 年

资料来源:厦门大学教育研究院资料室《历年硕博士论文》(1985—2020 年)。

潘懋元非常注重与国内外相关领域知名学者合作指导学生,使学生得以博采众长、开拓视野,拔高研究层次。譬如,硕士生张宝昆撰写关于蔡元培高等教育思想与实践的论文时,他便请高平叔指点,从而获得了大量一手资料,使论文有了较高的质量,得以公开出版。博士生黄福涛研究欧洲高等教育近代化,曾在长春专门学习日语一年,在厦门大学高教所和日本广岛大学大学教育研究中心各两年,得到了潘懋元与关正夫、有本章、大塚丰等日本知名学者的联合指导,加上黄福涛多年勤耕,才产出《欧洲高等教育近代化》和《外国高等教育史》这样颇有分量的专著,再如,他与刘海峰合作指导博士生研究中国高等教育近代化,先后有朱国仁、刘少雪、张亚群,分别从西学东渐、书院改制、科举革废等直接撼动中国近代高等教育根基的代表性事件出发,较为全面地呈现了国内高等教育近代化的曲折之路。“当一门学科发展到一定阶段的时候,进行自身学术史的回顾便显得必要”①。高等教育学科创建二十余年后,他与刘海峰再度合作,指导博士生李均著成《中国高等教育研究史》,这是我国第一部高等教育学史专著,论证了中国教育学科的创立与发展走的是自主创新的道路,其意义和地位非同一般。现如今,凡欲了解中国高等教育学科的发展历程,均难以绕开此著作。对于 80 年代就提出的大学文化问题,潘懋元指导博士生郑宏作了系统研究;对于抗战时期

① 刘海峰.序二[M]//李均.中国高等教育研究史.广州:广东高等教育出版社,2005:4.

的厦门大学，他站在民族认同的高度审视，指导博士生石慧霞展开专题研究，向后世呈现更为生动、真实的长汀精神和本栋精神。

潘懋元始终不忘提携后进，支持、鼓励他们的研究工作。每逢弟子有高教史著作出版之际，或学界后学有相关成果面世之前，均盛邀他赐序，先生均欣然应允，并深入点评、提出自己的见解和对研究的期许。对周川等人所著的《百年之功——中国近代大学校长的教育家精神》(1994)，潘懋元深入解析："近代"一词，既是时代标志，更包含着此群体的基本政治属性，即新兴资产阶级教育家；"近代"也把他们与古代、现代的大学校长区分开来，"指明了他们在近代高等教育发展中作为开拓者的历史地位以及筚路蓝缕之功"[①]。同时，他肯定了作者以校长就职先后为序，每篇附录"教育言论要目"，并大量搜集著作、传记、校史档案和旁稽回忆、纪念文章的用心，期待他们能在再版时补充资料，加深叙述，使其更加完善。再如，朱国仁《西学东渐与中国高等教育现代化》(1996)和黄福涛《欧洲高等教育近代化》(1998)，均是在1995年完成的博士论文基础上，精心修改后得以出版。朱国仁聚焦传统文化与中国高等教育近代化的关系，黄福涛主要讨论欧洲中世纪大学如何嬗变为近代大学。潘懋元一直主张，课程的近代化是高等教育近代化的核心，其主要标志是近代科学进入中国高等教育的课程之中并占据主要地位[②]；而科学技术进入大学课程，是中世纪大学嬗变为近代大学的核心[③]。这个全新的观点无疑为两本著作的构思与撰写提供了关键思路，亦成为两部专著的特色所在。黄福涛面对"高等教育制度史易写而高等教育课程史难写"的情形，牢记潘懋元"课程是教育活动的核心，只有课程能直接反映科学技术的发展，间接反映生产力的提高"[④]的观点，全力攻克此难题，才使另一大作《外国高等教育史》(2003)不仅史料充实、分清了历史源流，最突出的是重视课程演变，亦使此著在诸多的外国教育史专著中独树一帜。李均的《高等教育研究史》，亦是在博士论文基础上修改而成。从硕士到博士，李均一直在厦大高教所这个高等教育学的策源地生活学习，许多文献资料不仅存在于资料室，更存在于诸多学者和学生的头脑中，使他得以搜集到大量手稿、书信、记录、口述等珍贵的一手资料，使得该著作有了特殊的意义和价值。潘先生肯定他"以翔实的资料证明了中国高

① 潘懋元.中国近代高等教育的开拓者:《百年之功》序[J].中国高教研究,1993(5):89-90.

② 潘懋元.序[M]//朱国仁.西学东渐与中国高等教育近代化.厦门:厦门大学出版社,1996:2.

③ 潘懋元.序[M]//黄福涛.欧洲高等教育近代化.厦门:厦门大学出版社,1998:2.

④ 潘懋元.序[M]//黄福涛.外国高等教育史.上海:上海教育出版社,2003:2.

等教育理论,并非依附理论"①。

同时,潘懋元先生对学生总能因材施教、因题施教、因时而教。既及时予以鼓励,肯定研究的价值所在;又不乏指导,严谨准确地指出其应当努力的方向。譬如,对朱国仁所著《西学东渐与中国高等教育现代化》(1996),他提出该书对"留学教育、教会大学、女子高等教育等与中国高等教育近代化的关系,尚未论及",期待作者继续研究并完善;对黄福涛之著作《欧洲高等教育近代化》(1998)所得结论,他谨慎地表明:"这一结论是否正确,是否足以全面地解释从中世纪大学到近代大学嬗变的过程,还有待于读者的鉴定、认可。"如此谦虚严谨,是对后学的身教言传,是治学之品质,亦是做人之榜样,可谓经师与人师的有机统一。其对高等教育史学科建设、学者群体及治学精神的形成,无疑有着潜移默化的影响。

几十年来,在以潘懋元为代表的教师群体的努力下,从厦门大学高教所走出去的一批学者,已经成为国内高等教育史研究的中流砥柱。他们遍布全国高校,在各自的工作岗位,开设高等教育史课程,为学科发展培养后备人才,以壮大研究队伍;开展高等教育史研究,不断取得新的突破性成果,丰富高等教育史的理论与实践宝库,为高等教育学科的发展贡献自己的力量。

诚然,"只有系统学习和深入探究潘懋元的教育史学与高等教育史研究成果,才能全面认识和准确理解其高等教育思想的形成过程、发展脉络与理论精髓"②。有学者统计,潘先生在教育史方面的成果,除了10余部有关教育史的编著、专著外,上百篇的论文、序文、演讲报告被收入《高等教育文集》(1991)、《潘懋元论高等教育》(2000)、八卷本的《潘懋元文集》(2010)等书目中,未被收入的尚有20多篇③。如此斐然成就,"中国高等教育史学科建设的重要倡导者之一"④的评价名副其实。

通读《潘懋元教育口述史》,便知潘懋元先生能取得如此斐然成就,实为他扎实的学术功底和史学理论的外在表现。幼年承自父兄的传统教育、青年接受的西方教育、以及后来马克思主义教育思想的熏陶,使他具备了雄厚的知识基础和

① 潘懋元.序一[M]//李均.中国高等教育研究史.广州:广东高等教育出版社,2005:3.

② 张亚群.潘懋元高等教育史学思想初探[J].山东高等教育,2015,3(9):82-92,2.

③ 张亚群.潘懋元高等教育史学思想初探[J].山东高等教育,2015,3(9):82-92,2.

④ 李均.潘懋元与高等教育史研究[M]//王伟廉,杨广云.潘懋元与中国高等教育科学.北京:中国华侨出版社,2000:264.

长远的目光。大学期间，潘懋元系统修读中国教育史和西洋教育史，选修中国史、西洋史、经济思想史、因明学（逻辑学）等课程，培养了扎实的专业能力，并扩宽了学术视野。他本科的导师是中国教育史大家陈景磐先生。在厦门大学任助教期间，他开始有意识地研究教育史，曾写过《中国历代教育公费考》这类有分量的文章发表在《大公报》。中华人民共和国成立后，潘懋元亲历过难以忘怀的“教育大辩论”“文革”的种种磨难，亲见因不遵循教育规律而遭受重创的中国高等教育。“行万里路”的人生经历，让潘先生对于高教史研究的重要性与必要性有着极为深刻的见解，对学科的发展有着强烈的希冀。2019 年，《教育史研究》正式创刊，潘懋元先生嘱咐该刊要“为我们教育理论工作者提供更多去伪存真、由表及里的信史”，深切表达了他对教育史包括高等教育史学科的期望。至今，潘先生仍不断告诫高教史研究者：高等教育史学科建设必须突出高等教育的特点。唯有系统了解潘懋元先生参与建设高等教育史学科的历程，方能深入认识他对学科发展的贡献、体悟他对学科可持续发展的期待和后继研究者的嘱托。

An Analysis of Pan Maoyuan's Contribution to the Development of Higher Education History

Luo Jufang
(Institute of Education, Xiamen University, Xiamen 361005, China)

Abstract: Pan Maoyuan is the key figure in the discipline construction and academic research of the history of higher education. Firstly, he did deep research in educator, especially the educational thoughts of university presidents. In addition, he has unique perspectives into the history of universities. Secondly, he took the lead in compiling historical materials and building the research platform to promote the construction of the discipline. Thirdly, he was the first person who wrote teaching materials and started the course of history of higher education,which has contributed to cultivating professional talents and forming an academic echelon. It can be seen that in the process of the discipline construction, Pan Maoyuan is the one who pioneered related research, laid the foundation and cultivated the talents of the discipline, have made an indelible contribution to the sustainable development of it.

Key words: Pan Maoyuan; history of higher education; discipline construction

著作权使用声明

《中国高等教育评论》联系方式

通信地址：福建厦门思明区思明南路 422 号厦门大学教育研究院《中国高等教育评论》编辑部

电子邮箱：gjpl@xmu.edu.cn（仅咨询用，投稿请移步官网）

投稿网址：https://zgpl.cbpt.cnki.net

编辑部电话：0592-2187775

微信公众号

著作权使用声明

《中国高等教育评论》联系方式

微信公众号